westermann

Mathematik heute 8

Realschule Bayern
Wahlpflichtfächergruppe II/III

Herausgegeben von
Rudolf vom Hofe, Bernhard Humpert

Mathematik heute 8

Realschule Bayern
Wahlpflichtfächergruppe II/III

Herausgegeben und bearbeitet von
Prof. Dr. Rudolf vom Hofe, Bernhard Humpert

Arno Bierwirth, Heiko Cassens, Dr. Thomas Hafner, Dirk Kehrig, Manfred Popken, Torsten Schambortski

An dieser Ausgabe für Bayern wirkten mit:
Stefanie Mahler, Christina Regler, Kathrin Ressel, Helmut Rudolf, Paul Wimmer

Berater: Bruno De Sario

Zum Schülerband erscheint neu:
Lösungen Best.-Nr. 81207
Arbeitsheft mit Lösungen Best.-Nr. 81208
Diagnose und Fördern Best.-Nr. 81210
Kommentare und Kopiervorlagen Best.-Nr. 81209
BiBox – Digitale Unterrichtsmaterialien Lehrer-Einzellizenz Best.-Nr. 81212
BiBox – Digitale Unterrichtsmaterialien Lehrer-Kollegiumslizenz Best.-Nr. 88359

westermann GRUPPE

© 2020 Bildungshaus Schulbuchverlage
Westermann Schroedel Diesterweg Schöningh Winklers GmbH, Braunschweig
www.westermann.de

Das Werk und seine Teile sind urheberrechtlich geschützt. Jede Nutzung in anderen als den gesetzlich zugelassenen Fällen bedarf der vorherigen schriftlichen Einwilligung des Verlages. Nähere Informationen zur vertraglich gestatteten Anzahl von Kopien finden Sie auf www.schulbuchkopie.de.

Druck A[1] / Jahr 2020
Alle Drucke der Serie A sind inhaltlich unverändert.

Redaktion: Dr. Heike Bütow
Titel- und Innenlayout: LIO DESIGN GmbH, Braunschweig
Illustrationen: Carla Miller; Zeichnungen: Langner & Partner
Druck und Bindung: westermann druck GmbH, Braunschweig

ISBN 978-3-507-**81206**-2

INHALTSVERZEICHNIS

    Zum methodischen Aufbau der Lerneinheiten   4

1 Dreiecke und Vierecke   6
    Dreiecksungleichung –
    Seiten-Winkel-Beziehung im Dreieck   8
    Kongruente Figuren   10
    Dreieckskonstruktionen – Kongruenzsätze   13
    Im Blickpunkt:
    Dreieckskonstruktionen mit DGS   21
    Punkte sammeln   22
    Vermischte und komplexe Übungen   23
    Was du gelernt hast   24
    Bist du fit?   25
    Rechteck und Quadrat   26
    Parallelogramm und Raute   28
    Trapez   33
    Drachenviereck   36
    Punkte sammeln   38
    Vermischte und komplexe Übungen   39
    Was du gelernt hast   40
    Bist du fit?   41

2 Terme   42
    Terme – Grundlagen   44
    Terme mit Klammern   46
    Multiplizieren von Summen und Differenzen   52
    Quadratische Terme   57
    Im Blickpunkt: Berechnen von Termwerten
    mit einem grafikfähigen Taschenrechner   61
    Vermischte und komplexe Übungen   62
    Was du gelernt hast   64
    Bist du fit?   65
    Im Blickpunkt: Berechnen von Termen
    mit dem Computer   66

3 Gleichungen   68
    Gleichungen   70
    Lösen von Sachaufgaben mithilfe von
    Gleichungen   78
    Umstellen von Formeln   83
    Punkte sammeln   85
    Vermischte und komplexe Übungen   86
    Was du gelernt hast   88
    Bist du fit?   89

4 Raumgeometrie   90
    Grundbegriffe der Raumgeometrie   92
    Prismen   97
    Pyramiden   100
    Punkte sammeln   103
    Vermischte und komplexe Übungen   104
    Was du gelernt hast   106
    Bist du fit?   107

5 Bruchterme und Bruchgleichungen   108
    Besondere Strategien bei Gleichungen
    mit Brüchen   110
    Bruchterme   111
    Bruchgleichungen   113
    Verhältnisgleichungen   116
    Vermischte und komplexe Übungen   120
    Was du gelernt hast   121
    Bist du fit?   121

6 Funktionen   122
    Funktionen als eindeutige Zuordnungen   124
    Funktionen mit der Gleichung $y = m \cdot x$ 130
    Was du gelernt hast   135
    Bist du fit?   135

7 Daten und Zufall   136
    Zufallsexperimente   138
    Darstellen von zweistufigen Zufalls-
    experimenten – Baumdiagramm und
    Vierfeldertafel   141
    Durchführen und Auswerten von
    Zufallsexperimenten   144
    Punkte sammeln   146
    Vermischte und komplexe Übungen   147
    Was du gelernt hast   148
    Bist du fit?   149

Bist du topfit?   150

Anhang   156
    Lösungen zu Bist du fit?   156
    Lösungen zu Bist du topfit?   165
    Maßeinheiten/Mathematische Zeichen,
    Abkürzungen und Gesetze   171
    Stichwortverzeichnis   175
    Bildquellennachweis   176

ZUM METHODISCHEN AUFBAU DER LERNEINHEITEN

EINSTIEG bietet einen direkten Zugang zum Thema, eröffnet die Möglichkeit zum Argumentieren und Kommunizieren und führt zum Kern der Lerneinheit.

AUFGABE mit vollständigem Lösungsbeispiel. Diese Aufgaben können alternativ oder ergänzend als Einstiegsaufgaben dienen. Die Lösungsbeispiele eignen sich sowohl zum eigenständigen Nacharbeiten als auch zum Erarbeiten von Lernstrategien.

FESTIGEN UND WEITERARBEITEN Hier werden die neuen Inhalte durch benachbarte Aufgaben, Anschlussaufgaben und Zielumkehraufgaben gefestigt und erweitert. Sie sind für die Behandlung im Unterricht konzipiert und legen die Basis für die erfolgreiche Entwicklung mathematischer Kompetenzen.

INFORMATION Wichtige Begriffe, Verfahren und mathematische Gesetzmäßigkeiten werden hier übersichtlich hervorgehoben und an charakteristischen Beispielen erläutert.

ÜBEN In jeder Lerneinheit findet sich reichhaltiges Übungsmaterial. Dabei werden neben grundlegenden Verfahren auch Aktivitäten des Vergleichens, Argumentierens und Begründens gefördert, sowie das Lernen aus Fehlern. Aufgaben mit Lernkontrollen sind an geeigneten Stellen eingefügt.
Grundsätzlich lassen sich fast alle Übungsaufgaben auch im Team bearbeiten. In einigen besonderen Fällen wird zusätzlich Anregung zur Teamarbeit gegeben. Die Fülle an Aufgaben ermöglicht dabei unterschiedliche Wege und innere Differenzierung.

PUNKTE SAMMELN Hier werden Aufgaben auf drei Schwierigkeitsgraden angeboten. Schülerinnen und Schüler sollen eigenständig Aufgaben auswählen, individuell bearbeiten und dabei mindestens 7 Punkte erreichen.

VERMISCHTE UND KOMPLEXE ÜBUNGEN Hier werden die erworbenen Qualifikationen in vermischter Form angewandt und mit den bereits gelernten Inhalten vernetzt.

BLÜTENAUFGABEN bestehen aus vier Teilaufgaben mit unterschiedlichen Kompetenzanforderungen: Vorwärtsrechnen, Rückwärtsrechnen, komplexe Erweiterungen und offene Aufgabe. Sie beziehen sich auf ein gemeinsames Thema und sind unabhängig voneinander zu lösen.
Die Teilaufgaben sind nicht nach der Schwierigkeit geordnet, sondern mit unterschiedlichen Farben gekennzeichnet. Auch hier sollen Schülerinnen und Schüler eigenständig Aufgaben auswählen. Dabei hat sich folgende Methode bewährt:
(1) Lesen und Klären von Fragen im Klassenunterricht;
(2) Auswählen und individuelles Bearbeiten von zwei Aufgaben in Einzelarbeit;
(3) Vergleichen und Ergänzen in Gruppenarbeit mit anschließender Präsentation.

WAS DU GELERNT HAST	Hier sind die neuen Inhalte eines Abschnitts kompakt zusammengefasst. Durch diesen Überblick wird Strategiewissen gefördert und der Aufbau von Basiswissen unterstützt.
BIST DU FIT?	Auf den Seiten am Ende eines Kapitels können die Schüler eigenständig überprüfen, inwieweit sie die neu erworbenen Kompetenzen beherrschen. Die Lösungen hierzu sind zur Selbstkontrolle im Anhang des Buches abgedruckt.
BIST DU TOPFIT?	Auf der Seite 150 werden wesentliche Kompetenzen und Inhalte des Lehrplans Klasse 8 II/III zusammengestellt. Anhand der Übungsaufgaben auf den anschließenden Seiten 151 bis 155 können die Schüler diese neuen grundlegenden Fähigkeiten und Fertigkeiten sowie ihr neues mathematisches Wissen überprüfen und festigen. Die Lösungen hierzu sind zur Selbstkontrolle im Anhang des Buches abgedruckt.
IM BLICKPUNKT / PROJEKT	Hier geht es um komplexere Sachzusammenhänge, die durch mathematisches Denken und Modellieren erschlossen werden. Die Themen gehen dabei häufig über die Mathematik hinaus, sodass fächerübergreifende Zusammenhänge erschlossen werden. Es ergeben sich Möglichkeiten zum Arbeiten in Projekten und zum Einsatz neuer Medien.
PIKTOGRAMME	weisen auf besondere Anforderungen bzw. Aufgabentypen hin:

 Teamarbeit
 Suche nach Fehlern
 Blütenaufgabe
 Internet
 Tabellenkalkulation
 Dynamische Geometrie-Software

Zum Schwierigkeitsgrad der Aufgaben

Der Aufbau der Lerneinheiten und die Übungen bilden insgesamt das Kompetenzspektrum der Realschule Bayern umfassend ab. Um bei Schülerinnen und Schülern eigenverantwortliches Lernen und eine realistische Selbsteinschätzung zu unterstützen, sind die Aufgaben dem Schwierigkeitsgrad nach gestuft und entsprechend markiert.

Grundlegende Aufgaben: keine Kennzeichnung
Anspruchsvolle Aufgaben: blaue Aufgabennummer, z. B. **7.**
Aufgaben mit erhöhter Schwierigkeit: rote Aufgabennummer, z. B. **7.**

KAPITEL 1
DREIECKE UND VIERECKE

Fachwerkhaus

Die Fachwerkbauweise war bis in das 19. Jahrhundert eine der vorherrschenden Bauweisen in Mitteleuropa nördlich der Alpen. Bei der traditionellen Bauart wird zuerst eine Holzkonstruktion mit schräg eingebauten Streben hergestellt. Die Zwischenräume werden dann mit einem Mauerwerk oder Holzgeflecht ausgefüllt und mit Lehm verputzt.

- ›› Welche Formen und Muster kannst du am Fachwerkbau erkennen?
- ›› Welche unterschiedlichen Dreiecks- und Vierecksformen kannst du erkennen? Betrachte dazu die Seiten und die Winkel. Beschreibe Auffälligkeiten.
- ›› Suche in deiner Umgebung, im Internet oder in Büchern nach Dreiecksformen. Erstelle eine Collage und beschreibe die Dreiecke.

Bayerische Rautenflagge

Die Bayerische Rautenflagge besteht aus mindestens 21 Rauten, wobei die am Rand abgeschnittenen Rauten mitgezählt werden. Die erste Raute oben links ist immer weiß.
Das Höhen-Längen-Verhältnis ist nicht vorgeschrieben, beträgt aber in der Regel 3 : 5.

» Erfüllt die abgebildete Flagge die genannten Vorschriften?
» Miss die Winkelmaße und Längen der Rauten der abgebildeten Flagge.
Was fällt dir auf?

Bestimmen einer Strecke in einem unwegsamen Gelände

Die Länge des Sees soll bestimmt werden. Dazu werden die Punkte B und C vom Punkt A aus angepeilt. Für α misst man 38°.

» Bestimme die Länge des Sees zeichnerisch.
» Beschreibe, in welchen Schritten du vorgehst.

**IN DIESEM KAPITEL
LERNST DU ...**

... verschiedene Arten von Dreiecken zu unterscheiden.
... welche Eigenschaften Dreiecke haben können.
... wie man Dreiecke konstruieren kann.
... charakteristische Eigenschaften von Rechtecken, Quadraten, Parallelogrammen, Rauten, Trapezen und Drachenvierecken kennen und anwenden.
... wie man Rechtecke, Quadrate, Parallelogramme, Rauten, Trapeze und Drachenvierecke konstruieren kann.
... wie die genannten Vierecke systematisiert werden können.

DREIECKSUNGLEICHUNG – SEITEN-WINKEL-BEZIEHUNG IM DREIECK

EINSTIEG

 Zeichne mit einer dynamischen Geometrie-Software ein beliebiges Dreieck ABC.
Lass dir auch die Seitenlängen und die Maße der Innenwinkel anzeigen.

>> Verändere das Dreieck und untersuche, welche Beziehung es zwischen den Seitenlängen und den Maßen der Innenwinkel gibt.
>> Überprüfe deine Vermutung auch für gleichseitige und gleichschenklige Dreiecke.

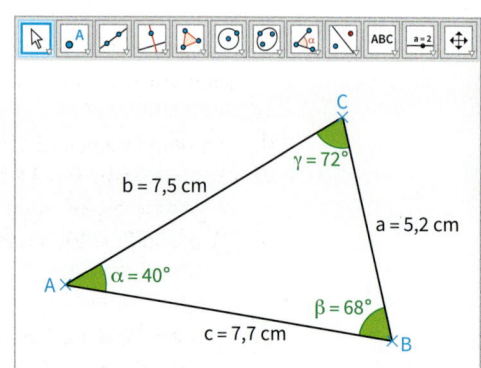

AUFGABE

1. Zeichne ein beliebiges Dreieck ABC.
Miss die Maße der Innenwinkel und zu jedem Innenwinkel die Länge der gegenüberliegenden Seite. Addiere immer zwei Seitenlängen und vergleiche mit der Länge der dritten Seite. Beschreibe, was dir auffällt.

Lösung

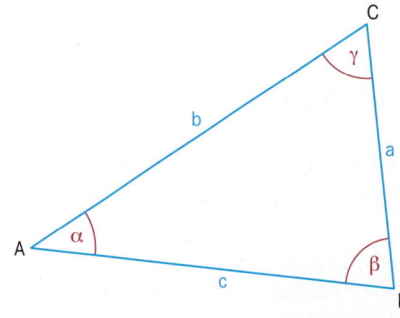

Innenwinkel	Seitenlängen
α = 39°	a = 3,5 cm
β = 78°	b = 5,5 cm
γ = 63°	c = 5,0 cm

Vergleich:
a + b = 9,0 cm   und   c = 5,0 cm
a + c = 8,5 cm   und   b = 5,5 cm
b + c = 10,5 cm und   a = 3,5 cm

Anhand der Tabelle und Berechnungen erkennen wir:
- Zum größten Winkel β gehört die längste Gegenseite b.
- Zum kleinsten Winkel α gehört die kürzeste Gegenseite a.
- Zwei Seiten sind zusammen länger als die dritte Seite.

INFORMATION

(1) Seiten-Winkel-Beziehung im Dreieck
- Der längeren Seite liegt das größere Winkelmaß gegenüber, z. B.: Wenn a > b, dann α > β.
- Dem größeren Winkelmaß liegt die längere Gegenseite gegenüber, z. B.: Wenn α > β, dann a > b.

(2) Dreiecksungleichung
Die Summe zweier Seitenlängen im Dreieck ist stets größer als die Länge der dritten Seite:
a + b > c;   a + c > b;   b + c > a

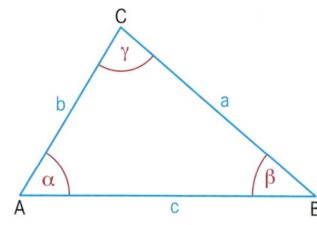

Dreiecke und Vierecke

2. a) In einem Dreieck ABC ist a = 3,7 cm; b = 5,1 cm.
Was kannst du über die Winkelmaße von α und β aussagen? Erkläre.
b) In einem Dreieck ABC ist α = 117°, β = 28°.
Was kannst du über die Längen der Seiten a, b und c aussagen? Erkläre.

3. Begründe: In einem rechtwinkligen Dreieck ist die dem rechten Winkel gegenüberliegende Seite stets die längste der drei Seiten.

4. In einem Dreieck ABC ist:
a) a = 4,9 cm; b = 3,9 cm; c = 5,8 cm; **b)** a = c = 4,1 cm; b = 2,9 cm.
Vergleiche die Winkelmaße
(1) α und β, (2) α und γ, (3) β und γ.

5. In einem Dreieck ABC ist:
a) γ = 32°; β = 57°; **b)** α = 52°; γ = 76°.
Vergleiche die Längen
(1) der Seiten b und c, (2) der Seiten a und b, (3) der Seiten a und c.

6. In einem gleichschenkligen Dreieck ABC ist das Maß des Winkels γ, der der Basis gegenüberliegt, bekannt:
a) γ = 67°; **b)** γ = 141°.
Vergleiche die Längen von Schenkel und Basis.

7. Für ein Dreieck ABC gilt:
a) β = 68°; α = 55°; **b)** α = 78°; β = 68°.
Welche Seite des Dreiecks ist die kürzeste?

8. Von einem Dreieck ABC sind gegeben: a = 7 cm und b = 4 cm.
Für welche Längen 1 cm, 2 cm, 3 cm, ..., 12 cm, 13 cm der Seite c erhält man kein Dreieck? Erkläre.

9. Kann man ein Dreieck ABC mit den folgenden Stücken zeichnen? Begründe.
a) a = 7,4 cm; b = 3,1 cm; c = 4,3 cm
b) a = 3,8 cm; b = 9,5 cm; c = 4,9 cm
c) a = 5 cm; b = 10 cm; α = 50°; β = 95°
d) b = 4,1 cm; c = 9,0 cm; α = 38°; γ = 85°

10.

In einem Dreieck liegt der kürzesten Seite stets ein spitzer Winkel gegenüber.

Was meinst du dazu?

11. Welcher Punkt auf der Geraden g hat vom Punkt P die geringste Entfernung?
Begründe mit der Seiten-Winkel-Beziehung.

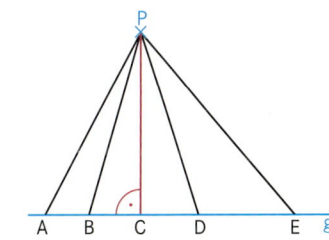

KONGRUENTE FIGUREN

EINSTIEG

Hier siehst du zwei Bilder einer Künstlerin, die Tiere auf verschiedene Weise dargestellt hat. In jedem Bild verwendet sie nur eine Tierart.

» Was ist das Besondere an diesen Bildern?
» Beschreibe, was die beiden Bilder gemeinsam haben und worin sie sich unterscheiden.

AUFGABE

1. Welche der folgenden Figuren passen genau aufeinander, d. h. sind deckungsgleich zueinander?
Wie kann man das überprüfen?

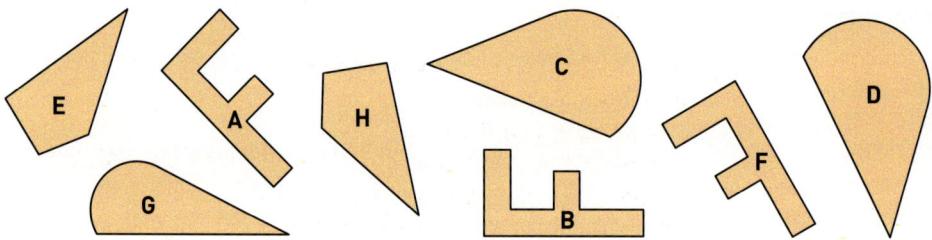

Lösung

Die Figuren A, B und F passen offenbar genau aufeinander; sie sind deckungsgleich zueinander. Ebenso sind die Figuren E und H sowie die Figuren C und D deckungsgleich zueinander. Man sagt auch:
Die Figuren sind *kongruent* zueinander. Man kann die Kongruenz von Figuren überprüfen, indem man sie ausschneidet und aufeinander legt.
Man kann auch mithilfe von Transparentpapier versuchen, z. B. das Pausbild von A mit der Figur B zur Deckung zu bringen.
Will man die Figuren A und F bzw. C und D zur Deckung bringen, so muss man eine Figur umwenden.
Bei Vielecken kann man die Kongruenz aber auch durch Messen und Vergleich der Längen entsprechender Seiten und der Winkelmaße entsprechender Winkel der Vielecke überprüfen.
Sind zwei Figuren A und B kongruent zueinander, so schreiben wir kurz: A ≅ B.

Dreiecke und Vierecke 11

INFORMATION

kongruent (lat.) übereinstimmend

Zwei Figuren A und B sind **kongruent** zueinander, wenn sie deckungsgleich sind.
Das heißt: Sie passen genau aufeinander.
Man schreibt
A ≅ B, gelesen: *A kongruent zu B.*

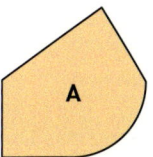
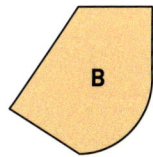

FESTIGEN UND WEITERARBEITEN

2.

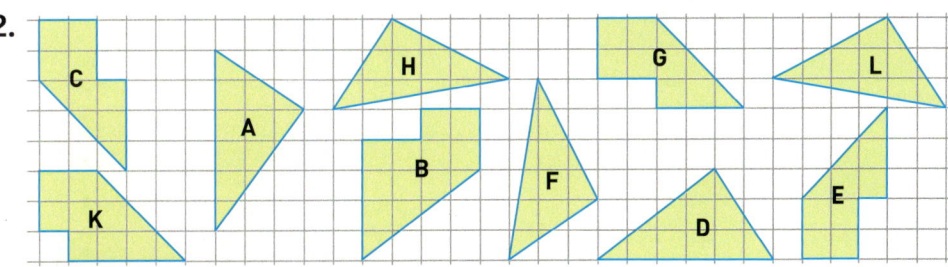

a) Welche der Vielecke sind kongruent zueinander?
   Prüfe das
   (1) mithilfe von Transparentpapier;
   (2) durch Messen und Vergleichen der Längen einander entsprechender Seiten und der Maße einander entsprechender Winkel.
b) Wähle zwei zueinander kongruente Figuren aus und übertrage sie in dein Heft.
   Färbe einander entsprechende Seiten und Winkel jeweils in derselben Farbe.

INFORMATION

(1) Erkennungsmerkmale von zueinander kongruenten Vielecken

Zwei Vielecke F und G sind kongruent *(deckungsgleich)* zueinander, wenn
- entsprechende Seiten gleich lang sind und
- entsprechende Winkel das gleiche Maß haben.

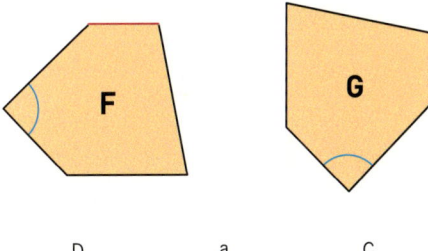

(2) Beispiel für den Nachweis der Kongruenz

Die Diagonale eines Rechtecks teilt das Rechteck in zwei zueinander kongruente Dreiecke ABD und BCD.
Nachweis für △ABD ≅ △BCD:

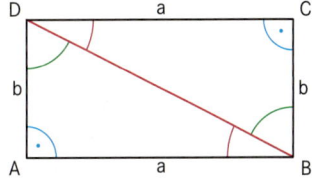

Stücke in ABD	Entsprechende Stücke in BCD	Gleiche Größe entsprechender Stücke
$\overline{AB}$	$\overline{CD}$	$|\overline{AB}| = |\overline{CD}|$ ⎫ denn gegenüberliegende Seiten im Rechteck
$\overline{AD}$	$\overline{BC}$	$|\overline{AD}| = |\overline{BC}|$ ⎬ sind gleich lang.
$\overline{BD}$	$\overline{BD}$	$|\overline{BD}| = |\overline{BD}|$, denn gemeinsame Seite
∢BAD	∢DCB	∢BAD = ∢DCB = 90°
∢DBA	∢BDC	∢DBA = ∢BDC ⎫ denn Wechselwinkel an geschnittenen
∢ADB	∢CBD	∢ADB = ∢CBD ⎬ Parallelen haben das gleiche Maß.

ÜBEN

3. Finde zum dargestellten Schloss den richtigen Schlüssel.

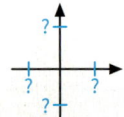

4. (1) Zeichne das Dreieck ABC mit A(1|2), B(4|0) und C(3|4) in ein Koordinatensystem (1 LE ≙ 1 cm).
(2) Zeichne nun ein zu ABC kongruentes Dreieck A'B'C' mit A'(5|4).
(3) Gib die Koordinaten der Punkte B' und C' an.

5. a) Welche der Dreiecke sind kongruent zueinander? Prüfe.
b) Wähle zwei zueinander kongruente Dreiecke aus und übertrage sie in dein Heft. Färbe einander entsprechende Seiten und Winkel jeweils in derselben Farbe.

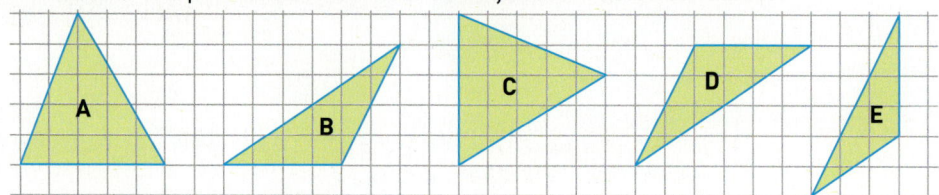

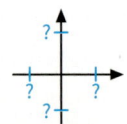

6. (1) Zeichne die Dreiecke ABC und PQR in ein Koordinatensystem (1 LE ≙ 1 cm).
(2) Überprüfe, ob die Dreiecke kongruent zueinander sind. Falls sie kongruent zueinander sind, gib einander entsprechende Seiten und Winkel an.

a) A(0|1)   P(8|1)
   B(3|1)   Q(5|1)
   C(1|3)   R(7|3)

b) A(8|4)   P(5|4)
   B(8|7)   Q(2|4)
   C(6|7)   R(5|6)

c) A(3|11) P(3|1)
   B(6|7)   Q(6|5)
   C(7|10) R(7|3)

> Du kannst einander entsprechende Stücke gleich färben.

7. a) Übertrage die Figuren in dein Heft. Färbe zueinander kongruente Teilflächen mit derselben Farbe.

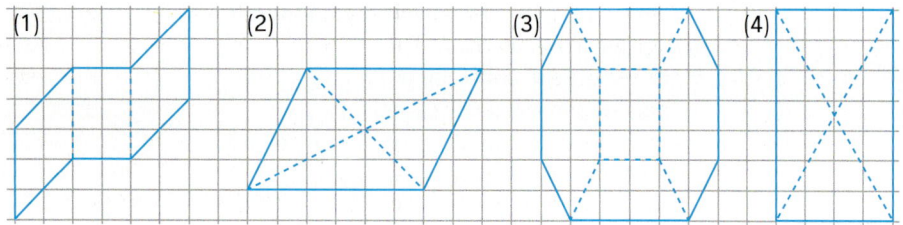

b) Entwirf selbst solche Figuren.

8. a) Gib beim Quader Seitenflächen an, die kongruent zueinander sind.

b) Die Pyramide hat ein Quadrat als Grundfläche. Gib zueinander kongruente Seitenflächen an.

c) Die Pyramide hat ein Rechteck als Grundfläche. Gib zueinander kongruente Seitenflächen an.

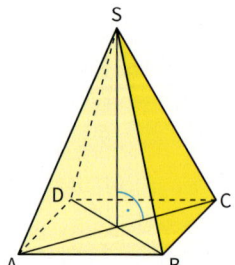
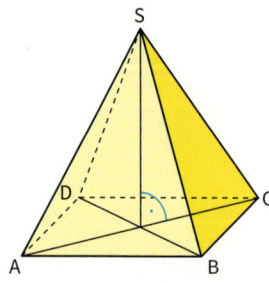

Dreiecke und Vierecke **13**

DREIECKSKONSTRUKTIONEN – KONGRUENZSÄTZE

Konstruktion aus drei Seiten – Kongruenzsatz sss

EINSTIEG

Anne und Julia sollen ein Dreieck mit den Seitenlängen $a = 4\,cm$, $b = 5\,cm$ und $c = 6\,cm$ konstruieren.

» Probiert die Konstruktion in der Klasse selbst aus.
» Schneidet eure Dreiecke aus und vergleicht sie miteinander.

AUFGABE

1. Von einem Dreieck ABC sind drei Seitenlängen gegeben, z. B. $a = 5{,}2\,cm$, $b = 3{,}6\,cm$, $c = 6{,}4\,cm$.
Konstruiere das Dreieck ABC.

Planfigur

Lösung

Konstruktion und Konstruktionsbeschreibung:

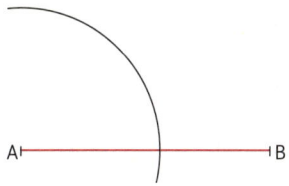 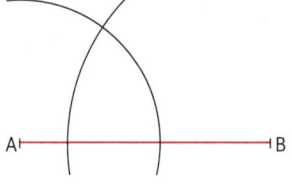 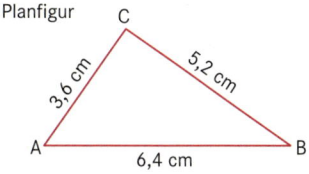

Zeichne die Strecke $\overline{AB}$ mit der Länge 6,4 cm und zeichne um A einen Kreis mit einem Radius von 3,6 cm.

Zeichne um B einen Kreis mit dem Radius 5,2 cm.

Bezeichne den Schnittpunkt der beiden Kreise mit C und zeichne das Dreieck ABC.

Die beiden Kreise um A und B schneiden sich an zwei Stellen. Damit erhalten wir zwei kongruente Dreiecke.
Das Dreieck ABC_1 ist das Lösungsdreieck, da dessen Umlaufsinn entgegen dem Uhrzeigersinn ist.

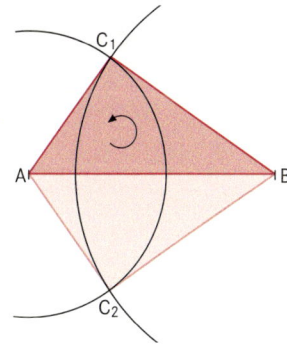

INFORMATION

Ein Dreieck ABC ist eindeutig konstruierbar, wenn drei Seitenlängen gegeben sind und die Summe zweier Seitenlängen stets größer als die Länge der dritten Seite ist.
Daraus folgt der **Kongruenzsatz sss**:
Zwei Dreiecke sind kongruent zueinander, wenn sie in den Längen der drei Seiten übereinstimmen.

FESTIGEN UND WEITERARBEITEN

2. a) (1) Konstruiere ein Dreieck ABC aus a = 5,0 cm, b = 4,0 cm und c = 3,5 cm. Beginne mit der Seite $\overline{AC}$.
(2) Beschreibe die Konstruktion.
(3) Miss die Maße der drei Innenwinkel; kontrolliere mit dem Innenwinkelsatz.
b) Konstruiere ein gleichseitiges Dreieck mit der Seitenlänge 6,5 cm und kontrolliere, ob alle Innenwinkelmaße gleich groß sind.

3. Familie Kruse baut ein eigenes Einfamilienhaus. Felix will überprüfen, ob die Ecken in seinem Zimmer rechtwinklig sind. Dazu misst er die eingezeichneten Längen. Überprüfe zeichnerisch, ob der Winkel in der Ecke schräg gegenüber der Tür rechtwinklig ist. Verwende einen geeigneten Maßstab.

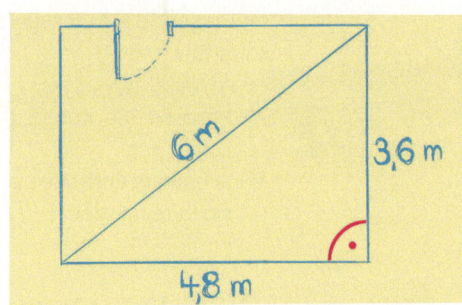

ÜBEN

4. (1) Konstruiere, falls möglich, ein Dreieck (Längen in cm). Beginne jeweils mit der längsten Seite.
(2) Woran erkennst du, ob man ein Dreieck aus den angegebenen Längen zeichnen kann?

	a)	b)	c)	d)	e)	f)	g)	h)	i)
Seite a	6	7	9	4	9,5	3	13	5	7,4
Seite b	7	4	3	3	3	6	10	12	3,1
Seite c	10	8	5	2	8	10	5	7	4,3

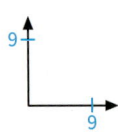

5. (1) Konstruiere in einem Koordinatensystem (1 LE ≙ 1 cm) das Dreieck ABC und gib näherungsweise die Koordinaten des fehlenden Punktes an.
(2) Bestimme die Maße der drei Innenwinkel; kontrolliere mit dem Innenwinkelsatz.
a) A(1|2); B(6|3);
b = 6,0 cm; a = 5,0 cm
b) B(3|4); C(8|1);
b = 3,5 cm; c = 5,0 cm
c) A(5|1); C(2|6);
a = 2,6 cm; c = 7,2 cm

6. Die Entfernungen zwischen den drei Burgen A, B und C betragen c = 6,3 km, a = 4,8 km und b = 9,1 km.
Ermittle das Maß des Sehwinkels α, unter dem man von der Burg A aus die beiden anderen Burgen B und C sieht.
a) Konstruiere ein geeignetes Dreieck.
b) Gib den verwendeten Maßstab an.

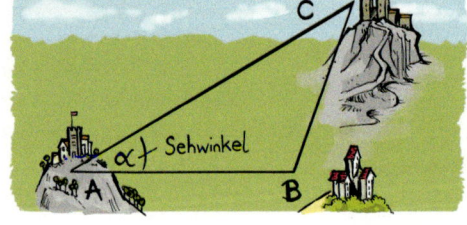

7. Was meinst du dazu?

Konstruktion aus zwei Seiten und einem Winkel – Kongruenzsatz sws

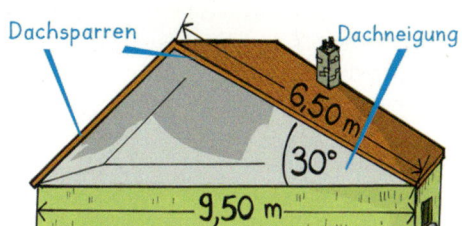

Von einem Haus soll ein Modell im Maßstab 1 : 100 hergestellt werden. Bekannt sind die Hausbreite, die Dachneigung auf einer Seite und die Länge der angrenzenden Dachsparren (ohne Überstand).

» Wie lang sind auf der anderen Dachseite die Dachsparren?
» Miss das Maß des zweiten Neigungswinkels.

1. Von einem Dreieck ABC sind zwei Seiten und das Maß des eingeschlossenen Winkels gegeben, z. B.
b = 3,6 cm, c = 5,4 cm und α = 32°.
Konstruiere das Dreieck ABC.

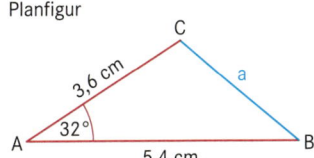

Lösung
Konstruktion und Konstruktionsbeschreibung:

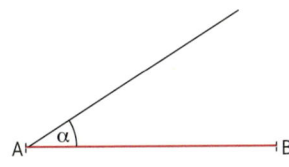

Zeichne die Strecke $\overline{AB}$ mit der Länge 5,4 cm und trage an $\overline{AB}$ in A den Winkel α mit dem Maß 32° an.

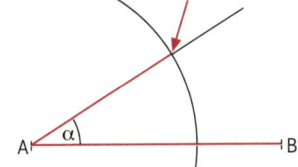

Zeichne um A einen Kreis mit dem Radius 3,6 cm. Der Kreis und der obere Schenkel von α schneiden sich.

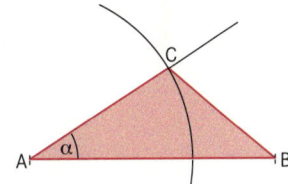

Bezeichne den gefundenen Schnittpunkt mit C und zeichne das Dreieck ABC.

Ein Dreieck ABC ist eindeutig konstruierbar, wenn die Länge zweier Seiten und das Maß des eingeschlossenen Innenwinkels gegeben sind.
Daraus folgt der **Kongruenzsatz sws**:
Zwei Dreiecke sind kongruent zueinander, wenn sie in der Länge zweier Seiten und dem Maß des von ihnen eingeschlossenen Winkels übereinstimmen.

2. a) (1) Konstruiere ein Dreieck ABC aus a = 4 cm, b = 6 cm und γ = 110° und beschreibe die Konstruktion.
(2) Miss die übrigen Stücke und kontrolliere die Maße der Winkel mit dem Innenwinkelsatz.
b) Bilde selbst Aufgaben zum Konstruktionsfall sws. Welche Seiten und welcher Innenwinkel können gegeben sein?

3. (1) Wie lang ist der See?
  Konstruiere ein geeignetes Dreieck.
  (2) Gib den Maßstab an.

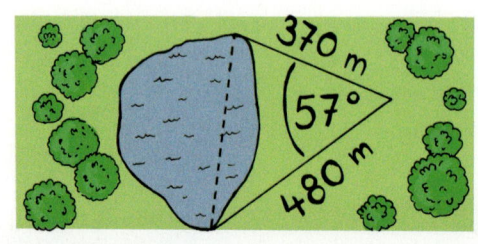

4. Konstruiere ein gleichschenkliges Dreieck mit der Schenkellänge 7,5 cm und dem Winkelmaß 40° an der Spitze gegenüber der Basis.

ÜBEN

5. (1) Konstruiere das Dreieck ABC und beschreibe die Konstruktion.
  (2) Bestimme die übrigen Größen durch Messen und überprüfe die Winkelmaße mit dem Innenwinkelsatz.

> Denke an die Planfigur.

a) $b = 6{,}0$ cm; $c = 4{,}0$ cm; $\alpha = 100°$
b) $a = 3{,}0$ cm; $c = 7{,}0$ cm; $\beta = 55°$
c) $a = 4{,}5$ cm; $b = 3{,}5$ cm; $\gamma = 81°$
d) $a = 6{,}4$ cm; $c = 2{,}7$ cm; $\beta = 126°$

6. Zwischen B und C soll ein Tunnel für eine neue Eisenbahnstrecke gebaut werden. Um die Länge des Tunnels zu bestimmen, werden die Entfernungen von einem Punkt A aus zu den Tunneleingängen und der Sehwinkel bei A gemessen.
Bestimme die Länge des Tunnels.

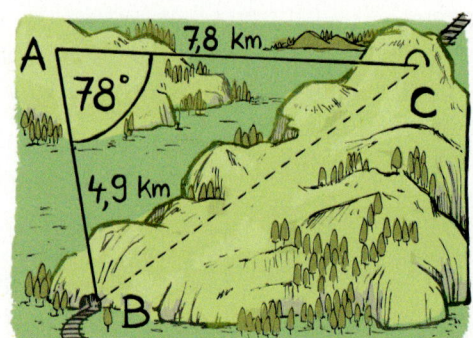

7. Konstruiere ein rechtwinkliges Dreieck aus den angegebenen Stücken.
  a) $a = 4{,}5$ cm; $b = 6{,}0$ cm; der rechte Winkel liegt gegenüber $\overline{AB}$.
  b) $b = 3{,}2$ cm; $c = 5{,}5$ cm; der rechte Winkel liegt gegenüber $\overline{BC}$.

8. Bei einer Stehleiter sind beide Seitenteile 2,4 m lang und bilden oben den Winkel α mit dem Maß 50°.
Wie weit stehen die Füße unten auseinander?
Zeichne im Maßstab 1 : 50.

9. Ein Rechteck ist 6 cm lang und 4 cm breit.
Bestimme zeichnerisch die Länge der Diagonalen.

10. Gegeben ist ein Würfel mit der Kantenlänge $a = 5{,}5$ cm.
  a) Bestimme zeichnerisch die Länge der Flächendiagonalen d.
  b) Bestimme zeichnerisch die Länge der Raumdiagonalen e.

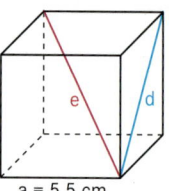

Konstruktion aus zwei Seiten und einem Winkel – Kongruenzsatz SsW

EINSTIEG

Die Dachschrägen eines Hauses bilden einen rechten Winkel. Das Haus ist 12 m breit und die linke Dachschräge 6,80 m lang.

» Zeichne im Maßstab 1 : 100 die Giebelansicht.
» Wie lang ist die andere Dachschräge?

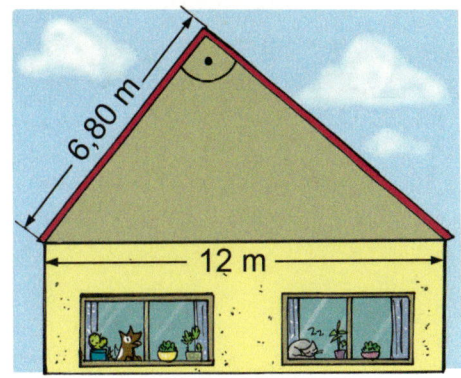

AUFGABE

1. Von einem Dreieck ABC sind zwei Seitenlängen und das Maß des Gegenwinkels einer der beiden Seiten gegeben, z. B.
  a) $a = 6{,}5$ cm; $c = 5{,}9$ cm; $\alpha = 23°$,
  b) $a = 3{,}5$ cm; $c = 5{,}9$ cm; $\alpha = 23°$.
Konstruiere das Dreieck.

Planfigur

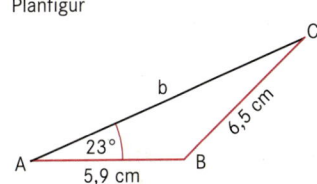

Lösung

Konstruktion und Konstruktionsbeschreibung:

a)

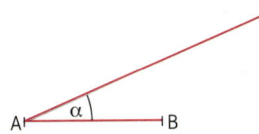 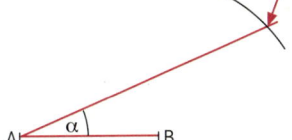 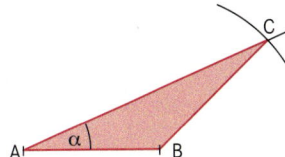

| Zeichne die Strecke $\overline{AB}$ mit der Länge 5,9 cm und trage in A den Winkel α mit dem Maß 23° an. | Zeichne um B einen Kreis mit dem Radius 6,5 cm. Der Kreis und der obere Schenkel von α schneiden sich. | Bezeichne den gefundenen Schnittpunkt mit C und zeichne das Dreieck ABC. |

b) Die Konstruktion verläuft wie in Teilaufgabe a). Allerdings schneiden sich hierbei der Kreis um B und der obere Schenkel von α in zwei Punkten, bei C_1 und bei C_2.

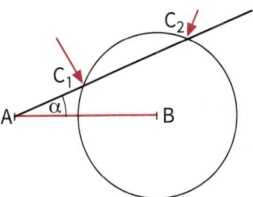

Damit entstehen zwei Lösungsdreiecke, das Dreieck ABC_1 (rot) und das Dreieck ABC_2 (gelb). Diese beiden Dreiecke sind nicht kongruent zueinander.

Die Konstruktion führt hier nicht zu einem eindeutigen Dreieck.

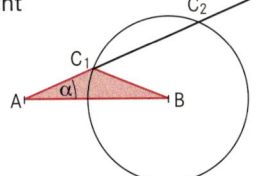 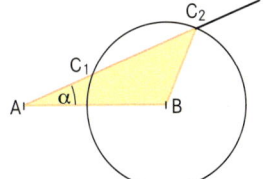

INFORMATION

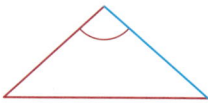

Ein Dreieck ist eindeutig konstruierbar, wenn zwei Seitenlängen und das Maß des Winkels, der der längeren Seite gegenüberliegt, gegeben sind.
Daraus folgt der **Kongruenzsatz SsW**:
Zwei Dreiecke sind kongruent zueinander, wenn sie in der Länge zweier Seiten und dem Maß des Winkels, der der längeren Seite gegenüberliegt, übereinstimmen.

FESTIGEN UND WEITERARBEITEN

2. a) Konstruiere ein Dreieck ABC mit $a = 5{,}0$ cm, $b = 7{,}5$ cm und $\beta = 65°$. Beschreibe die Konstruktion. Miss die übrigen Stücke.
   b) Stelle einem Mitschüler selbst Aufgaben zum Konstruktionsfall SsW. Überlege dazu, welche Seiten und welchen Winkel du wählen kannst.

3. Von B aus werden die beiden Bergspitzen A und C unter einem Winkelmaß von 64° angepeilt. Aus früheren Messungen kennt man die Längen $|\overline{BC}| = 3{,}2$ km und $|\overline{AC}| = 7{,}4$ km.
Wie weit sind die Bergspitzen A und B voneinander entfernt?

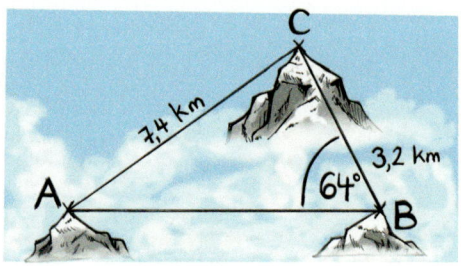

4. a) Konstruiere ein Dreieck ABC aus $a = 5$ cm, $b = 7$ cm und $\beta = 40°$.
   b) Ändere die Länge von b so, dass die Teilaufgabe a) zwei nicht kongruente Lösungen hat.
   c) Ändere die Länge von b so, dass die Teilaufgabe a) keine Lösung hat.

ÜBEN

5. Konstruiere ein Dreieck ABC; beschreibe die Konstruktion.
   a) $c = 8$ cm; $b = 6$ cm; $\gamma = 80°$
   b) $a = 6{,}5$ cm; $b = 4{,}0$ cm; $\alpha = 110°$
   c) $a = 4{,}7$ cm; $c = 6{,}3$ cm; $\gamma = 135°$
   d) $b = 5{,}4$ cm; $c = 3{,}6$ cm; $\beta = 57°$

6. Konstruiere ein gleichschenkliges Dreieck mit dem Basiswinkelmaß 50° und der Schenkellänge 5,5 cm.

7. Zeichne zwei nicht zueinander kongruente Dreiecke mit $a = 7$ cm, $b = 5$ cm, $\beta = 35°$.

8. Konstruiere ein rechtwinkliges Dreieck ABC aus den angegebenen Stücken.
   a) $a = 6{,}0$ cm; $b = 4{,}0$ cm; der rechte Winkel liegt gegenüber der Seite $\overline{BC}$.
   b) $a = 3{,}3$ cm; $b = 5{,}9$ cm; der rechte Winkel liegt gegenüber der Seite $\overline{AC}$.

9. An den Stellen A und B befinden sich Anlegestellen für ein Ausflugsschiff. Wie lang ist der Weg, den das Schiff zurücklegt?

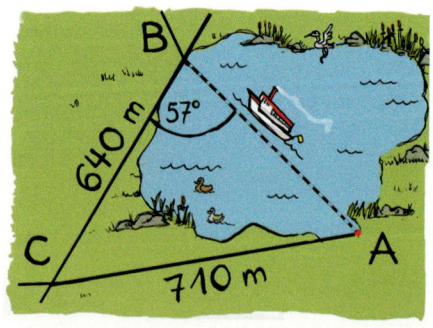

10. Konstruiere ein Dreieck ABC mit $c = 9$ cm, $a = 5$ cm und
   (1) $\alpha = 30°$;   (2) $\alpha = 34°$;   (3) $\alpha = 40°$.

Dreiecke und Vierecke

Konstruktion aus einer Seite und zwei Winkeln – Kongruenzsatz wsw

EINSTIEG

Ein Haus mit Satteldach soll 10,40 m breit werden. Die Dachneigungen sollen 35° und 60° betragen.

» Wie lang sind dann die Dachsparren (ohne Überstand)?

AUFGABE

1. Von einem Dreieck ABC sind eine Seitenlänge und die Maße der beiden anliegenden Innenwinkel gegeben, z. B. c = 5,4 cm, α = 32° und β = 39°.
Konstruiere das Dreieck und prüfe, ob es mehrere Lösungen gibt.

Planfigur

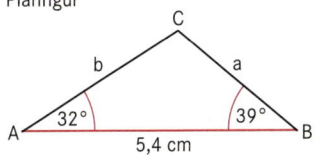

Lösung

Konstruktion und Konstruktionsbeschreibung:

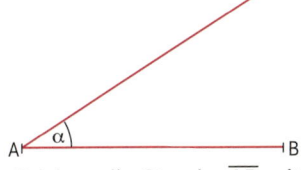

Zeichne die Strecke $\overline{AB}$ mit der Länge 5,4 cm und trage an $\overline{AB}$ in A den Winkel α mit dem Maß 32° an.

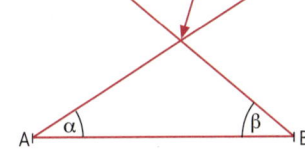

Trage in B den Winkel β mit dem Maß 39° an. Die beiden oberen Schenkel von α und β schneiden sich.

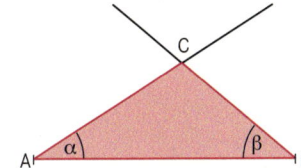

Bezeichne den gefundenen Schnittpunkt mit C und zeichne das Dreieck ABC.

INFORMATION

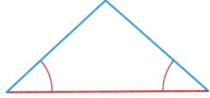

Ein Dreieck ABC ist eindeutig konstruierbar, wenn eine Seitenlänge und die Maße der beiden anliegenden Winkel gegeben sind.
Daraus folgt der **Kongruenzsatz wsw**:
Zwei Dreiecke sind zueinander kongruent, wenn sie in der Länge einer Seite und den Maßen der beiden anliegenden Winkeln übereinstimmen.

FESTIGEN UND WEITERARBEITEN

2. a) Konstruiere ein Dreieck ABC mit b = 4 cm, α = 40° und γ = 65°.
Beschreibe die Konstruktion. Miss die übrigen Stücke.

b) Konstruiere ein Dreieck ABC mit a = 4,8 cm, α = 35° und γ = 58°.
Hinweis: Berechne zunächst das Maß des dritten Winkels.

3. Konstruiere ein gleichschenkliges Dreieck mit der Basis c = 5,5 cm und dem Basiswinkel β = 57°.

4. Ein Dreieck soll aus c, α und β konstruiert werden.
Warum gibt es keine Lösung für α = 65° und β = 125°?
Gib eine Beziehung zwischen α und β an, damit die Konstruktion durchführbar ist.

5. Um die Breite des Flusses zu bestimmen, wurden die angegebenen Längen- und Winkelmaße gemessen.
(1) Bestimme die Flussbreite.
   Konstruiere dazu ein geeignetes Dreieck.
(2) Gib den Maßstab an.

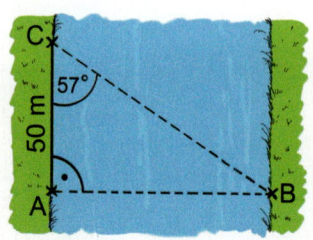

ÜBEN

6. Konstruiere ein Dreieck; beschreibe die Konstruktion. Bestimme dann die Größe der übrigen Stücke durch Messen.
a) c = 8,0 cm; α = 110°; β = 30°
b) b = 4,0 cm; α = 40°; γ = 50°
c) a = 7,3 cm; γ = 37°; β = 87°
d) a = 5,5 cm; α = 39°; β = 58°

7. Konstruiere ein rechtwinkliges Dreieck aus den angegebenen Stücken. Der rechte Winkel liegt der Seite $\overline{AB}$ gegenüber.
a) b = 4,7 cm; α = 43°
b) b = 3,8 cm; β = 59°

8.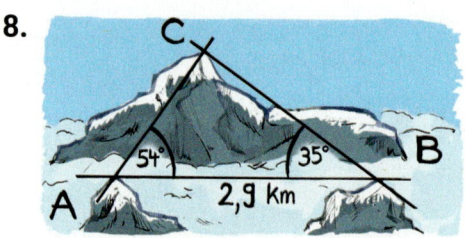

Die Entfernung zwischen zwei Berggipfeln A und B beträgt 2,9 km. Von A aus sieht man den Gipfel B und einen weiteren Gipfel C unter dem Sehwinkel von 54°, von B aus sieht man A und C unter dem Sehwinkel 35°.
Wie weit ist der Gipfel C von den Gipfeln A und B entfernt?

9. Kann man das Dreieck ABC eindeutig konstruieren? Begründe.
a) a = 9,2 cm; β = 36°; γ = 99°
b) b = 29 dm; α = 90°; γ = 90°
c) c = 41,8 mm; α = 141°; β = 22°
d) a = 5 m; α = 48°; γ = 120°
e) b = 7 cm; α = 36°; γ = 90°
f) c = 3,8 mm; α = 5°; β = 105°

10. Konstruiere das Dreieck ABC mit c = 4,5 cm, β = 76° und γ = 28°.

IM BLICKPUNKT

DREIECKSKONSTRUKTIONEN MIT DGS

 Übertrage das rechts abgebildete Dreieck auf dein eigenes dynamisches Zeichenblatt. Überlege dir zunächst, welche der sechs Bestimmungsstücke a, b, c, α, β und γ du rechts messen musst, damit das Dreieck eindeutig konstruierbar ist.

Probiere dann, ob du mit der Software das Dreieck aus z. B. zwei oder drei Stücken eindeutig zeichnen kannst.

Stelle deine gefundenen Möglichkeiten schließlich der Klasse in einer Präsentation vor.

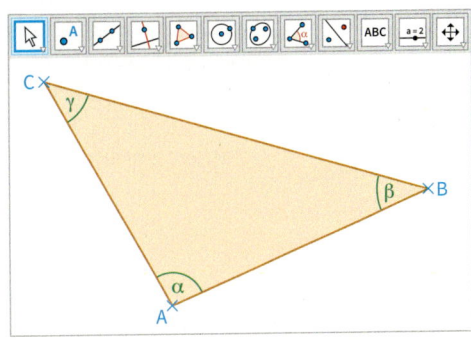

Die folgenden Aufgaben können dir helfen, die Konstruktionsmöglichkeiten mit einem Geometrie-Programm kennenzulernen.

> Statt $|\overline{AB}| = 14$ cm verwendet man in DGS häufig kurz AB = 14.

1. Julian hat begonnen, mit einer dynamischen Geometrie-Software ein Dreieck mit den Seitenlängen 14 cm, 12 cm und 20 cm zu zeichnen.
Er hat zunächst die Seite $\overline{AB}$ gezeichnet und dann um Punkt A einen Kreis mit dem Radius 12 cm.
Überlege dir die nächsten Konstruktionsschritte und führe die Konstruktion zu Ende.

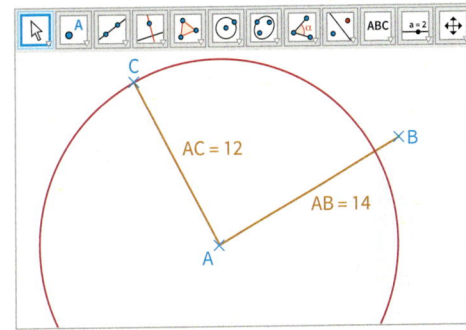

2. Ben möchte ein Dreieck mit folgenden Maßen konstruieren:
$|\overline{AB}| = 12$ cm; α = 70° und $|\overline{AC}| = 8$ cm.
Führe die Konstruktion aus.

3. Jonas hat links begonnen, mit einer dynamischen Geometrie-Software ein Dreieck zu zeichnen. Die Seite $\overline{AB}$ ist 14 cm lang, der Winkel α hat das Maß 110° und der Winkel β das Maß 20°. Führe die Konstruktion zu Ende.

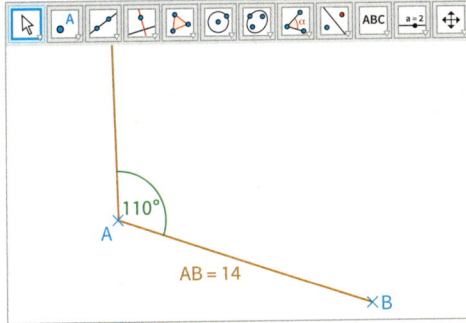

4. Die Seite $\overline{AB}$ eines Dreiecks ist 16 cm lang, der Winkel α hat das Maß 55°.
Welche Seitenlängen kommen für die Seite $\overline{BC}$ infrage?
Welche Besonderheiten kommen vor?

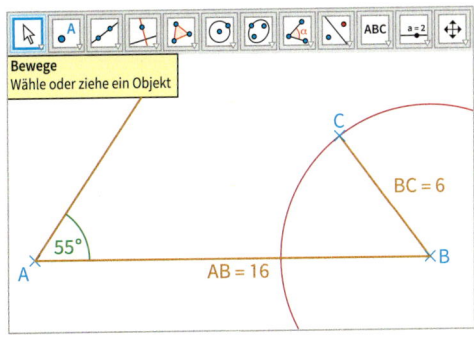

7 PUNKTE SAMMELN

★★
Kannst du in der Figur Teilfiguren entdecken, die zueinander kongruent sind?
Übertrage die Figur auf Karopapier und färbe zueinander kongruente Teilfiguren jeweils mit derselben Farbe.

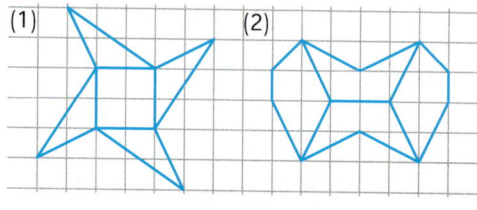

★★★
Die beiden Dreiecke sind kongruent zueinander. Bestimme das Winkelmaß von δ.

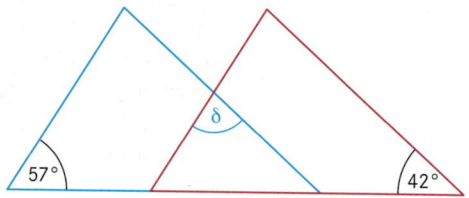

★★★★
Berechne das Maß des rot markierten Winkels.
Begründe jeden Schritt.

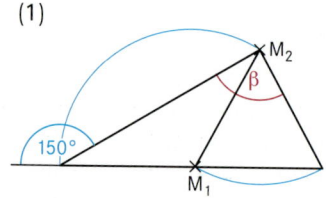
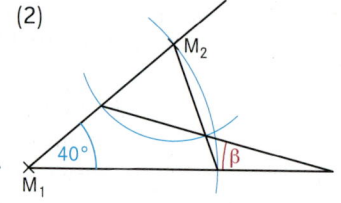

★★
In einem Fluss liegt eine Insel. Tobias möchte wissen, wie weit die Insel vom Ufer entfernt ist. Dazu steckt er am Ufer eine 40 m lange Strecke $\overline{AB}$ ab. Mit einem Theodoliten (Foto links) peilt er dann den Punkt C auf der Insel an und misst die Winkel α und β:
$\alpha = 62°$; $\beta = 51°$
Bestimme zeichnerisch die Entfernung der Insel vom Ufer. Denke an den Maßstab.

★★★
Vom Punkt A aus wird mit so genannten Fluchtstäben eine 50 m lange Strecke $\overline{AB}$ abgesteckt, die direkt auf den Fuß des Fernsehturms zuläuft. Von den Punkten A und B aus wird die Spitze S angepeilt; dabei werden die Höhenwinkel α und β gemessen: $\alpha = 42°$; $\beta = 56°$.
Ermittle die Höhe des Fernsehturms.

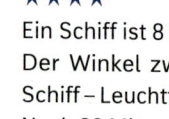
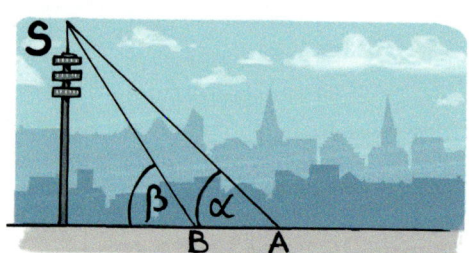

★★★★
Ein Schiff ist 8 km vom Leuchtturm entfernt.
Der Winkel zwischen der Fahrtrichtung und der Richtung Schiff – Leuchtturm wird gemessen: 77°.
Nach 30 Minuten Fahrt wird der entsprechende Winkel erneut gemessen: 108°
Wie schnell ist das Schiff?

VERMISCHTE UND KOMPLEXE ÜBUNGEN

1. Versucht ein Dreieck aus drei Winkeln zu zeichnen. Wählt euch dazu drei geeignete Winkelmaße aus, zeichnet die Dreiecke und vergleicht sie miteinander. Was stellt ihr fest?

2. Konstruiere – falls möglich – ein Dreieck ABC aus den gegebenen Stücken.
Entscheide zunächst, ob es nur ein Lösungsdreieck gibt.
Bestimme die übrigen Stücke.
Du kannst auch dynamische Geometrie-Software verwenden.

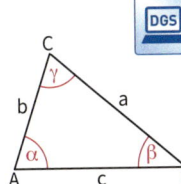

a) $a = 5\,cm$
$b = 4\,cm$
$\gamma = 67°$

b) $c = 9\,cm$
$a = 6\,cm$
$\gamma = 53°$

c) $a = 7{,}0\,cm$
$b = 2{,}4\,cm$
$c = 3{,}8\,cm$

d) $a = 4{,}5\,cm$
$\beta = 57°$
$\gamma = 43°$

e) $b = 5{,}6\,cm$
$\alpha = 92°$
$\gamma = 106°$

f) $a = 3\,cm$
$b = 5\,cm$
$\beta = 47°$

g) $c = 6{,}4\,cm$
$a = 4{,}2\,cm$
$\alpha = 50°$

h) $a = 6{,}7\,cm$
$b = 5{,}5\,cm$
$c = 3{,}8\,cm$

i) $b = 6{,}1\,cm$
$\beta = 24°$
$\gamma = 63°$

j) $a = 5{,}1\,cm$
$\alpha = 53°$
$\beta = 37°$

3. Zwischen den Orten A und B liegt ein Berg. Um die Entfernung der Orte zu bestimmen, wird ein Punkt C im Gelände gewählt und die angegebenen Größen gemessen. Ermittle zeichnerisch die Entfernug der Orte A und B.

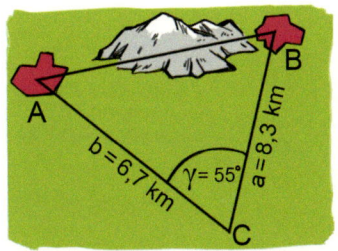

4. Bestimme die Maße der drei Sehwinkel α, β und γ, unter denen man von jedem der drei Kirchtürme die beiden anderen Kirchtürme sieht.

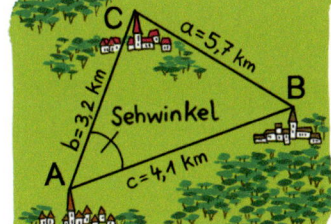

5. Zwei Dreiecke ABC und $A_1B_1C_1$ sind gegeben durch

a) $c = 5{,}1\,cm$; $\alpha = 37°$; $\beta = 56°$ und
$c_1 = 5{,}1\,cm$; $\gamma_1 = 87°$; $\beta_1 = 56°$

b) $c = 3{,}9\,cm$; $\alpha = 48°$; $\beta = 26°$ und
$b_1 = 3{,}9\,cm$; $\beta_1 = 106°$; $\gamma_1 = 26°$

c) $c = 5{,}4\,cm$; $\alpha = 60°$; $\beta = 60°$ und
$c_1 = 5{,}4\,cm$; $a_1 = 5{,}4\,cm$; $\beta_1 = 60°$

Was kannst du über die beiden Dreiecke aussagen? Begründe.
Du kannst auch dynamische Geometrie-Software verwenden.

6. a)

Das Dreieck und das Rechteck haben in den roten Eckpunkten Gelenke. Kann man die Form verändern? Begründe deine Antwort.

b)

Warum ist bei dem Tor die diagonale Verstrebung angebracht worden? Begründe deine Antwort.

WAS DU GELERNT HAST

Seite-Winkel-Beziehung im Dreieck

Der längeren Seite liegt das größere Winkelmaß gegenüber.
Beispiel: Wenn $a > b$, dann $\alpha > \beta$

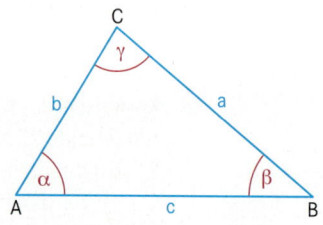

Dem größeren Winkelmaß liegt die längere Seite gegenüber.
Beispiel: Wenn $\alpha > \beta$, dann $a > b$

Die Summe zweier Seitenlängen im Dreieck ist stets größer als die Länge der dritten Seite. Es gilt die **Dreiecksungleichung**:
$a + b > c$; $a + c > b$; $b + c > a$

Kongruente Figuren

Zwei Figuren F und G sind **kongruent** zueinander, wenn sie deckungsgleich sind. Man schreibt:
$F \cong G$, gelesen: F ist kongruent zu G

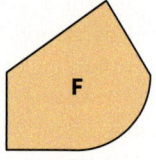
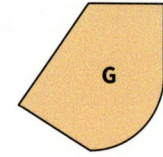

Zwei Vielecke F und G sind kongruent zueinander, wenn
- entsprechende Seiten gleich lang sind und
- entsprechende Winkel das gleiche Maß haben.

Konstruktionsfälle für Dreiecke

Ein Dreieck ist eindeutig konstruierbar,

- wenn die Längen der drei Seiten gegeben sind (**sss**),

- wenn die Längen von zwei Seiten und das Maß des eingeschlossenen Winkels gegeben sind (**sws**),

- wenn die Längen von zwei Seiten und das Maß des Winkels, der der längeren Seite gegenüber liegt, gegeben sind (**SsW**),

- wenn die Länge einer Seite und das Maß der beiden anliegenden Winkel gegeben sind (**wsw**).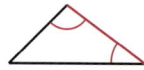

BIST DU FIT?

1. Zeichne ein Dreieck ABC aus den gegebenen Größen. Bestimme durch Messen die übrigen Größen.
   a) a = 5 cm; b = 4 cm; γ = 67°
   b) c = 9 cm; a = 6 cm; γ = 53°
   c) a = 4,5 cm; β = 57°; γ = 43°
   d) a = 7 cm; b = 5 cm; c = 4 cm
   e) a = 6 cm; b = 4,5 cm; c = 7,5 cm
   f) c = 6,2 cm; a = 5,4 cm; γ = 129°
   g) b = 6,1 cm; β = 24°; γ = 63°
   h) a = 4,4 cm; b = 3,1 cm; γ = 78°

2. (1) Konstruiere das Dreieck und beschreibe die Konstruktion.
   (2) Bestimme die fehlenden Winkelmaße.
   a) gleichschenkliges Dreieck ABC (Basis $\overline{AB}$) mit c = 5,4 cm und β = 42°;
   b) gleichschenkliges Dreieck (Basis $\overline{AB}$) mit c = 4,9 cm und γ = 90°;
   c) gleichschenkliges Dreieck ABC (Basis $\overline{BC}$) mit c = 5,3 cm und α = 108°;
   d) gleichseitiges Dreieck ABC mit a = 4,5 cm.

3. Konstruiere ein rechtwinkliges Dreieck aus den gegebenen Stücken. In Klammern ist die Seite angegeben, die dem rechten Winkel gegenüberliegt.
   a) c = 4,3 cm; γ = 27° (Seite $\overline{BC}$)
   b) b = 3,0 cm; c = 4,2 cm (Seite $\overline{AB}$)
   c) c = 3,8 cm; α = 34° (Seite $\overline{AC}$)
   d) a = 5,3 cm; c = 3,7 cm (Seite $\overline{BC}$)
   e) a = 4,4 cm; β = 40° (Seite $\overline{AB}$)
   f) a = 4,2 cm; b = 3,4 cm (Seite $\overline{AB}$)

4. Ein Theodolit wird 21 m von der lotrechten Kante des Schulgebäudes entfernt aufgestellt. Dann wird das Maß des Höhenwinkels bestimmt: α = 29°. Die Instrumentenhöhe beträgt 1,75 m.
Wie hoch ist das Schulgebäude ohne Dach?

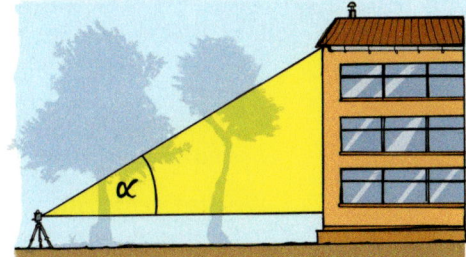

5. Eine 3,60 m lange Leiter lehnt an einer Hauswand. Sie steht unten 1,20 m von der Wand ab. Wie hoch reicht die Leiter?
Fertige eine Zeichnung an.

6. Prüfe folgende Aussagen auf ihre Richtigkeit. Begründe deine Antwort.
Verwende gegebenenfalls einen Kongruenzsatz.
   (1) Zwei gleichseitige Dreiecke sind schon zueinander kongruent, wenn sie in einem Stück übereinstimmen.
   (2) Zwei gleichschenklige Dreiecke sind schon zueinander kongruent, wenn sie in der Basis und dem gegenüberliegenden Winkelmaß übereinstimmen.
   (3) Zwei gleichschenklige Dreiecke sind schon zueinander kongruent, wenn sie in zwei Stücken übereinstimmen.

7. (1) Die Dreiecke ADC und DBC stimmen jeweils in drei Größen überein. Welche sind das?
   (2) Begründe, warum die beiden Dreiecke nicht kongruent zueinander sind.

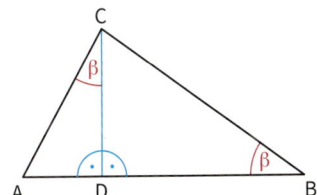

RECHTECK UND QUADRAT

EINSTIEG

≫ Zeichne ein Quadrat und schneide es aus.
≫ Untersuche durch Falten, wie viele Symmetrieachsen es hat.
≫ Untersuche das Quadrat auch auf Punktsymmetrie.
≫ Verfahre genauso mit einem Rechteck.

INFORMATION

(1) Rechteck
Ein Rechteck ist ein Viereck, das du an folgender Eigenschaft erkennst:
• Alle vier Innenwinkel sind rechte Winkel.

Weitere Eigenschaften eines Rechtecks:
• Die gegenüberliegenden Seiten verlaufen parallel zueinander und sind gleich lang.
• Die Diagonalen und Mittellinien halbieren einander und sind gleich lang.
• Ein Rechteck ist achsensymmetrisch zu den beiden Mittellinien.
• Ein Rechteck ist punktsymmetrisch zum Schnittpunkt M der Diagonalen.

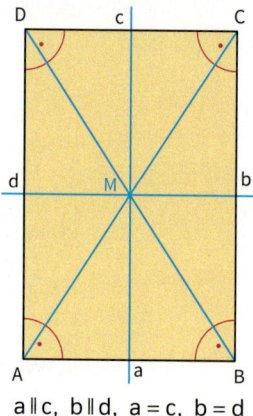

a ∥ c, b ∥ d, a = c, b = d

> Die Mittellinien sind die Geraden durch die Mittelpunkte der gegenüberliegenden Seiten.

(2) Quadrat
Ein Quadrat ist ein Viereck, das du an folgenden Eigenschaften erkennst:
• Alle vier Seiten sind gleich lang und alle vier Innenwinkel sind rechte Winkel.

Weitere Eigenschaften eines Quadrats:
• Ein Quadrat ist auch ein Rechteck. Also gelten die entsprechenden Eigenschaften.
• Zusätzlich ist es achsensymmetrisch zu den beiden Diagonalen und die Diagonalen stehen senkrecht aufeinander.

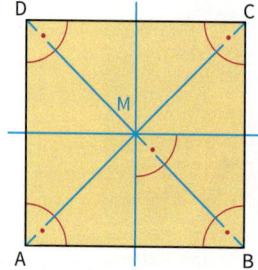

AUFGABE

1. a) Konstruiere ein Quadrat ABCD, bei dem die Diagonalen 4 cm lang sind.
b) Konstruiere ein Rechteck ABCD, bei dem die Diagonalen 4 cm lang sind und das kein Quadrat ist.

Lösung

Konstruktion und Konstruktionsbeschreibung:
a) Die Diagonalen stehen im Mittelpunkt M der Diagonalen senkrecht aufeinander.
  • Zeichne die Diagonale $\overline{AC}$ mit der Länge $|\overline{AC}| = 4$ cm und konstruiere den Mittelpunkt M.
  • Zeichne in M die Senkrechte h zu $\overline{AC}$.
  • Zeichne um M einen Kreis mit dem Radius $r = |\overline{AM}| = 2$ cm. (Hinweis: Es genügen zwei Kreisbögen.) Die Schnittpunkte mit der Senkrechten h sind die Eckpunkte B und D.
  • ABCD ist das gesuchte Quadrat.

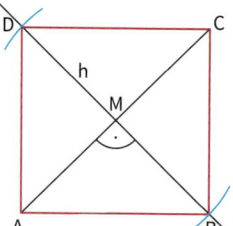

Dreiecke und Vierecke

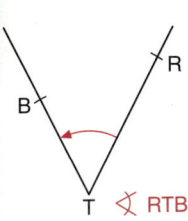

b) Da die Diagonalen eines Rechtecks nicht senkrecht aufeinander stehen müssen, sondern Winkel mit einem beliebigen Winkelmaß bilden können, gibt es mehrere Rechtecke mit der angegebenen Eigenschaft. Die Rechtecke können ähnlich wie in Teilaufgabe a) konstruiert werden. Wichtig ist, dass der Mittelpunkt der Diagonalen $\overline{AC}$ auch der Mittelpunkt der Diagonalen $\overline{BD}$ ist. Das Winkelmaß $\varepsilon = \sphericalangle AMB$ kann beliebig gewählt werden.

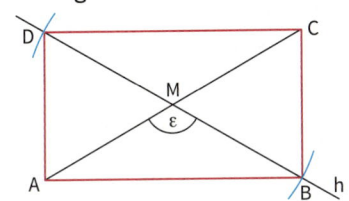
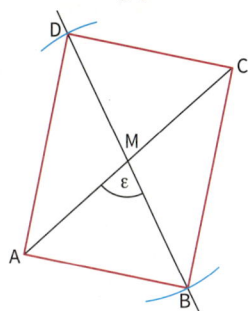

FESTIGEN UND WEITERARBEITEN

2. Konstruiere ein Rechteck ABCD mit folgenden Eigenschaften und beschreibe die Konstruktion.
   a) $|\overline{AB}| = 3{,}5$ cm und $|\overline{AD}| = 4{,}8$ cm
   b) $|\overline{CD}| = 5{,}2$ cm und $|\overline{AC}| = 6{,}0$ cm
   c) $|\overline{BD}| = 6{,}4$ cm und $\sphericalangle BAC = 35°$
   d) $|\overline{AC}| = 4{,}6$ cm und $\sphericalangle AMB = 105°$

ÜBEN

3. Welches Viereck ist
   a) ein Rechteck,   b) ein Quadrat,   c) weder ein Quadrat noch ein Rechteck?
   Begründe.

   (1)   (2)   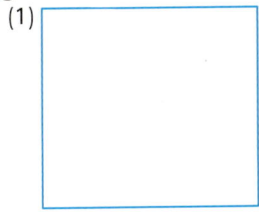   (3) 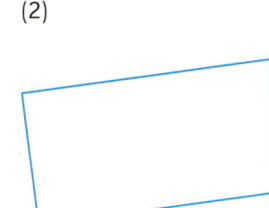   (4)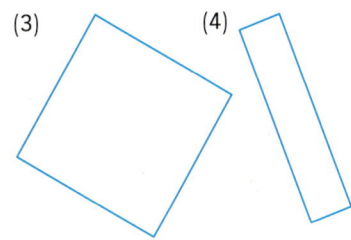

4. Konstruiere ein Quadrat ABCD mit folgender Eigenschaft und beschreibe die Konstruktion.
   a) $|\overline{AB}| = 4{,}5$ cm
   b) $|\overline{BD}| = 5{,}7$ cm

5. Konstruiere ein Rechteck ABCD mit folgenden Eigenschaften und beschreibe die Konstruktion. Du kannst das Rechteck auch mit einer dynamischen Geometrie-Software konstruieren.
   a) $|\overline{BC}| = 2{,}8$ cm und $|\overline{CD}| = 4{,}5$ cm
   b) $|\overline{AB}| = 4{,}2$ cm und $|\overline{BD}| = 5{,}6$ cm
   c) $|\overline{AC}| = 7{,}0$ cm und $\sphericalangle DCA = 65°$
   d) $|\overline{AD}| = 4{,}8$ cm und $\sphericalangle DMA = 54°$

6. a) Die Seiten und Diagonalen eines Rechtecks ABCD bilden Winkel, von denen einige das gleiche Maß haben.
   (1) Zeichne ein Rechteck und markiere maßgleiche Winkel mit der gleichen Farbe.
   (2) Schreibe sie auch mithilfe der Punkte A, B, C, D und M (Mittelpunkt der Diagonalen) auf.
   b) Verfahre ebenso mit einem Quadrat ABCD.

7. Zeichne (1) ein rechtwinkliges, gleichschenkliges Dreieck;
   (2) ein beliebiges rechtwinkliges Dreieck.
   Drehe die Dreiecke jeweils um 180° um den Mittelpunkt der längsten Seite.
   Welche besonderen Vierecke entstehen?
   Du kannst auch eine dynamische Geometrie-Software verwenden.

PARALLELOGRAMM UND RAUTE

Konstruktion und Eigenschaften eines Parallelogramms

EINSTIEG

» In den Bildern oben siehst du besondere Vierecke. Beschreibe sie.
» Finde weitere Beispiele.

AUFGABE

1.

Sarah will nach einer Bastelanleitung ein Haus aus Holz bauen. Dazu müssen die Einzelteile auf eine Holzplatte gezeichnet und dann ausgesägt werden.
Der rechte Teil des Daches hat die Form eines Parallelogramms. In der Bauanleitung steht:
Länge der Seite $\overline{AB}$: a = 3,5 dm
Länge der Seite $\overline{BC}$: b = 2,3 dm
Maß des Winkels bei B: β = 55°

Überlege, wie man aus diesen Stücken das Parallelogramm ABCD konstruieren kann. Führe die Konstruktion durch und beschreibe sie.

Lösung

Zeichne zunächst eine Planfigur, in der die gegebenen Stücke rot sind. Nutze bei der Konstruktion aus, dass die gegenüberliegenden Seiten parallel zueinander verlaufen.

Konstruktion (Maßstab 1 : 10) *und Konstruktionsbeschreibung:*

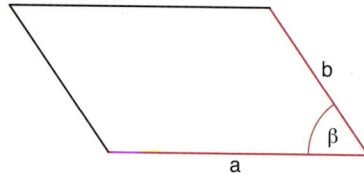

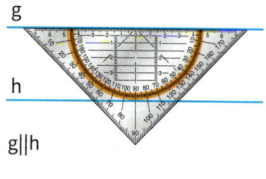

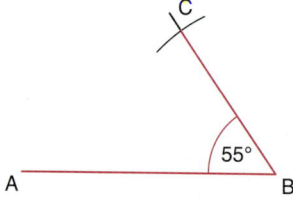

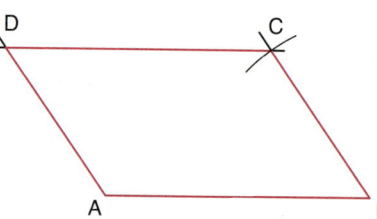

Zeichne eine Strecke $\overline{AB}$ mit der Länge a = 3,5 cm. Trage an $\overline{AB}$ in B den Winkel β = 55° an.
Zeichne nun um B einen Kreisbogen mit dem Radius b = 2,3 cm. Der Schnittpunkt mit dem freien Schenkel von β ist C.

Zeichne durch C eine Parallele zu $\overline{AB}$ und durch A eine Parallele zu $\overline{BC}$.
Der Schnittpunkt der Parallelen ist D.

Dreiecke und Vierecke

FESTIGEN UND WEITERARBEITEN

2. Arbeitet zu zweit.
  (1) Zeichnet auf einem weißen Blatt ein großes beliebiges Parallelogramm.
  (2) Zeichnet die beiden Diagonalen und messt nach, ob der Schnittpunkt der Mittelpunkt von beiden Diagonalen ist.
  (3) Schneidet das Parallelogramm aus und untersucht es durch Falten auf Achsensymmetrie.
  (4) Schneidet ein weiteres, zum ersten Parallelogramm kongruentes Parallelogramm aus, legt beide Parallelogramme übereinander und überprüft durch Drehen auf Punktsymmetrie.
  (5) Stellt eure Ergebnisse der Klasse vor.

3. Schneide aus übereinanderliegenden Papierblättern sechs kongruente Dreiecke aus. Lege jeweils zwei Dreiecke auf unterschiedliche Weise zu einem Parallelogramm zusammen und klebe die Parallelogramme in dein Heft.

4. Zeichne drei verschiedene Parallelogramme.
Färbe in jedem Parallelogramm gleich lange Seiten und Winkel mit dem gleichen Maß in der gleichen Farbe.

5. Konstruiere das Parallelogramm aus Aufgabe 1 (Seite 28), indem du nicht die Parallelität der gegenüberliegenden Seiten verwendest, sondern ausnutzt, dass die gegenüberliegenden Seiten gleich lang sind.

6. Konstruiere ein Parallelogramm ABCD aus:
  a) $a = 5\,cm$; $b = 4\,cm$; $\beta = 130°$;
  b) $a = 4{,}9\,cm$; $b = 3{,}4\,cm$; $\delta = 80°$;
  c) $|\overline{CM}| = 4\,cm$; $|\overline{DM}| = 3\,cm$; $\sphericalangle AMD = 55°$. M ist der Schnittpunkt der Diagonalen.

7. In einem Parallelogramm ABCD ist das Maß eines Innenwinkels gegeben. Berechne die übrigen.
  a) $\beta = 112°$ **b)** $\alpha = 53°$ **c)** $\delta = 64{,}7°$ **d)** $\gamma = 127{,}2°$

INFORMATION

Parallelogramm
Ein Parallelogramm ist ein Viereck, das du an folgenden Eigenschaften erkennst:
- Gegenüberliegende Seiten sind parallel zueinander.

Weitere Eigenschaften eines Parallelogramms:
- Gegenüberliegende Seiten sind gleich lang.
- Gegenüberliegende Winkel haben das gleiche Maß.
- Der Schnittpunkt der Diagonalen ist der Mittelpunkt von beiden Diagonalen.
- Ein Parallelogramm ist punktsymmetrisch zum Mittelpunkt M der beiden Diagonalen.

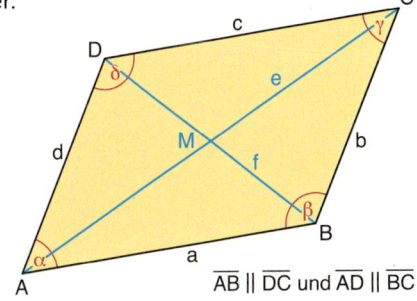

$\overline{AB} \parallel \overline{DC}$ und $\overline{AD} \parallel \overline{BC}$

ÜBEN

8. Zeichne drei verschiedene Parallelogramme mit den Seitenlängen $a = 5\,cm$ und $b = 4\,cm$. Miss jeweils die Maße der Innenwinkel und die Längen der Diagonalen.

9. Welche der Vierecke sind Parallelogramme?
Begründe deine Entscheidung.

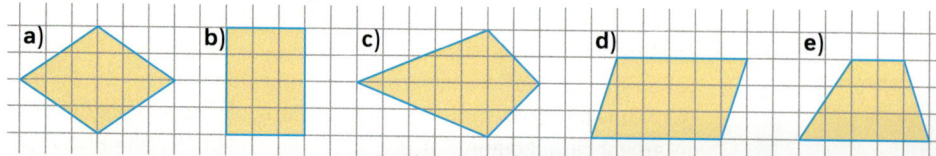

 10.

Erkundet eure Umwelt: Sucht weitere Beispiele für Parallelogramme. Ihr könnt sie auch fotografieren.
Präsentiert eure Ergebnisse in der Klasse.

11. Felix zeichnet ein Parallelogramm so: „Ich zeichne eine Strecke $\overline{AB}$ und dazu versetzt eine Strecke $\overline{DC}$, die parallel zu $\overline{AB}$ verläuft und genauso lang ist wie $\overline{AB}$. Dann verbinde ich A mit D und B mit C."
Zeichne ebenfalls ein Parallelogramm auf diese Weise.
Welche Eigenschaften hat Felix benutzt?

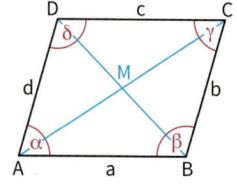

12. Konstruiere aus den gegebenen Stücken ein Parallelogramm ABCD. Beschreibe die Konstruktion. Miss die übrigen Stücke.
 a) $a = 6{,}0$ cm; $b = 4{,}0$ cm; $\beta = 68°$
 b) $a = 7{,}5$ cm; $d = 5{,}0$ cm; $\alpha = 50°$
 c) $c = 4{,}7$ cm; $d = 6{,}4$ cm; $\delta = 120°$
 d) $c = 5{,}2$ cm; $b = 3{,}9$ cm; $\gamma = 99°$

13. In dem Parallelogramm ABCD sind die eingezeichneten Winkel gegeben.
Berechne die Maße der Innenwinkel α, β, γ und δ.

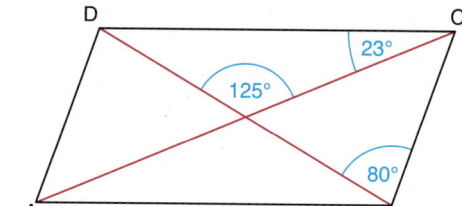

14. Konstruiere ein Parallelogramm ABCD.
 a) $a = 5$ cm; $d = 4$ cm; $\beta = 130°$
 b) $|\overline{CM}| = 4$ cm; $|\overline{DM}| = 3$ cm; $\sphericalangle CMD = 55°$
 c) $a = 7$ cm; $b = 4{,}3$ cm; $\delta = 65°$
 d) $|\overline{AB}| = 5{,}3$ cm; $|\overline{AC}| = 4{,}1$ cm; $\sphericalangle BAC = 32°$
 e) $a = 6{,}2$ cm; $b = 5$ cm; $e = 9{,}3$ cm
 f) $e = 6$ cm; $f = 8$ cm; $b = 5{,}2$ cm
 g) $a = 3{,}8$ cm; $e = 5{,}9$ cm; $\beta = 86°$
 h) $a = 3{,}8$ cm; $f = 7{,}3$ cm; $\beta = 14°$

$e = |\overline{AC}|$
$f = |\overline{BD}|$

15. Die Treppenhauswand im Bild rechts hat die Form eines Parallelogramms. Bestimme das Maß der Innenwinkel. Fertige eine geeignete Zeichnung an. Gib auch den Maßstab an.

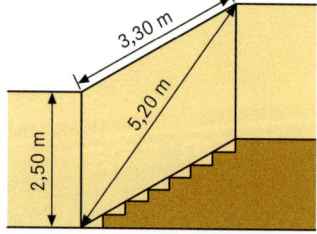

Dreiecke und Vierecke 31

Konstruktion und Eigenschaften einer Raute

EINSTIEG

Arbeitet zu zweit.
- Zeichnet auf einem unlinierten Blatt eine beliebig große Raute.
- Zeichnet die beiden Diagonalen ein und untersucht ihre Eigenschaften.
- Schneidet die Raute aus und untersucht sie durch Falten und Drehen auf Achsensymmetrie.
- Schneidet eine weitere, zur ersten Raute kongruente Raute aus, legt sie übereinander und überprüft durch Drehung auf Punktsymmetrie.
- Stellt eure Ergebnisse der Klasse vor.

AUFGABE

1. Konstruiere eine Raute ABCD aus $a = 3{,}7$ cm und $\alpha = 58°$.
   In der Planfigur sind die gegebenen Stücke rot gezeichnet.
   Bei der Konstruktion nutzen wir die Eigenschaft, dass alle vier Seiten gleich lang sind.

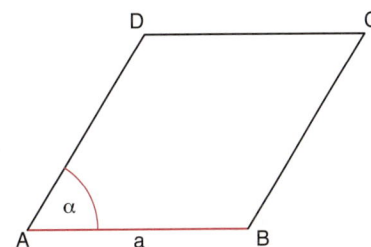

Lösung

Konstruktion und Konstruktionsbeschreibung:

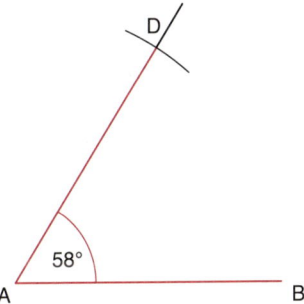

Zeichne eine Strecke $\overline{AB}$ mit der Länge $a = 3{,}7$ cm.
Trage an $\overline{AB}$ in A den Winkel $\alpha = 58°$ an.
Zeichne nun um A einen Kreisbogen mit dem Radius $a = 3{,}7$ cm. Der Schnittpunkt mit dem freien Schenkel von α ist D.

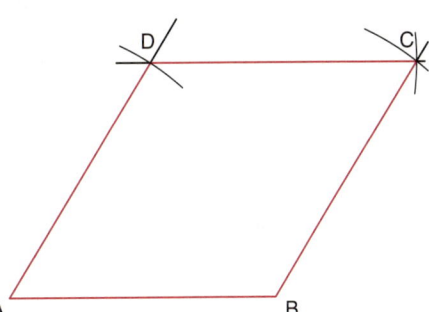

Zeichne um B und D jeweils einen Kreisbogen mit den Radien $b = c = 3{,}7$ cm.
Der Schnittpunkt der Kreisbögen ist C.

FESTIGEN UND WEITERARBEITEN

2. Konstruiere eine Raute ABCD mit den angegebenen Eigenschaften und beschreibe die Konstruktion.
   a) $|\overline{AB}| = 4{,}5$ cm und $\sphericalangle DCB = 46°$
   b) $|\overline{BC}| = 5{,}0$ cm und $\sphericalangle BAD = 110°$

3. (1) Zeichne ein beliebiges gleichschenkliges Dreieck und bestimme den Mittelpunkt M der Basis.
   (2) Drehe nun das Dreieck um 180° um den Punkt M. Welches besondere Viereck entsteht?

INFORMATION

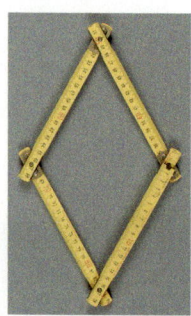

Raute

Eine Raute ist ein Viereck, das du an folgender Eigenschaft erkennst:
- Alle vier Seiten sind gleich lang.

Weitere Eigenschaften einer Raute:
- Eine Raute ist auch ein Parallelogramm, also gilt a ∥ c, b ∥ d, α = γ, β = δ
- Die Diagonalen stehen senkrecht aufeinander.
- Die Diagonalen halbieren einander.
- Die Diagonalen halbieren die Innenwinkel.
- Eine Raute ist achsensymmetrisch zu den Diagonalen.
- Eine Raute ist punktsymmetrisch zum Mittelpunkt M der Diagonalen.

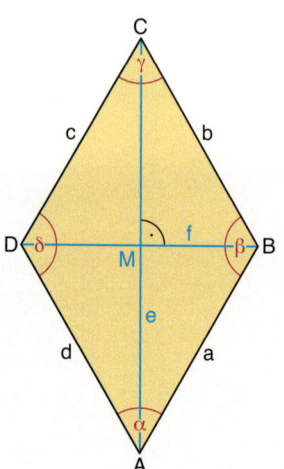

ÜBEN

4. Konstruiere eine Raute ABCD aus den gegebenen Stücken und beschreibe die Konstruktion.
  a) $|\overline{CD}|$ = 3,8 cm; ∡ CDA = 145°;
  b) $|\overline{AB}|$ = 4,2 cm; ∡ DAB = 115°;
  c) $|\overline{AB}|$ = 4,7 cm; $|\overline{AC}|$ = 3,2 cm;
  d) $|\overline{AB}|$ = 5,4 cm; $|\overline{BD}|$ = 8,6 cm.

5. a) Begründe, dass für die Raute ABCD gilt: α + β = 180°
  b) Berechne die Maße der übrigen Winkel der Raute ABCD.
  (1) α = 50°   (2) β = 110°   (3) γ = 124°   (4) δ = 46°   (5) α = 58,4°

6. Erkundige dich, was im Fussball die Mittelfeldraute ist und welches taktisches Spielsystem dahinter steht.

7. Jakob erklärt, wie er eine Raute zeichnet:
„Ich zeichne ein Kreuz, dessen Arme links und rechts sowie oben und unten jeweils gleich lang sind. Die Endpunkte des Kreuzes verbinde ich zu einer Raute."
  a) Zeichne ebenfalls eine Raute auf diese Weise. Welche Eigenschaften hat Jakob benutzt?
  b) Zeichne eine Raute mit e = 8 cm und f = 6 cm.

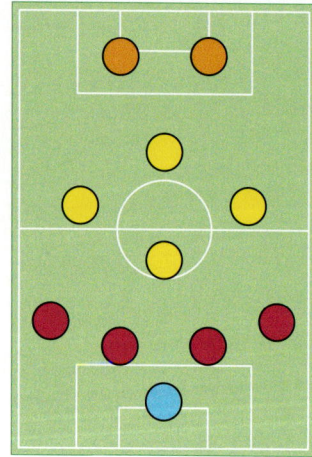

8. Tim behauptet: „Jedes Parallelogramm ist achsensymmetrisch."
Tom meint: „Es gibt keine achsensymmetrischen Parallelogramme."
Was meinst du dazu? Begründe.

9. Konstruiere eine Raute ABCD. Du kannst auch eine dynamische Geometrie-Software verwenden.
  a) b = 6 cm; γ = 110°
  b) b = 4,7 cm; α = 59°
  c) c = 4 cm; e = 5,1 cm
  d) a = 6,4 cm; β = 110°
  e) d = 4,8 cm; e = 7,3 cm
  f) e = 2,4 cm; f = 9,6 cm
  g) $|\overline{AM}|$ = 4 cm; $|\overline{BM}|$ = 2,5 cm
  h) f = 6,5 cm; β = 66°

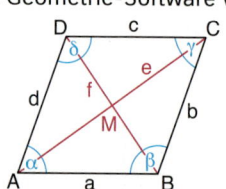

Dreiecke und Vierecke   **33**

TRAPEZ

Konstruktion und Eigenschaften eines Trapezes

» Auf den Bildern oben findest du besondere Vierecke. Beschreibe sie.

1. Von einem Trapez mit $\overline{AB} \parallel \overline{CD}$ ist bekannt:
$\alpha = 50°$; $\gamma = 110°$; $|\overline{AB}| = 5{,}0\,\text{cm}$;
$|\overline{BC}| = 2{,}8\,\text{cm}$.
  a) Berechne die Innenwinkel β und δ.
  b) Konstruiere das Trapez und beschreibe die Konstruktion.

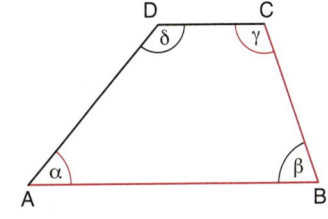

Lösung
  a) Die Geraden AB und CD verlaufen parallel zueinander.
  Die Winkel α und δ sowie β und γ sind dann jeweils Ergänzungswinkel zueinander.
  Somit gilt:
  $\alpha + \delta = 180°$ und $\beta + \gamma = 180°$.
  Aus $\alpha = 50°$ folgt $\delta = 180° - 50° = 130°$ und aus $\gamma = 110°$ folgt $\beta = 180° - 110° = 70°$.
  Ergebnis: $\beta = 70°$ und $\delta = 130°$

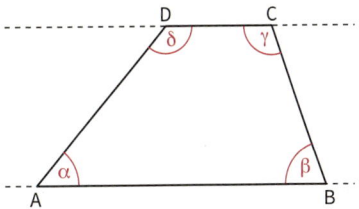

Ergänzungswinkel:
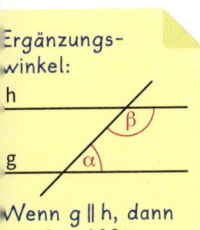
Wenn g ∥ h, dann $\alpha + \beta = 180°$.

  b) *Konstruktion und Konstruktionsbeschreibung:*

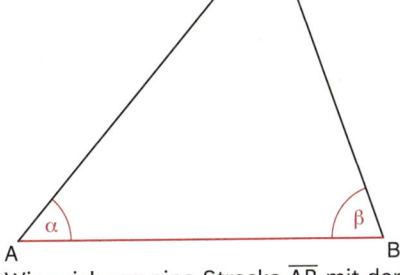 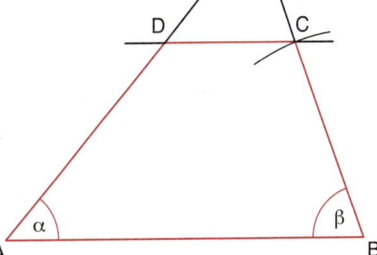

Wir zeichnen eine Strecke $\overline{AB}$ mit der Länge $|\overline{AB}| = 5{,}0\,\text{cm}$.
In A tragen wir an $\overline{AB}$ den Winkel α mit dem Winkelmaß 50° und in B an $\overline{AB}$ den Winkel β mit dem Winkelmaß 70° an.

Um B zeichnen wir einen Kreisbogen mit dem Radius $|\overline{BC}| = 2{,}8\,\text{cm}$.
Der Schnittpunkt mit dem freien Schenkel von β ist C.
Durch C zeichnen wir eine Parallele zu $\overline{AB}$, die den freien Schenkel von α in D schneidet.

INFORMATION

(1) Trapez
Ein **Trapez** ist ein Viereck, bei dem wenigstens zwei gegenüberliegende Seiten parallel zueinander sind.
Die beiden zueinander parallelen Seiten heißen **Grundseiten**, die beiden anderen Seiten nennt man **Schenkel** des Trapezes.

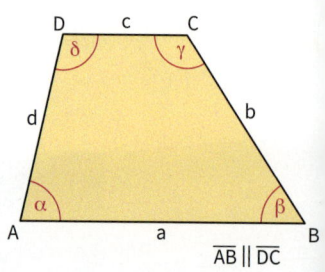

(2) Innenwinkelsatz für Trapeze
In jedem *Trapez* ABCD gilt:
Die Summe der Maße der beiden Winkel, die an einem Schenkel anliegen, beträgt 180°:
$\alpha + \delta = 180°$ und $\beta + \gamma = 180°$

FESTIGEN UND WEITERARBEITEN

2. Konstruiere das Trapez. Beschreibe die Konstruktion.
 a) Trapez ABCD mit $\overline{AB} \parallel \overline{CD}$ aus: a = 5,2 cm; α = 68°; β = 81°; d = 2,5 cm
 b) Trapez ABCD mit $\overline{BC} \parallel \overline{AD}$ aus: a = 2,4 cm; b = 4,9 cm; β = 75°; γ = 58°

3. Von einem Trapez ABCD mit $\overline{AB} \parallel \overline{CD}$ sind bekannt:
 a) α = 63°; γ = 125°;   b) δ = 133°; γ = 85°.
 Bestimme die Maße der übrigen Innenwinkel.

ÜBEN

4. Berechne die übrigen Winkelmaße des Trapezes.

	a)	b)	c)	d)	e)	f)	g)
α	57°		85°		127°		61°
β		63°	42°		99°	25°	
γ	134°			30°			39°
δ		108°		55°		5°	

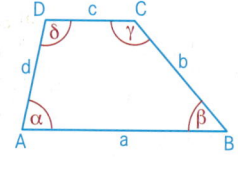

5. Von einem Trapez ABCD sind im Koordinatensystem (1 LE ≙ 1 cm) gegeben.
 a) A(2|1), B(7|1), C(6|4) und α = 80°;
 b) A(4|0), B(9|2), C(9|6), $\overline{AD} \parallel \overline{BC}$ und $|\overline{AD}|$ = 5 LE.
 Vervollständige das Trapez und lies die Koordinaten von D ab.

Planfigur zuerst!

6. Konstruiere ein Trapez ABCD mit $\overline{AB} \parallel \overline{CD}$. Beschreibe die Konstruktion.
 a) a = 5,5 cm; b = 3 cm; α = 45°; β = 63°
 b) a = 5,9 cm; d = 3,4 cm; α = 100°; β = 80°
 c) $|\overline{AB}|$ = 7 cm; $|\overline{AD}|$ = 5 cm; $|\overline{BD}|$ = 6 cm; $|\overline{CD}|$ = 3 cm

7. Aus Lärmschutzgründen soll an einer Autobahn ein Lärmschutzwall aufgeschüttet werden. Die Dammsohle soll 10,50 m breit sein. Damit die Böschung nicht abrutscht, wird der Damm mit den Böschungswinkeln α = 30° und β = 45° aufgeschüttet. Er soll 3,50 m hoch sein.
Wie breit ist die Dammkrone? Zeichne dazu einen Querschnitt des Walls in einem geeigneten Maßstab.

Dreiecke und Vierecke 35

Gleichschenkliges Trapez

EINSTIEG Zeichnet mehrere gleichschenklige Dreiecke und schneidet sie aus. Schneidet nun von diesen Dreiecken die „Spitze" parallel zur Basis ab.

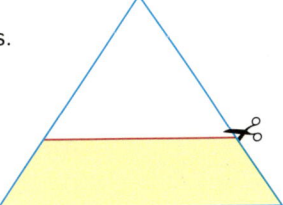

» Was für Vierecke erhaltet ihr?
Beschreibt sie und gebt ihre Eigenschaften an.

INFORMATION

Ein gleichschenkliges Trapez erkennst du an folgender Eigenschaft:
- Die beiden Basiswinkel an den Grundseiten haben das gleiche Maß: $\alpha = \beta$ und $\delta = \gamma$.

Weitere Eigenschaften:
- Die Schenkel sind gleich lang.
- Die Diagonalen sind gleich lang.
- Ein gleichschenkliges Trapez ist achsensymmetrisch zur Mittellinie m.

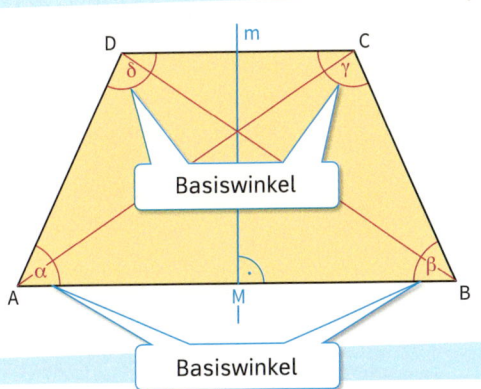

FESTIGEN UND WEITERARBEITEN

1. Von einem gleichschenkligen Trapez ABCD mit $\overline{AB} \parallel \overline{CD}$ ist das Maß eines Innenwinkels gegeben. Berechne die übrigen Winkelmaße.
   a) $\alpha = 72°$　　b) $\beta = 124°$　　c) $\gamma = 109°$　　d) $\delta = 56°$

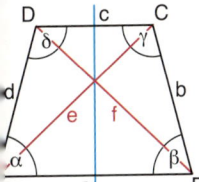

2. Konstruiere ein gleichschenkliges Trapez ABCD mit $\overline{AB} \parallel \overline{CD}$. Beschreibe die Konstruktion.
   a) a = 5,4 cm; d = 3,1 cm; β = 64°　　c) c = 3,5 cm; d = 2,8 cm; γ = 125°
   b) a = 6,1 cm; e = 7,9 cm; β = 68°　　d) c = 4,8 cm; b = 2,4 cm; e = 5,6 cm

3. Konstruiere ein gleichschenkliges Trapez ABCD mit $\overline{AB} \parallel \overline{CD}$ und der Höhe h = 3 cm aus:
   a) a = 7,5 cm; b = 4,1 cm　　c) c = 6 cm; e = 5 cm
   b) a = 6 cm; α = 100°　　d) a = 8,1 cm; c = 5,9 cm
   Du kannst das Trapez auch mit einer dynamischen Geometrie-Software konstruieren.

4. Der Querschnitt eines Bahndamms hat die Form eines gleichschenkligen Trapezes. Fertige eine Zeichnung im Maßstab 1 : 200 an. Bestimme die fehlenden Größen.
   a) Breite der Dammsohle: 14 m; Breite der Dammkrone: 5 m; Dammhöhe: 3,70 m
   b) Breite der Dammkrone: 15 m; Maß des Böschungswinkels: 38°; Länge der Böschung: 4,80 m
   c) Breite der Dammsohle: 20 m; Dammhöhe: 5,40 m; Maß des Böschungswinkels: 45°

DRACHENVIERECK

EINSTIEG

Umfang eines Drachenvierecks auf Seite 174

Zum Bau eines „Drachens" werden zwei Holzleisten der Länge 70 cm und 50 cm verwendet. Der Kreuzungspunkt beider Leisten teilt die längere Leiste in Teilstrecken von 20 cm und 50 cm Länge.

» Fertige eine Zeichnung im Maßstab 1 : 10 an.
» Zur Stabilisierung soll von Eckpunkt zu Eckpunkt eine Kordel gespannt werden. Reicht eine 2 m lange Kordel?

AUFGABE

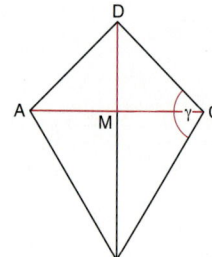

1. Von dem Drachenviereck ABCD links sind bekannt:
$|\overline{AC}| = 4$ cm; $|\overline{MD}| = 2$ cm; $\gamma = 104°$
Konstruiere das Drachenviereck und beschreibe die Konstruktion.

Lösung

Konstruktion und Konstruktionsbeschreibung:

(1) Zeichne die Strecke $\overline{AC}$.
(2) Zeichne die Mittelsenkrechte zu $\overline{AC}$. Der Mittelpunkt von $\overline{AC}$ ist M.
(3) Zeichne um M einen Kreis mit dem Radius 2 cm. Er schneidet die Mittelsenkrechte in D und einen weiteren Punkt D*. Verbinde D mit A und mit C. Der Punkt D* kommt wegen $\gamma > 90°$ nicht infrage.
(4) Trage in C an $\overline{DC}$ den Winkel γ an. Sein freier Schenkel schneidet die Mittelsenkrechte im Punkt B. Verbinde B mit A.

ABCD ist das gesuchte Drachenviereck.

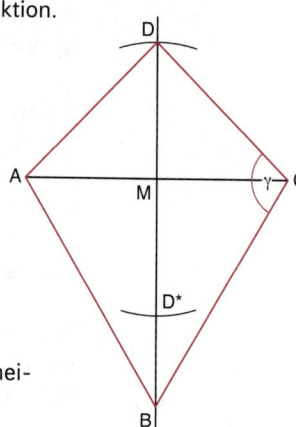

INFORMATION

Drachenviereck

Ein **Drachenviereck** ist ein Viereck, das du an folgenden Eigenschaften erkennst:
- Die Diagonalen bzw. deren Verlängerungen sind senkrecht zueinander.
- Die eine Diagonale halbiert die andere.

Weitere Eigenschaften eines Drachenvierecks:
- Wenigstens zwei gegenüberliegende Winkel haben das gleiche Maß.
- Eine Diagonale ist Winkelhalbierende zweier gegenüberliegender Winkel.
- Ein Drachenviereck ist achsensymmetrisch zu dieser Winkelhalbierenden.
- Es gibt zwei benachbarte Seiten, die gleich lang sind. Ebenso sind die beiden anderen Seiten gleich lang.

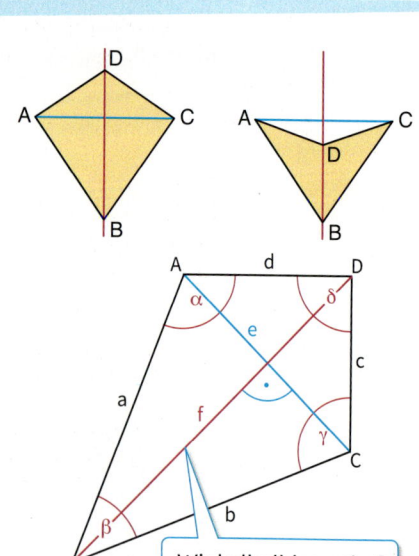

Winkelhalbierende f ist Symmetrieachse.

Dreiecke und Vierecke

INFORMATION

Ein Viereck, das einen überstumpfen Innenwinkel besitzt (Winkelmaß zwischen 180° und 360°), heißt **konkav**, sonst **konvex**.

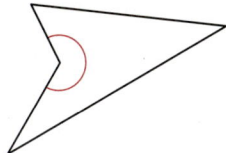
konkaves Viereck

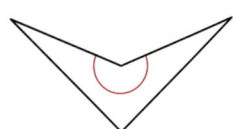
konkaves Drachenviereck

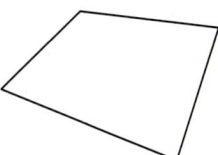
konvexes Viereck

FESTIGEN UND WEITERARBEITEN

2. Konstruiere ein Drachenviereck ABCD mit $\overline{AC}$ als Symmetrieachse.
Beschreibe die Konstruktion.
a) α = 35°; d = 4,2 cm; c = 1,9 cm
b) a = 2,9 cm; b = 5,1 cm; β = 135°

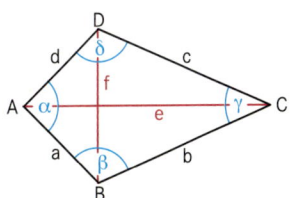

3. Konstruiere ein Drachenviereck ABCD mit $\overline{BD}$ als Symmetrieachse.
Beschreibe die Konstruktion.
a) b = 3,8 cm, c = 2,5 cm, f = 5,0 cm
b) a = 4,5 cm, c = 3,5 cm, β = 80°
Gibt es mehrere Lösungen? Begründe.

4. Zeichne zwei nicht kongruente Drachenvierecke mit $\overline{BD}$ als Symmetrieachse und $|\overline{AC}|$ = 6 cm, $|\overline{BD}|$ = 4 cm, γ > 90°.

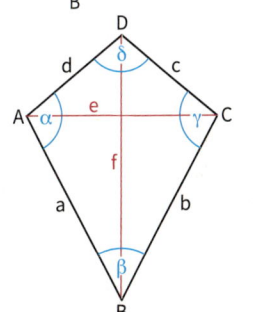

5. (1) Konstruiere ein Drachenviereck ABCD mit $\overline{AC}$ als Symmetrieachse aus den gegebenen Stücken und beschreibe die Konstruktion.
(2) Gib den Umfang an.
a) a = 5,1 cm; b = 3,7 cm; β = 132°
b) c = 2,9 cm; d = 4,6 cm; e = 6,1 cm

e = $|\overline{AC}|$
f = $|\overline{BD}|$

6. Konstruiere ein Drachenviereck ABCD mit $\overline{BD}$ als Symmetrieachse.
Du kannst auch eine dynamische Geometrie-Software verwenden.
a) b = 6 cm;   c = 4 cm;   β = 40°
b) f = 5,8 cm; b = 3,9 cm; d = 2,8 cm
c) e = 4,2 cm; b = 5,2 cm; d = 3,4 cm
d) e = 5,8 cm; b = 4,4 cm; f = 8,2 cm
e) f = 6,2 cm; β = 100°;   δ = 44°
f) f = 8,4 cm; γ = 70°;   b = 5,3 cm
g) f = 4 cm;   δ = 46°;   d = 7,8 cm
h) e = 7 cm;   β = 50°;   d = 3,8 cm
i) b = 4 cm;   e = 6,2 cm; δ = 120°
j) e = 6,2 cm; β = 126°;   δ = 38°

7. Berechne die Maße der übrigen Innenwinkel des Drachenvierecks.
a) α = 125°; δ = 69°
b) α = 134°; γ = 58°
c) α = 215°; β = 37°
d) α = 107°; γ = 99°
e) γ = 38°; δ = 109°
f) β = 127°; γ = 26°

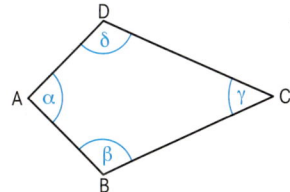

 **7 PUNKTE SAMMELN**

★★
A, B und C sind Eckpunkte eines Drachenvierecks ABCD.
Vervollständige das Drachenviereck in deinem Heft.

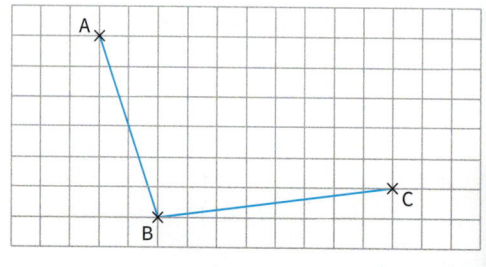

★★★
A, C und D sind Eckpunkte eines gleichschenkligen Trapezes ABCD.
Vervollständige das Trapez in deinem Heft mit
(1) $\overline{AD} \parallel \overline{BC}$
(2) $\overline{AB} \parallel \overline{CD}$

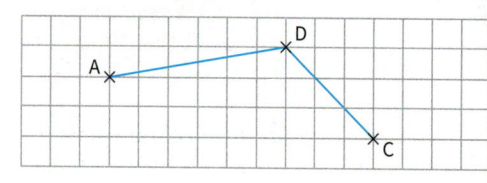

★★★★
Auf wie viele Arten lässt sich das Dreieck PQR zu einem Parallelogramm ergänzen?
Zeichne in deinem Heft.

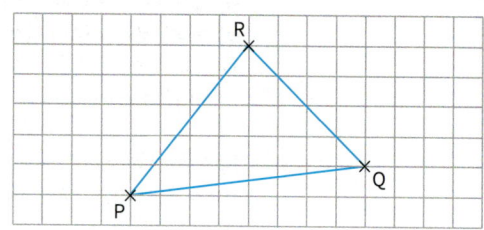

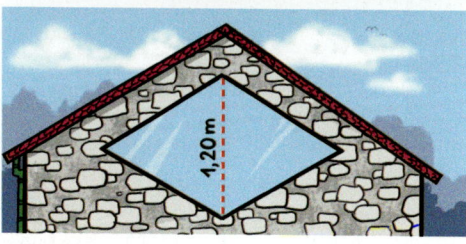

★★
Herr Huber baut ein neues Gartentor. Das Tor soll 1,30 m breit und 1,10 m hoch werden. Erstelle im Maßstab 1 : 20 eine Zeichnung und ermittle daraus die Länge der Diagonalstrebe.

★★★
Das Fenster im Giebel eines Hauses setzt sich aus zwei gleichseitigen Dreiecken zusammen. Welche besondere Form hat das viereckige Fenster? Begründe.
Gib ohne Zeichnung die Maße der vier Innenwinkel an.
Erkläre deine Überlegungen und überprüfe anhand einer Zeichnung.

★★★★
Franz und Anton bauen einen Drachen. Für die Diagonalen haben sie zwei Holzstreben, die 0,90 m und 0,70 m lang sind. Der kürzere Stab soll den längeren im Verhältnis 1 : 2 teilen. Außen wird rundherum eine Kordel gespannt. Erstelle eine geeignete Zeichnung und ermittle daraus, wie lang die Kordel insgesamt mindestens sein muss. Gib auch den Maßstab an.

Dreiecke und Vierecke

VERMISCHTE UND KOMPLEXE ÜBUNGEN

1. Übertrage das Dreieck ins Heft und ergänze es durch eine Drehung um 180° um die markierte Seitenmitte Z zu einem punktsymmetrischen Viereck.
Was für ein Viereck entsteht?

a) 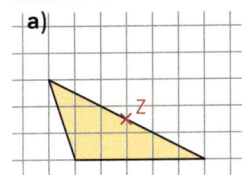 b) 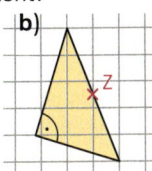 c) 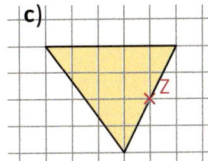 d)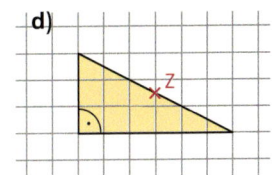

$e = |\overline{AC}|$
$f = |\overline{BD}|$

2. a) Konstruiere ein Parallelogramm ABCD aus a = 5,7 cm; f = 7,9 cm; d = 3,3 cm.
b) Konstruiere eine Raute ABCD aus c = 8 cm; f = 6 cm.
c) Konstruiere ein Rechteck ABCD aus b = 4,6 cm; f = 7,3 cm.
d) Konstruiere ein Quadrat ABCD aus (1) e = 5 cm, (2) f = 7 cm.
e) Konstruiere ein gleichschenkliges Trapez ($\overline{AB} \parallel \overline{CD}$) aus a = 6,4 cm; b = 2,7 cm; e = 5,7 cm.
f) Konstruiere ein Drachenviereck mit $\overline{BD}$ als Symmetrieachse aus $|\overline{AC}|$ = 4,0 cm, $|\overline{BD}|$ = 5,6 cm und β = 70°.

3. Der Querschnitt eines Kanals ist ein gleichschenkliges Trapez. Der Kanal ist 4,80 m tief, oben ist er 24,40 m und unten 17,50 m breit.
Zeichne maßstabsgerecht den Querschnitt des Kanals.
Gib den Maßstab an.

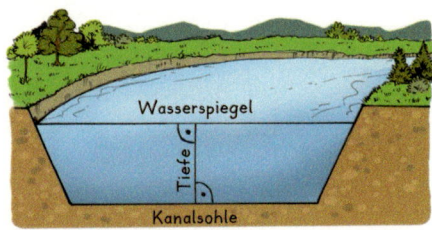

Drachenviereck:
$A = \frac{1}{2} \cdot e \cdot f$

 Valentin möchte, dass sein Drachen eine möglichst große Fläche hat.
Deshalb überlegt er, wo sich seine beiden Holzleisten am besten kreuzen.

 Max hat zwei Holzleisten, die 80 cm und 60 cm lang sind.
Wie groß wird die Fläche seines Drachens?

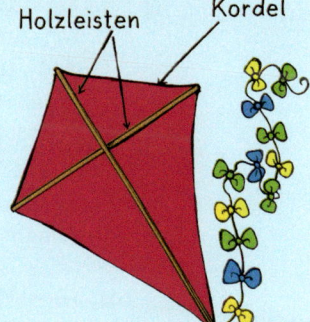

 4. Luisa, Max und Valentin bauen jeweils einen Drachen. Dazu verwendet jeder zwei Holzleisten, die sie so verbinden wollen, dass ein symmetrisches Kreuz entsteht. Um dem Kreuz eine höhere Stabilität zu geben, soll von Eckpunkt zu Eckpunkt eine Kordel gespannt werden.

 Max hat zwei 80 cm und 60 cm lange Holzleisten. Die Leisten sollen sich so kreuzen, dass oberhalb der kürzeren Leiste zwei gleichschenklige Dreiecke entstehen. Seine Kordel ist 2,5 m lang. Reicht das?

 Luisas Drachen ist 0,14 m² groß und eine Holzleiste ist 0,4 m lang. Wie lang ist die andere Leiste?

WAS DU GELERNT HAST

Rechteck und Quadrat
Ein **Rechteck** ist ein Viereck, bei dem alle vier Innenwinkel rechte Winkel sind.
(1) Für das Rechteck ABCD gilt:
$\overline{AB} \parallel \overline{CD}$, $\overline{BC} \parallel \overline{AD}$ und $|\overline{AB}| = |\overline{CD}|$, $|\overline{BC}| = |\overline{AD}|$, $|\overline{AC}| = |\overline{BD}|$
(2) Die Diagonalen halbieren einander.
(3) Ein Rechteck mit vier gleich langen Seiten ist ein **Quadrat**.
(4) Rechtecke und Quadrate sind achsen- und punktsymmetrisch.

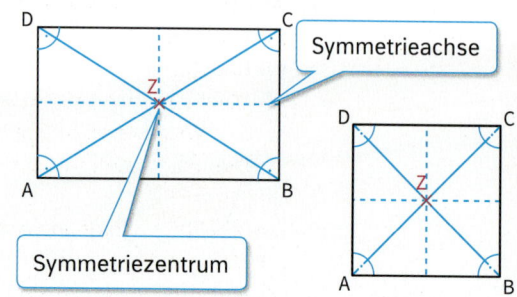

Parallelogramm und Raute
Ein **Parallelogramm** ist ein Viereck, bei dem die gegenüberliegenden Seiten parallel zueinander sind.
(1) Für das Parallelogramm ABCD gilt:
$|\overline{AB}| = |\overline{CD}|$, $|\overline{BC}| = |\overline{AD}|$, $\alpha = \gamma$, $\beta = \delta$
(2) Die Diagonalen halbieren einander.
(3) Ein Parallelogramm mit vier gleich langen Seiten ist eine **Raute**.
(4) Die Diagonalen einer Raute stehen senkrecht aufeinander. Sie halbieren sich und die Innenwinkel.
(5) Ein Parallelogramm ist punkt-, eine Raute punkt- und achsensymmetrisch.

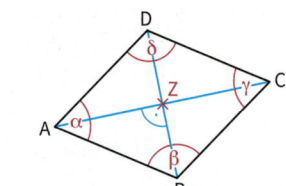

Trapez
Ein **Trapez** ist ein Viereck, bei dem wenigstens zwei gegenüberliegende Seiten parallel zueinander sind.
(1) Für das Trapez ABCD gilt:
$\alpha + \delta = 180°$ und $\beta + \gamma = 180°$
(2) Ein Trapez ABCD mit maßgleichen Basiswinkeln heißt **gleichschenklig**. Es gilt:
- $\alpha = \beta$ und $\gamma = \delta$
- $|\overline{AD}| = |\overline{BC}|$ und $|\overline{AC}| = |\overline{BD}|$
- Es ist achsensymmetrisch.

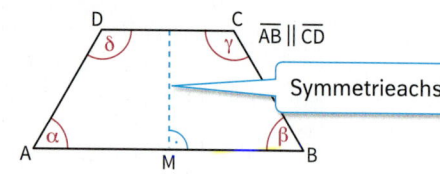

Drachenviereck
Ein **Drachenviereck** ist ein Viereck, bei dem die Diagonalen senkrecht zueinander sind und eine Diagonale die andere halbiert.
(1) Für das Drachenviereck ABCD gilt:
- $\beta = \delta$
- $\overline{AC}$ halbiert die Winkel mit den Maßen α und γ und die Diagonale $\overline{BD}$.
- $|\overline{AB}| = |\overline{AD}|$ und $|\overline{BC}| = |\overline{DC}|$
(2) Ein Drachenviereck ist achsensymmetrisch.

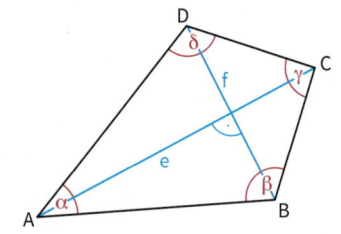

BIST DU FIT?

1. Welche der unten stehenden Eigenschaften (1) bis (6) treffen zu auf
   a) Quadrate,
   b) Rechtecke,
   c) Parallelogramme,
   d) Rauten,
   e) Trapeze,
   f) Drachenvierecke?
   (1) Alle Seiten sind gleich lang.
   (2) Alle Winkel sind rechte Winkel.
   (3) Die Diagonalen sind gleich lang.
   (4) Die Diagonalen halbieren sich.
   (5) Die Diagonalen sind senkrecht zueinander.
   (6) Gegenüberliegende Seiten sind gleich lang.

2. Entscheide, ob folgende Aussagen wahr oder falsch sind.
   (1) Manche Parallelogramme sind Rauten.
   (2) Manche Rechtecke sind Rauten.
   (3) Jede Raute ist ein Parallelogramm.

3. Um was für ein Viereck kann es sich handeln?
   (1) Eine Mittellinie ist Symmetrieachse.
   (2) Beide Mittellinien sind Symmetrieachsen.
   (3) Beide Diagonalen sind Symmetrieachsen.

4. Berechne die Maße der fehlenden Winkel des Vierecks. Erläutere dein Vorgehen.
   a) Viereck ABCD mit $\alpha = 35°$; $\beta = 79°$; $\delta = 112°$
   b) Trapez ABCD ($\overline{AB} \parallel \overline{CD}$) mit $\alpha = 74°$ und $\beta = 32°$
   c) Gleichschenkliges Trapez ABCD ($\overline{AB} \parallel \overline{CD}$) mit $\beta = 78°$
   d) Drachenviereck ABCD (AC Symmetrieachse) mit $\beta = 135°$ und $\gamma = 47°$
   e) Raute ABCD mit $\gamma = 129°$
   f) Parallelogramm mit $\beta = 53°$

5. Konstruiere das gegebene Viereck. Beschreibe die Konstruktion.
   a) Raute ABCD mit e = 8 cm; f = 6 cm
   b) Quadrat ABCD mit e = 5 cm
   c) Parallelogramm ABCD mit a = 5,5 cm; $\gamma = 114°$; f = 7,0 cm
   d) Trapez ABCD mit $\overline{AB} \parallel \overline{CD}$ und a = 5,7 cm; d = 2,8 cm; c = 3,1 cm; $\alpha = 65°$
   e) Drachenviereck mit $\overline{BD}$ als Symmetrieachse und $|\overline{BD}| = 5,5$ cm; $|\overline{AD}| = 3,0$ cm; $\beta = 50°$

6. In das Giebelfenster soll eine neue Scheibe (Isolierglas) eingesetzt werden.
   a) Erstelle eine maßstabsgetreue Zeichnung der Scheibe und bestimme die Maße der Innenwinkel oben sowie die Länge der vierten Seite.
   b) Berechne die Materialkosten für die Scheibe.

Angebot
Scheibe aus Isolierglas
364,00 € pro m^2
+ MwSt
− 2 % Skonto

7. Früher hatten Deiche an der See den nebenstehenden Querschnitt. Bestimme zeichnerisch die Maße der Böschungswinkel und die Länge der Böschung zur See hin.

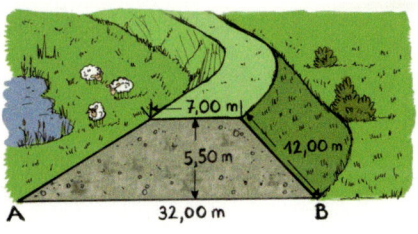

KAPITEL 2
TERME

Das Bild stammt von dem Künstler Wendel Ertel, der in seinem Berufsleben als Lehrer tätig war und seine Bilder unter das Motto „Geometrie ist bildgewordene Mathematik" gestellt hat.

» Beschreibe den Aufbau des Bildes. Welche Flächen kannst du erkennen?
» Gib den Flächeninhalt der Figur durch einen Term an.
   Findest du noch weitere Terme?

Hellseherische Mathematik

Jana behauptet, Zahlen erraten zu können. Zum Beweis muss ihr Freund Timon sich eine Zahl denken und dann rechnen. Als Timon Jana das Ergebnis seiner Rechnung nennt, kann Jana sofort die gedachte Zahl nennen.
Timon ist verblüfft. Wie macht Jana das?

„Du denkst dir eine Zahl, verrätst mir diese aber nicht. Verdopple die Zahl und rechne 7 hinzu. Das Ergebnis musst du mit 5 multiplizieren und anschließend 35 wegnehmen."

Terme mit Tabellenkalkulation

Mit einem Tabellenkalkulationsprogramm kannst du Termwerte berechnen lassen. Sobald du den Wert einer Variable veränderst, berechnet das Programm den Termwert neu.

» Finde Werte für a und b, sodass der Term $2 \cdot (a + 3 \cdot b)$ den Wert 16 hat.
» Welche Werte kannst du für a und b einsetzen, sodass der Term den Wert -17 erhält?
» Suche eine geometrische Figur, deren Umfang mit dem Term $2 \cdot (a + 3 \cdot b)$ berechnet werden kann. Zeichne die Figur.

	A	B	C	D
1	Berechnungen von Termen			
2				
3	a	b	2*(a+3*b)	
4	1	1	8	
5	1	2	14	
6	3	4	30	
7	-2	4	20	
8	-15	5	0	

C4 f_x =2*(A4+3*B4)

IN DIESEM KAPITEL LERNST DU ...

... wie man Terme aufstellt und umformt.
... wie man Termwerte berechnet.
... wie man Terme mit Klammern umformt.
... was binomische Formeln sind.
... wie man bei quadratischen Termen das Maximum oder Minimum bestimmt.

TERME – GRUNDLAGEN

EINSTIEG

Leider wurde bereits ein Teil der Tafel abgewischt.

» Übertrage die Aufgaben in dein Heft und fülle die Lücken aus.

(1) $13a - 16a - a = \boxed{} a$

(2) $14xy : (7y) = \boxed{}$

(3) $3ab \cdot 7bc = \boxed{}$

(4) $\boxed{} \cdot 6a = 24a^3 b^2 c$

INFORMATION

(1) Terme, Grundmenge

Terme sind sinnvolle Rechenausdrücke, die Variablen enthalten können. Die Grundmenge G ist der Zahlenbereich, aus dem Einsetzungen für die Variable vorgenommen werden sollen. Ist die Grundmenge G nicht extra angegeben, soll die Grundmenge $G = \mathbb{Q}$ sein.

(2) Äquivalente Terme

Zwei Terme sind äquivalent, wenn sie bei jeder beliebigen Einsetzung aus der Grundmenge G denselben Wert ergeben.

(3) Termumformungen

a) *Zusammenfassen gleichartiger Terme*
Beispiele:

(1) $\quad 3x + 7x$
$\quad = 10x$

(2) $\quad -16a + 3b + 4a$
$\quad = -12a + 3b$

(3) $\quad 17a - ab + 6a + 4ab$
$\quad = 23a + 3ab$

b) *Multiplizieren und Dividieren von Produkten*
Beispiele:

(1) $7x \cdot 8y = 56xy$

(2) $\dfrac{\overset{4}{\cancel{24}} \cdot \cancel{a} \cdot \cancel{b} \cdot c}{\underset{1}{\cancel{6}} \cdot \cancel{a} \cdot \cancel{b}} = 4c$

(3) $24a^2 b : (6ab) = 4a$

Zahlen und Variablen multiplizieren

Zahlen und Variablen dividieren

ÜBEN

1. Stelle einen Term für den Umfang der Fläche auf. Gib verschiedene Möglichkeiten an.

a)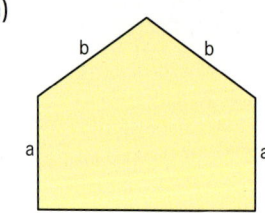
b)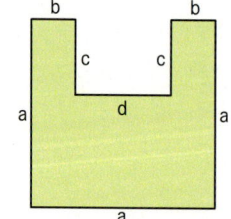
c)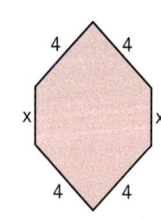

$x^2 = x \cdot x$

2. Setze für die Variable die angegebene Zahl ein und berechne den Termwert. Fülle die Tabelle aus. Du kannst auch eine Tabellenkalkulation verwenden.

a)

x	2x + 6
3	
7	
–6	
–4,5	

b)

x	x² – 3
4	
0	
–2	
2,5	

c)

a	2a² + a
3	
5	
–1	
–7	

3. Stelle den Term auf. Setze die angegebenen Zahlen ein und berechne den Wert des Terms.
   a) Das 5-Fache von x vermindert um 3;   Zahlen: 6; −4
   b) Das 7-Fache von y vermehrt um 2;   Zahlen: 2; −3

BEN

4. a) Stelle den Term auf.
   (1) Multipliziere 4 mit a und subtrahiere davon b.
   (2) Subtrahiere die Differenz aus b und a von dem Dreifachen von a.
   (3) Multipliziere die Differenz aus a und b mit 4.
   b) Berechne den Wert der Terme aus Teilaufgabe a) für:
   (1) $a = 8$ und $b = 4$ (2) $a = 12{,}5$ und $b = 7{,}5$ (3) $a = 6{,}4$ und $b = 0{,}5$

5. Fasse gleichartige Terme zusammen.
   a) $5x + 3x$
   b) $14x + 16y - 3y$
   c) $219x^2 - 112x^2 - 47x^2$
   d) $240cb - 17cb + 28cb$
   e) $14x - 3y - 12x$
   f) $-2a + 3 - 8a + 7$

6. Vereinfache den Term.
   a) $7 \cdot 9a$
   b) $18z : 2$
   c) $12x^2 \cdot (-3x)$
   d) $27a^3 : 9a$
   e) $0{,}5x^2 \cdot 12xy$
   f) $7 \cdot 9a + 5a \cdot 2$
   g) $4x^4 \cdot 3x^2y$
   h) $xy \cdot 7x^3$

7. Korrigiere die Fehler, die beim Einsetzen passiert sind.

   (1) Term: $3 \cdot x + 4$
       −3 eingesetzt:
       $3 \cdot -3 + 4$

   (2) Term: $x^2 - 4 \cdot x$
       −2 eingesetzt:
       $-2^2 - 4 \cdot (-2)$

   (3) Term: $5 - 2 \cdot a$
       4 eingesetzt:
       $3 \cdot 4$

8. a) Notiere einen Term, mit dem der Preis für a Croissants und b Vollkornbrötchen berechnet werden kann.
   b) Berechne mit dem Term, wie viel drei Croissants und fünf Vollkornbrötchen kosten.

   Heute im Angebot
   Croissants   55 ct
   Vollkornbrötchen   40 ct

9. Es soll das Kantenmodell einer quadratischen Pyramide hergestellt werden.
   a) Stelle einen Term für die gesamte Drahtlänge auf.
   b) Berechne mithilfe des Terms die Drahtlänge für:
      (1) $a = 6\,\text{cm}$; $b = 8\,\text{cm}$ (2) $a = 4{,}5\,\text{cm}$; $b = 12{,}0\,\text{cm}$
   c) Die gesamte Drahtlänge beträgt 100 cm.
      Gib zwei Möglichkeiten für die Kantenlängen a und b an.

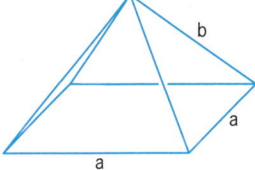

10. Ein Händler bietet Äpfel an.
    a) Es werden x kg Ontario und y kg Golden Delicious gekauft.
       Notiere einen Term, mit dem man den Preis P in Euro berechnen kann.
       Bestimme mithilfe des Terms den Preis P für 2,4 kg Ontario und 4,3 kg Golden Delicious.

    b) Es wurden x kg Ontario und y kg Golden Delicious und z kg Cox-Orange gekauft.
       Stelle einen Term auf, mit dem man den Preis P in Euro berechnen kann.
       Bestimme mithilfe des Terms den Preis P für 1,8 kg Ontario, 3,6 kg Golden Delicious und 2,7 kg Cox-Orange.

TERME MIT KLAMMERN

Auflösen einer Klammer – Ausmultiplizieren

EINSTIEG

Der Garten der Familie Müller hat die Form eines Rechtecks. Er besteht aus zwei Teilrechtecken.
Beschreibe zwei Wege, wie man den Flächeninhalt des Gartens berechnen kann.

» Gib für jeden Rechenweg einen Term mit den Variablen a, b, c an.
» Berechne den Flächeninhalt durch Einsetzen der Werte in beide Terme.
» Welches Rechengesetz wird angewendet?

AUFGABE

1. Forme die Terme auf der Tafel so um, dass keine Klammern mehr vorkommen. Wende dazu folgende Distributivgesetze (Verteilungsgesetze) der Addition und Subtraktion an:

$a \cdot (b + c) = a \cdot b + a \cdot c$
$a \cdot (b - c) = a \cdot b - a \cdot c$

(1) $3 \cdot (4x + 2y)$
(2) $(-4) \cdot (3 + 2a)$
(3) $(-2) \cdot (2x - 3)$
(4) $3x \cdot (2y - 4x)$

> Anwenden des Distributivgesetzes liefert äquivalenten Term.

Lösung

(1) $a \cdot (b + c) = a \cdot b + a \cdot c$
$3 \cdot (4x + 2y) = 3 \cdot 4x + 3 \cdot 2y$
$= 12x + 6y$

(2) $(-4) \cdot (3 + 2a) = (-4) \cdot 3 + (-4) \cdot 2a$
$= -12 + (-8a)$
$= -12 - 8a$

(3) $a \cdot (b - c) = a \cdot b - a \cdot c$
$(-2) \cdot (2x - 3) = (-2) \cdot 2x - (-2) \cdot 3$
$= -4x + 6$

(4) $3x \cdot (2y - 4x) = 3x \cdot 2y - 3x \cdot 4x$
$= 6xy - 12x^2$

INFORMATION

> Beachte die Vorzeichenregeln beim Ausmultiplizieren.

Ausmultiplizieren
Steht ein Faktor vor einer Summe oder Differenz, so multipliziert man jedes Glied der Summe oder Differenz mit dem Faktor.

> Jedes Glied der Differenz mit dem Faktor multiplizieren

Beispiele:

(1) $\quad 7 \cdot 28$
$= 7 \cdot (20 + 8)$
$= 7 \cdot 20 + 7 \cdot 8$
$= 140 + 56 = 196$

(2) $\quad 7 \cdot (x + 3)$
$= 7 \cdot x + 7 \cdot 3$
$= 7x + 21$

(3) $\quad (-7) \cdot (4x + 3y)$
$= (-7) \cdot 4x + (-7) \cdot 3y$
$= -28x - 21y$

(4) $\quad (3x - 6) \cdot 2y$
$= 3x \cdot 2y - 6 \cdot 2y$
$= 6xy - 12y$

Terme   47

FESTIGEN UND WEITERARBEITEN

2. Multipliziere aus. Beschreibe und begründe dein Vorgehen.
- a) $7 \cdot (x + 5)$
- b) $(x + 2) \cdot 9$
- c) $5 \cdot (3x - 2)$
- d) $(3 - 2a) \cdot (-4)$
- e) $-\frac{1}{2} \cdot (6x - 5)$
- f) $(2,5 + 3a) \cdot 0,1$
- g) $(1 - y) \cdot x$
- h) $(-3x) \cdot (x + 9)$

3. Löse die Klammer auf. Wende dazu das Distributivgesetz an.
- a) $8(x + y + 7)$
- b) $(x - y - z) \cdot (-5)$
- c) $4(3x + 2y + 5z)$
- d) $(2a - 4b - 3c) \cdot \left(-\frac{1}{2}\right)$
- e) $-1,5a(4x - 7y + 9z)$
- f) $(0,1a + 2b - 2z) \cdot 7,2$

4. Löse die Klammer auf. Wende das Distributivgesetz für die Division an.
- a) $(x + 4) : 2$
- b) $(8 + y) : 5$
- c) $(4x - 3) : 2$
- d) $(-9x + 6y) : 3$
- e) $(14a - b) : (-2)$
- f) $(21s - 24t) : (-3)$

$(a + 6) : 3$
$= a : 3 + 6 : 3$
$= \frac{1}{3} a + 2$

5. Beschreibe, wie gerechnet wurde, und berichtige die Fehler.

(1) $\quad 7 \cdot (2x - 4y)$
$\quad = 14x - 4y$

(2) $\quad (-2) \cdot (3x - y)$
$\quad = -6x - 2y$

(3) $\quad (10 + a) : 5$
$\quad = 2 + 5a$

6. Löse jeweils die Klammer auf.
- a) $9(x + y)$; $(x + y) \cdot (-5)$
- b) $(x - y) \cdot 7$; $(-3) \cdot (a - b)$
- c) $\frac{1}{2}(b - 1)$; $(1 + u^2) \cdot 4$
- d) $x(1 + y)$; $(x - y) \cdot y$
- e) $r(r + 0)$; $(0 - t) \cdot (-s)$

7.
- a) $y(8x + 5)$; $(3 + 5r) \cdot s$
- b) $(3x - 2y) \cdot a$; $c(7a - 4b)$
- c) $(-3x)(4x - y)$; $\left(-\frac{1}{2}r\right)(2s - 4t)$
- d) $(v - w - 7) \cdot (-v)$; $-6x\left(\frac{1}{3}y - \frac{1}{4}z - 11\right)$

8. Bilde alle Produkte, bei denen ein Faktor aus dem oberen Korb und einer aus dem unteren Korb stammt. Löse die Klammern auf.

9.
- a) $(12a + 16) : 4$; $(-18 - 24x) : 6$
- b) $(18y - 15) : (-3)$; $(-36 + 27x) : (-9)$
- c) $(-3,6x + 1,2) : \left(-\frac{1}{2}\right)$; $(1,4 + 7,2y) : (-0,2)$

10. Löse die Klammer auf und vereinfache.
- a) $7x - 8 + 3(4x + 5)$
- b) $8 - 4a + 9(3a - 4)$
- c) $8z + 3(4 - 2z) + 5$
- d) $7p + 2(3p - 8) + 15$
- e) $8x + (4x - 8) : 2 + 4$
- f) $9x + 2x\left(\frac{1}{2}x + 5\right) - 8$
- g) $40 + \frac{1}{3}(9y - 12) + 3y$
- h) $\frac{3}{4}(8p - 12) - 7p + 5$

$3a + 7 \cdot (5a - 8)$
$= 3a + 7 \cdot 5a - 7 \cdot 8$
$= 3a + 35a - 56$
$= 38a - 56$

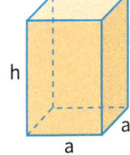

11. Links siehst du einen Karton mit quadratischer Grundfläche und rechts das zugehörige Netz (Maße in cm).
- a) Stelle einen Term für die benötigte Papiermenge auf. Vernachlässige dabei die kleinen Abschrägungen an den Laschen, d. h. betrachte die Laschen als Rechtecke.
- b) Berechne den Papierbedarf für $h = 8$ cm und $a = 5$ cm.
- c) Wie verändert sich der Papierbedarf, wenn man die Seitenlängen und auch die Laschenbreite verdoppelt?

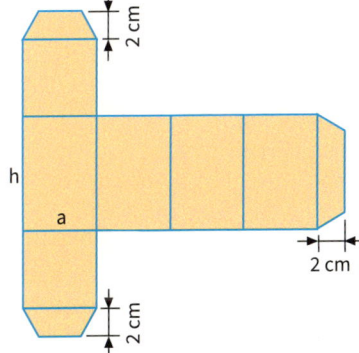

Setzen einer Klammer – Ausklammern

EINSTIEG

Hannah hat Klammern aufgelöst. Sie hat die Aufgaben aber nicht notiert.

a) $3x + 12$ d) $-15x + 18y$
b) $7a - 28$ e) $12s + 20st$
c) $4 + 4y$ f) $-39ab + 26a$

» Wie könnten die Aufgaben gelautet haben? Beschreibe deine Überlegungen.

AUFGABE

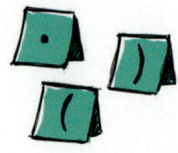

1. a) In dem Term $3x + 15$ steckt sowohl in $3x$ als auch in 15 der Faktor 3. Klammere diesen aus und kontrolliere das Ergebnis.
b) Verfahre ebenso bei $3xy - 4xz$.

Lösung

a) $3x + 15 = 3 \cdot x + 3 \cdot 5$
$ = 3 \cdot (x + 5)$

$3 \cdot x = 3x$ $3 \cdot (+5) = +15$

b) $3xy - 4xz = x \cdot 3y - x \cdot 4z$
$ = x \cdot (3y - 4z)$

Wir sagen:
Der Faktor 3 wird *ausgeklammert*.
Die Summe wird in ein Produkt umgeformt.
Man spricht daher auch von *Faktorisieren*.
Auch bei Differenzen kann man faktorisieren.

INFORMATION

Faktorisieren (Ausklammern)
Man sucht alle gemeinsamen Faktoren in den einzelnen Summanden.
Dann verwandelt man die Summe oder Differenz in ein Produkt.
Beispiele:

(1) $8x + 12 = 4 \cdot 2x + 4 \cdot 3$
$ = 4 \cdot (2x + 3)$

(2) $8xy - 2x^2 = 2x \cdot 4y - 2x \cdot x$
$ = 2x \cdot (4y - x)$

(3) $6xy + 3x = 3x \cdot 2y + 3x \cdot 1$
$ = 3x(2y + 1)$

FESTIGEN UND WEITERARBEITEN

2. Übertrage ins Heft und fülle die Lücken aus.
a) $12 + 3x = 3 \cdot \blacksquare + 3 \cdot \blacksquare = 3 \cdot (\blacksquare + \blacksquare)$
b) $22a - 77 = 11 \cdot \blacksquare - 11 \cdot \blacksquare = 11 \cdot (\blacksquare + \blacksquare)$
c) $x - xy = x \cdot (\blacksquare - \blacksquare)$
d) $7a + 21ab = \blacksquare \cdot (\blacksquare + 3b)$

3. Klammere den angegebenen Faktor aus. Beschreibe, wie du vorgehst. Kontrolliere durch Ausmultiplizieren.
a) $6x + 8y$; 2
b) $63a - 49b$; 7
c) $18xy + 6xz$; $6x$
d) $56ab - 7b$; $7b$
e) $15a^4 - 10a^3$; $5a^3$
f) $48xy^3 + 24x^2y^2$; $8y^2$

Strategie: Suche den größten gemeinsamen Teiler.

4. Klammere so weit wie möglich aus.
a) $24x + 60y$
b) $11y - 33z$
c) $27xy + 18x$
d) $39a^2 - 26ab$
e) $12uv - 18ut + 9u$
f) $16x^2 + 28xy - 44xy^2$

5. Klammere wie im Beispiel den angegebenen negativen Faktor aus. Kontrolliere durch Ausmultiplizieren.
a) $-9a + 6b$; -3
b) $12x - 4y$; -4
c) $-14 - 28x$; -14
d) $-45x + 30$; -15
e) $x + y$; -1
f) $4a - 1$; -1

$-8x + 4y$; -4
$-8x + 4y = -4 \cdot (2x - y)$

$-8x : (-4)$ $+4y : (-4)$

6. Klammere einen gemeinsamen Faktor aus. Kontrolliere durch Ausmultiplizieren.

a) $5a + 5b$ b) $7x + 7yz$ c) $25a - 15b$ d) $xy - xz$ e) $4ab - 9bc$

$13r + 13s$ $2rs + 2t^2$ $39r^2 + 18s^2$ $t + t^2$ $a^2b + 7b^2$

$11x - 11y$ $4a + 4$ $72x - 96xy$ $x^2 - 2xy$ $\frac{1}{2}ab + \frac{1}{2}a^2$

7. Übertrage in dein Heft und fülle die Lücken aus.

a) $3x + \blacksquare \cdot y = 3 \cdot (\blacksquare + 2y)$ c) $\blacksquare + 15x = \blacksquare \cdot (1 + x)$

b) $12 \cdot \blacksquare - 8b = \blacksquare \cdot (3x - \blacksquare)$ d) $-20x + \blacksquare = \blacksquare \cdot (4x - 2)$

8. Kontrolliere, ob richtig gerechnet wurde. Korrigiere, falls nötig.

a) Anna   Benny   Christian
$4x - 32$ $-14 - 49y$ $56a + 70b$
$= 4(x - 32)$ $= -7(2 - 7y)$ $= 7(8a + 10)$

b) Dario   Elisa   Fabian
$\frac{1}{2}x - 6$ $0{,}4 + 1{,}6a^2$ $2{,}4uv - 0{,}8v$
$= \frac{1}{2}(x - 3)$ $= 0{,}4(0{,}4a^2)$ $= 0{,}8v(0{,}3u - 0)$

9. Klammere so aus, dass der Term in der Klammer möglichst einfach wird.

a) $9ab + 9ac$ d) $5x + 10xy - 5$ g) $6a^4b^2 - 3a^2b^2$

b) $8uv - vw$ e) $5r^2 - 5rs$ h) $12x^4y^3 + 9x^3y^2 - 6x^2y$

c) $ab + abc$ f) $12rs - 18st - 30s^2$ i) $21m^3n^4 - 49m^4n^3 + 35m^5n^2$

10. Wurde richtig ausgeklammert? Korrigiere gegebenenfalls die rechte Seite.

a) $3ab + 3c = 3(ab + 3c)$ c) $10rs + 12rt = 10r(s + 2t)$

b) $5xyz + 5x = 5x(yz)$ d) $7a \cdot 4a - 14ab = 14a(2 - b)$

11. Klammere möglichst viele gemeinsame Faktoren aus.

a) $5a^2 + 5b^2$ c) $11x^2y - 11xy^2$ e) $7p^2q - 21pq^2$ g) $39a^6b^4 - 3a^4b^3$

b) $13r^2 + 13r^2y$ d) $19uv - 19u^2v^2$ f) $12r^2s - 18rs^2$ h) $x^5y^3 + 2x^3y^5$

12. a) Welche Terme sind äquivalent? Begründe.

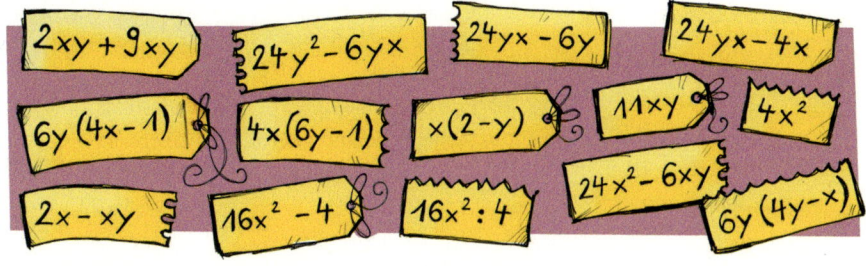

b) Zwei Terme bleiben übrig. Forme sie in äquivalente Terme um.

13. Setze im Heft für $\blacksquare$ eine passende Zahl oder Variable ein, sodass du ausklammern kannst.

a) $3x + \blacksquare \cdot y$ c) $8a + 7\blacksquare$ e) $4\blacksquare z^2 - \blacksquare y^2$

b) $7ab + \blacksquare ab$ d) $9x^2y + 2\blacksquare y$ f) $5a^2 + \blacksquare \cdot \blacksquare \cdot b$

Es gibt mehrere Möglichkeiten.

Auflösen von Klammern bei Summen und Differenzen

EINSTIEG

Herr Zehnbach hat 500 € im Portemonnaie. Er möchte einen Kunstdruck mit Rahmen kaufen, hat sich aber noch nicht entschieden:

Nimm an, der Kunstdruck kostet x Euro.

» Schreibe einen Term für sein Restgeld.
» Versuche, mehrere Möglichkeiten zu finden und vergleiche.

AUFGABE

1. Vor der Klammer steht jeweils ein Pluszeichen oder ein Minuszeichen. Löse die Klammern auf.

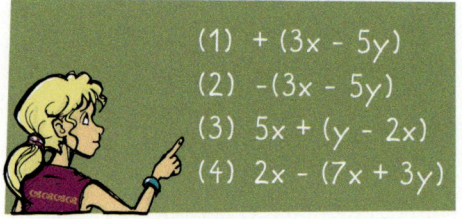

(1) $+(3x - 5y)$
(2) $-(3x - 5y)$
(3) $5x + (y - 2x)$
(4) $2x - (7x + 3y)$

Lösung

(1) Bei einem Pluszeichen vor der Klammer können wir die Klammer weglassen:
$+(3x - 5y) = 3x - 5y$
$\qquad\qquad\quad = 3x - 5y$

(2) Das Minuszeichen vor der Klammer bedeutet Multiplizieren mit (-1):
$-(3x - 5y) = (-1) \cdot (3x - 5y)$
$\qquad\qquad\quad = (-1) \cdot 3x - (-1) \cdot 5y$
$\qquad\qquad\quad = -3x + 5y$

- Minuszeichen vor der Klammer
- Zeichen in der Klammer wechseln

(3) $5x + (y - 2x) = 5x + y - 2x$ (Klammer auflösen)
$\qquad\qquad\quad\;\, = 5x - 2x + y$ (zusammenfassen)
$\qquad\qquad\quad\;\, = 3x + y$

(4) $2x - (7x + 3y) = 2x - 7x - 3y$ (Klammer auflösen)
$\qquad\qquad\qquad\, = -5x - 3y$ (zusammenfassen)

INFORMATION

Klammern auflösen

(1) Bei einem Pluszeichen vor der Klammer können wir die Klammer weglassen.

Beispiele:
$+(7 - 5x) = 7 - 5x$
$+(-3a + 2b) = -3a + 2b$

(2) Bei einem Minuszeichen vor der Klammer werden die Zeichen in der Klammer gewechselt. Das heißt, aus plus wird minus und aus minus wird plus.

Beispiele:
$-(a + 4b) = -a - 4b$
$-(7x - 5y) = -7x + 5y$
$3t - (-12s + t) = 3t + 12s - t$
$\qquad\qquad\qquad\; = 2t + 12s$

Terme

FESTIGEN UND WEITERARBEITEN

2. Löse die Klammer auf.
- a) $-(a+b)$
  $+(x-y)$
  $-(-3+r)$
- b) $-(a-b)$
  $+(4x+y)$
  $-(-u-7v)$
- c) $+(3+x^2)$
  $-(x+y^3)$
  $-(a^2-b^2)$
- d) $+(3x-y+z)$
  $-(-2a+8b-c)$
  $-(-1-r-0{,}5s)$

3. Löse die Klammer auf und fasse – wenn möglich – zusammen.
- a) $x-(y+z)$
  $x+(y-z)$
  $a-(5+b)$
- b) $3x-(x-y)$
  $8a-(-a+2b)$
  $5r-(-r-s)$
- c) $6a+(-3b+4a)$
  $4x-(-5x-7z)$
  $5u-(2u-4v)$
- d) $8+(2-a+b)$
  $x-(3x+y-2z)$
  $7r-(-s+2r+5)$

4. a) Erkläre die Rechnung im Beispiel.
b) Rechne ebenso.
   (1) $2x-3(x+y)$
   (2) $-5a+7(-b-3a)$
   (3) $1{,}2y-0{,}5(3y-7x)$
   (4) $2{,}3x+(5x+2{,}1y)\cdot 2-1{,}9$

$$5x-4(2x-y) = 5x-(8x-4y)$$
$$= 5x-8x+4y$$
$$= -3x+4y$$

ÜBEN

5. a) Anna hat 100 € zum Geburtstag bekommen. Sie möchte davon eine Hose und einen Pullover kaufen.
Da sie noch nicht genau ausgesucht hat, bezeichnet sie den Hosenpreis mit h und den Pulloverpreis mit p.
Schreibe den Term für das Restgeld mit Variablen – einmal mit und einmal ohne Klammern.

b) Herr Pingel hat ebenfalls 100 € und möchte eine Lederjacke kaufen. Er entdeckt stets kleine Mängel an den Waren und versucht, einen Preisnachlass herauszuhandeln.
Schreibe auch für sein Restgeld einen Term mit Variablen – einmal mit und einmal ohne Klammern.
Bezeichne den Preis der Lederjacke mit l und den Preisnachlass mit n.

6. Löse die Klammern auf und fasse – soweit wie möglich – zusammen.
- a) $5x-3(2x+7)$
- b) $5x+3(2x+7)$
- c) $3a-2(-a-4b)$
- d) $2u-5(w+3a)+6w$
- e) $8x-7xy+2x(6-3y)$
- f) $7a-9(-a-4)-50$
- g) $-7x(3+5x)+5(2x-3x^2)-12x$
- h) $-2(13+7a)-a(-3u-a)-(2+au)$

7. Kontrolliere, ob richtig gerechnet wurde. Korrigiere gegebenenfalls.

a) $7x-(2x-5)$
   $=7x-2x-5$
   $=5x-5$

b) $(a+9u)+(-3u-7a)$
   $=a+9u-3u+7a$
   $=8a+6u$
   $=14au$

c) $5y-4\cdot(-y-z)$
   $=5y-4y+z$
   $=y+z$

8. Ergänze den Term in deinem Heft.
- a) $7a+(5b-\blacksquare)=7a+5b-3c$
- b) $(8u+\blacksquare)+(\blacksquare+v)=5u-6v$
- c) $3x-(\blacksquare-5y)=-x+5y$
- d) $-3a-(\blacksquare-8b)-(\blacksquare-\blacksquare)=-4a+c$

MULTIPLIZIEREN VON SUMMEN UND DIFFERENZEN

Auflösen von zwei Klammern in einem Produkt

EINSTIEG   Der Garten der Familie Meier hat die Form eines Rechtecks. Die Anteile der Rasenfläche, Blumenbeete usw. am Garten sind im Bild rechts veranschaulicht.
Der Flächeninhalt des Gartens soll auf zwei Wegen berechnet werden.

» Gebt jeweils einen Term mit den Variablen a, b, c und d an.
» Berechnet den Flächeninhalt des Gartens durch Einsetzen der angegebenen Längen für a, b, c und d.
» Präsentiert eure Ergebnisse.

AUFGABE

1. a) Wie kannst du bei den folgenden Termen die Klammern auflösen? Führe dies durch. Formuliere eine Regel
(1) $(a + b) \cdot (c + d)$ (2) $(a - b) \cdot (c + d)$

b) Wende diese Regel auf die folgenden Produkte an:
(1) $(3x + 7y) \cdot (4y + 2z)$ (2) $(2x - 4y) \cdot (7x + 2y)$

Lösung

a) (1) $(a + b) \cdot e = a \cdot e + b \cdot e$
$(a + b) \cdot (c + d) = a \cdot (c + d) + b \cdot (c + d)$
$= a \cdot c + a \cdot d + b \cdot c + b \cdot d$

Zweimal das Distributivgesetz anwenden

(2) $(a - b) \cdot (c + d) = a \cdot (c + d) - b \cdot (c + d)$
$= a \cdot c + a \cdot d - b \cdot c - b \cdot d$

Jedes Glied der ersten Klammer mit jedem Glied der zweiten Klammer multiplizieren.

b) (1) $(3x + 7y) \cdot (4y + 2z) = 3x \cdot 4y + 3x \cdot 2z + 7y \cdot 4y + 7y \cdot 2z$
$= 12xy + 6xz + 28y^2 + 14yz$

(2) $(2x - 4y) \cdot (7x + 2y) = 2x \cdot 7x + 2x \cdot 2y - 4y \cdot 7x - 4y \cdot 2y$
$= 14x^2 + 4xy - 28xy - 8y^2$
$= 14x^2 - 24xy - 8y^2$

INFORMATION

Multiplizieren von Summen und Differenzen – Auflösen von Klammern
Man löst zwei Klammern auf, indem man jedes Glied der einen Klammer mit jedem Glied der anderen Klammer multipliziert.
Die Zeichen + und – werden nach den Vorzeichenregeln bestimmt.

$(a + b) \cdot (c + d) = ac + ad + bc + bd$ $(a - b) \cdot (c + d) = ac + ad - bc - bd$

Beispiele:
(1) $(3 + x) \cdot (7 + y) = 21 + 3y + 7x + xy$ (2) $(3 - x) \cdot (7 + y) = 21 + 3y - 7x - xy$

Terme 53

FESTIGEN UND WEITERARBEITEN

2. Löse bei dem folgenden Term die Klammern auf. Beschreibe, wie du vorgehst.
a) $(a+b) \cdot (c-d)$
b) $(a-b) \cdot (c-d)$
c) $(14+x) \cdot (y-12)$
d) $(3a-7b)(4c-2d)$
e) $(a+b)(2a-b^2)$
f) $(2+a^2) \cdot (a^2+a)$

3. Löse die Klammern auf. Fasse, wenn möglich, zusammen.
a) $(x+4)(y+3)$
b) $(2+a)(7-b)$
c) $(x-y)(b-c)$
d) $(4a+2)(a+1)$
e) $(2a-1)(3a+4)$
f) $(5x-1)(4x-1)$

4. a) $5(x-3)(x+2)$
b) $-(a+7)(a-5)$
c) $(x-y)(2-x) \cdot (-5)$
d) $\frac{1}{2}(3-2x)(x-6)$
e) $-\frac{2}{3}(a-5)(2+4a)$
f) $(2x-3y)(4x+6y) \cdot \left(-\frac{1}{2}\right)$

5. Löse die Klammern auf. Fasse, wenn möglich, zusammen.
a) $(7+a)(2-a+b)$
b) $(4a-2b) \cdot (3a-2b+1)$
c) $(2r^2-r+s) \cdot (2s^2-s+r)$
d) $(x^2+x+1)(y^2+y+1)$

$(2x-1) \cdot (3x+y-4)$
$= 2x \cdot 3x + 2x \cdot y - 2x \cdot 4 - 1 \cdot 3x - 1 \cdot y + 1 \cdot 4$
$= 6x^2 + 2xy - 8x - 3x - y + 4$
$= 6x^2 + 2xy - 11x - y + 4$

ÜBEN

6. Löse die Klammern auf.
a) $(x+7)(y+4)$
$(-x+y)(2+a)$
b) $(-a-b)(x-y)$
$(8a-3b)(5c-7d)$
c) $(-4a+6b)(3a-9)$
$(-2a-9b)(-5-7c)$

7. Kontrolliere Janinas Hausaufgaben. Berichtige die Fehler.

a) $(x-y)(2-x) = 2x - 2y - x^2 - xy$
b) $(x-4)(x-4) = x^2 - 16$
c) $(-x+y)(2+x) = 2x - x^2 - 2y - x^2$
d) $(-4a+b)(4a+b) = -16a^2 + b^2$
e) $(2a-1)(x+a) = 2ax - a$
f) $(-3a+b)(a-2b) = -3a^2 + 7ab - 2b$

8. Löse die Klammern auf. Fasse dann zusammen.
a) $(a+11)(a-8)$
b) $(9-x)(4+x)$
c) $(8-7x)(4x+1)$
d) $(4a-1{,}5)(0{,}3-2a)$
e) $(-5x-7y)(4x+2y)$
f) $(-4r-2s)(-7r+3s)$

9. a) $\left(a - \frac{2}{5}\right)(10-a)$
$(1-r)\left(\frac{2}{5} - r\right)$
b) $\left(\frac{1}{3}x - y\right)\left(x - \frac{1}{5}y\right)$
$\left(9a - \frac{1}{2}b\right)\left(5a + \frac{1}{4}b\right)$
c) $\left(-\frac{1}{4}u + v\right)(-5u - 4v)$
$(-2a-9b)\left(-a - \frac{5}{6}b\right)$

10. a) $(a+b+c)(a-b)$
b) $(x-y-z)(x^2-y)$
c) $(a^2-4)(2c+d-3)$
d) $(3r+s^2)(7r+u-v)$
e) $(8-5x)(7-2x+2y)$
f) $(4y^2-5)(2y^2-6y+7)$

11. a) $7ab + 2a^2 - b^2 + (5a-3b)(9a-6b)$
b) $8xy - (2x-5y)(2x-3y) + 3x^2 - 4y^2$
c) $4 - (2x^2-y^2)(x-y) + 3x^3 - 2xy^2 + 4y^3$
d) $9pq^2 - 2 \cdot (4p-3q^2)(2p+q) + 8p^2$

$7a - (4a+3)(2b-4)$
$= 7a - (8ab - 16a + 6b - 12)$
$= 7a - 8ab + 16a - 6b + 12$
$= 23a - 8ab - 6b + 12$

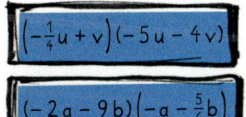

Vorsicht: Minusklammer

12. a) $(x^2-y^2)(1+x+y)$
b) $(2a-2b+4)(2a-2b)$
c) $(4a^3-a^2+2a)(1-a^2)$

Binomische Formeln

EINSTIEG Der Garten der Familie Hansel hat die Form eines Quadrats. Welche Teile sind quadratisch, welche rechteckig?

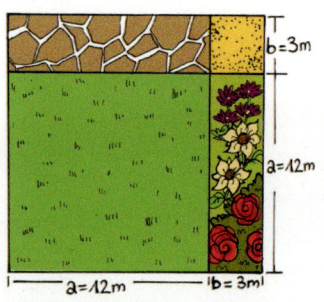

» Berechnet die Größe des Gartens auf zwei Wegen. Stellt zunächst Terme auf.
» Wieso folgt daraus $(a + b)^2 = a^2 + 2ab + b^2$?
» Präsentiert eure Ergebnisse.

AUFGABE

1. Löse die Klammern auf. Schreibe Teilaufgabe a) und b) zunächst als Produkt.

a) $(a + b)^2$ b) $(a - b)^2$ c) $(a + b) \cdot (a - b)$

Lösung

a) $(a + b)^2 = (a + b) \cdot (a + b) = a^2 + ab + ba + b^2 = a^2 + 2ab + b^2$
b) $(a - b)^2 = (a - b) \cdot (a - b) = a^2 - ab - ba + b^2 = a^2 - 2ab + b^2$
c) $(a + b) \cdot (a - b) = a^2 - ab + ba - b^2 = a^2 - b^2$

INFORMATION

binomisch <lat.> Math. zweigliedrig

Binomische Formeln

$(a + b)^2 = a^2 + 2ab + b^2$ (1. binomische Formel)
$(a - b)^2 = a^2 - 2ab + b^2$ (2. binomische Formel)
$(a + b) \cdot (a - b) = a^2 - b^2$ (3. binomische Formel)

FESTIGEN UND WEITERARBEITEN

2. Sage die binomischen Formeln auch mit anderen Variablen als a und b auf.

a) $(x + y)^2 = ...$ b) $(p + q)^2 = ...$ c) $(Zipp + Zapp)^2 = ...$
$(x - y)^2 = ...$ $(p - q)^2 = ...$ $(Zipp - Zapp)^2 = ...$
$(x + y) \cdot (x - y) = ...$ $(p + q) \cdot (p - q) = ...$ $(Zipp + Zapp)(Zipp - Zapp) = ...$

3. Wende eine binomische Formel an.

a) $(x + 1)^2$ b) $(y + 6)^2$ c) $(a + 7)^2$ d) $(3 + x)^2$
$(x - 5)^2$ $(y - 3)^2$ $(a - 6)^2$ $(4 - x)^2$
$(x + 2)(x - 2)$ $(y + 4)(y - 4)$ $(a - 3)(a + 3)$ $(1 - x)(1 + x)$

4. Erkläre die nebenstehende Rechnung und rechne ebenso.

$(4x)^2 = 4x \cdot 4x = 16x^2$

a) $(4a)^2$ b) $\left(\frac{1}{2}x\right)^2$ c) $(1{,}5c)^2$ d) $(-2{,}5r)^2$

5. a) Rechts wird die erste binomische Formel auf den Term $(2x + 3y)^2$ angewandt. Erkläre die Rechnung.

$(a + b)^2 = a^2 + 2 \cdot a \cdot b + b^2$
$\perp \quad \perp \quad \perp \quad \perp \quad \perp \quad \perp$
$(2x + 3y)^2 = (2x)^2 + 2 \cdot 2x \cdot 3y + (3y)^2$
$= 4x^2 + 12xy + 9y^2$

b) Wende eine binomische Formel an.

(1) $(x + 3)^2$ (2) $(x - 4)^2$ (3) $(z + 3)(z - 3)$ (4) $(0{,}5x - 3)^2$
$(2x + 3)^2$ $(2x - y)^2$ $(2x + 1)(2x - 1)$ $\left(8x + \frac{3}{4}\right)^2$
$(3x + 2y)^2$ $(7x - 5y)^2$ $(3b - 2)(3b + 2)$ $\left(\frac{1}{2} - 4y\right) \cdot \left(\frac{1}{2} - 4y\right)$

Terme 55

6. Wende die binomischen Formeln an.
a) $(x^2 - y^2)^2$
b) $(a^2 + b^2)(a^2 - b^2)$
c) $(2a^2 + b^2)^2$
d) $(3a^3 - a^2)^2$

$(a^2 + b^2)^2$
$= (a^2)^2 + 2 \cdot a^2 \cdot b^2 + (b^2)^2$
$= a^4 + 2a^2b^2 + b^4$

Faktorisieren: Wende die binomischen Formeln „rückwärts" an.

7. Faktorisiere mithilfe einer binomischen Formel.
(1) $a^2 + 2ad + d^2$
(2) $m^2 - 2mn + n^2$
(3) $r^2 - s^2$
(4) $z^2 + 2 \cdot z \cdot 3 + 9$
(5) $b^2 - 2 \cdot b \cdot 4 + 16$
(6) $y^2 - 81$
(7) $x^2 + 12x + 36$
(8) $a^2 - 60a + 900$
(9) $36 - s^2$

8. Fülle die Lücken in deinem Heft aus.
a) $x^2 + \blacksquare + y^2 = (x + y)^2$
b) $\blacksquare - 2r + r^2 = (1 - r)^2$
c) $a^2 + \blacksquare + b^2 = (a + \blacksquare)^2$
d) $a^2 - \blacksquare = (\blacksquare - b)(\blacksquare + \blacksquare)$
e) $\blacksquare + 36b + b^2 = (\blacksquare + b)^2$
f) $x^2 + 6xy + \blacksquare = (x + \blacksquare)^2$

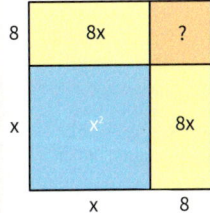

9. Ergänze den Term zunächst so, dass du eine binomische Formel anwenden kannst. Überprüfe durch Faktorisieren.
a) $x^2 + 4x + \blacksquare$
b) $r^2 - 18r + \blacksquare$
c) $y^2 - 14y + \blacksquare$
d) $a^2 + 6ab + \blacksquare$
e) $a^2 - 10ab + \blacksquare$
f) $c^2 + 4cd + \blacksquare$
g) $36s^2 - 48st + \blacksquare$
h) $81x^2 - 144xy + \blacksquare$
i) $16z^2 - 360zy + \blacksquare$

$x^2 + 16x + \blacksquare$
$= x^2 + 2 \cdot x \cdot 8 + 8^2$
$= (x + 8)^2$

ÜBEN

10. Wende eine binomische Formel an.
a) $(a + 5)^2$
   $(a - 7)^2$
   $(a + 3)(a - 3)$
b) $(6 + b)^2$
   $(2 - b)^2$
   $(1 + b)(1 - b)$
c) $(x + 11)^2$
   $(20 - x)^2$
   $(x + 9)(9 - x)$
d) $(y - 17)^2$
   $(19 - y)(y + 19)$
   $(2,5 + y)^2$

11. Kontrolliere, ob richtig gerechnet wurde. Korrigiere, falls nötig.

Florian
$(a + b)^2$
$= a^2 + b^2$

Anja
$(a - b)^2$
$= a^2 - ab + b^2$

Stephanie
$(q - p)^2$
$= p^2 - 2pq + q^2$

Dennis
$(p + q) \cdot (p - q)$
$= q^2 - p^2$

Johannes
$(r - s)^2$
$= r^2 - s^2 + 2rs$

Sandra
$(s + r) \cdot (r - s)$
$= -s^2 + r^2$

12. Löse die Klammern auf.
$(7x)^2$, $(15m)^2$, $(0,2y)^2$, $\left(\frac{1}{5}r\right)^2$, $\left(\frac{3}{4}a\right)^2$, $\left(\frac{k}{10}\right)^2$, $(xy)^2$.

13. a) $(3p + 4)^2$
   $(5p - 3)^2$
   $(2p + 7)(2p - 7)$
b) $(3x + y)^2$
   $(8x - y)^2$
   $(4x + y)(4x - y)$
c) $(4a + 3b)^2$
   $(6a - 5b)^2$
   $(9a - b)(9a + b)$
d) $(x^2 - y)^2$
   $(a^3 - a^2)^2$
   $(r^2 - s)(r^2 + s)$

14. a) Paulas Vater behauptet, dass er Quadratzahlen mit der 1. und 2. binomischen Formel schneller im Kopf rechnet als Paula mit dem Taschenrechner.
(1) 51^2; 81^2; 32^2; 72^2
(2) 39^2; 59^2; 99^2; 48^2
(3) 22^2; 32^2; 52^2; 82^2
(4) 18^2; 28^2; 38^2; 58^2

$71^2 = (70 + 1)^2$
$= 70^2 + 2 \cdot 70 + 1^2$
$= 4900 + 140 + 1$
$= 5041$

b) Wende die 3. binomische Formel an.
(1) $31 \cdot 29$
(2) $32 \cdot 28$
(3) $45 \cdot 35$
(4) $47 \cdot 53$

$21 \cdot 19$
$= (20 + 1) \cdot (20 - 1)$

15. Löse die Klammern auf und fasse zusammen.
  a) $4 \cdot (a + 3b)^2$
  b) $2 \cdot (3a + b)(a - 3b)$
  c) $(2x - y)(2x + y) - (x + 3y)^2$
  d) $(0,5x + 0,3y)^2 - (0,2x - 0,4y)^2$
  e) $\left(\frac{a}{2} - 2b\right)^2 + \left(6a - \frac{b}{3}\right)^2$
  f) $(8x - y)(8x - y) - 4(8x + y)^2$

„rückwärts"

16. Alex hat seine Hausaufgaben zu den binomischen Formeln erledigt. Er hat nur die Ergebnisse notiert. Finde einen passenden Term.

  a) $c^2 + 2cd + d^2$
  b) $e^2 - 4ef + 4f^2$
  c) $g^2 - h^2$
  d) $4u^2 - 12uv + 9v^2$
  e) $9z^2 - 24z + 16$
  f) $\frac{1}{4}x^2 - \frac{1}{9}y^2$

17. Faktorisiere. Prüfe durch Anwenden einer binomischen Formel.
  a) $x^2 + 2xy + y^2$
  b) $r^2 - 2rs + s^2$
  c) $a^2 + 2ax + x^2$
  d) $a^2 - 2a + 1$
  e) $49 - t^2$
  f) $r^2 - 1$
  g) $0,25 - b^2$
  h) $a^2 - 1,44$

18. Faktorisiere. Prüfe, ob du richtig gerechnet hast.
  a) $x^2 - 10x + 25$
     $a^2 + 20a + 100$
     $y^2 - 50y + 625$
  b) $49 - 14y + y^2$
     $36 + 12b + b^2$
     $x^2 + 900 - 60x$
  c) $a^2 + 5a + 6,25$
     $x^2 + 1,44 - 2,4x$
     $0,81 + 1,8y + y^2$
  d) $a^2 - 9b^2$
     $x^2 - 4y^2$
     $0,01y^2 - x^2$

19. Kontrolliere Rebeccas Hausaufgaben. Berichtige gegebenenfalls.
  a) $x^2 - a^2 = (x - a)^2$
  b) $r^2 + 25 = (r + 5)^2$
  c) $4u^2 + 16uv + 16v^2 = (2u + 8v)^2$
  d) $4a^2 - 12ab + 9b^2 = (4 + 9b)^2$

20. Ergänze so, dass du eine binomische Formel anwenden kannst. Überprüfe durch Faktorisieren.
  a) $x^2 + 4x + \blacksquare$
     $x^2 + 14x + \blacksquare$
     $z^2 + 12z + \blacksquare$
  b) $a^2 + 32a + \blacksquare$
     $p^2 + 18p + \blacksquare$
     $x^2 + 120x + \blacksquare$
  c) $a^2 + 6ab + \blacksquare$
     $x^2 + 12xy + \blacksquare$
     $4t^2 - 16t + \blacksquare$

21. Falte ein Blatt so, dass drei gleich breite Spalten entstehen.
  a) Schreibe in die erste Spalte eine Aufgabe zu den binomischen Formeln. Dein Partner löst die Klammer mithilfe der binomischen Formel auf. Dann klappt er die erste Spalte nach hinten. Der nächste Schüler faktorisiert anschließend diese Summe. Zur Kontrolle wird die erste Spalte nun aufgeklappt.
  b) Ihr könnt auch mit einer Summe, die faktorisiert werden soll, beginnen.

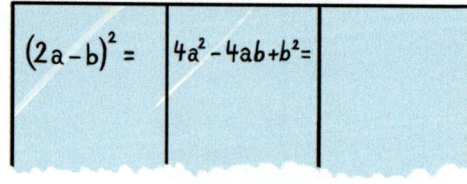

22. Löse die Klammern auf und fasse zusammen.
  a) $(x + 1)^2 \cdot (x - 2)$
     $(a - 2) \cdot (a - 3)^2$
  b) $(2x + 1) \cdot (3 - x)^2$
     $(a + 2b)^2 \cdot (b - a)$
  c) $(5 + 3x) \cdot (5 - 3x) \cdot (2x + 3)$
     $(r + 2s) \cdot (r - s) \cdot (2r + 1)$

QUADRATISCHE TERME

Eigenschaften quadratischer Terme

EINSTIEG

Maria hat für den Term $x^2 - 4x + 5$ eine grafische Wertetabelle gezeichnet. Anhand der Darstellung fallen ihr bei den Termwerten Besonderheiten auf.

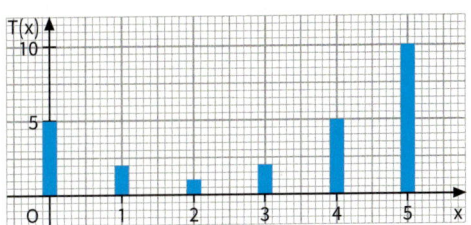

» Beschreibe die Eigenschaften der Termwerte.

AUFGABE

1. Erstelle eine grafische und numerische Wertetabelle für den Term.
   Verwende als Grundmenge $G = \{-2; -1; 0; 1; 2; 3\}$. Beschreibe die Eigenschaften des Terms.
   a) $T(x) = x^2 - 2x + 2$
   b) $T(x) = -x^2 + 2x + 9$

Lösung

a) Numerische Wertetabelle

x	−2	−1	0	1	2	3
T(x)	10	5	2	1	2	5

b) Numerische Wertetabelle

x	−2	−1	0	1	2	3
T(x)	1	6	9	10	9	6

Grafische Wertetabelle

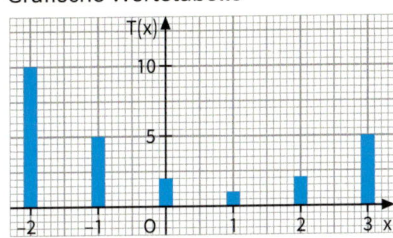

Grafische Wertetabelle

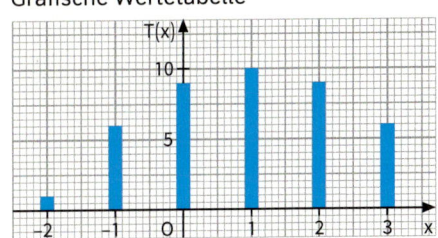

Von links nach rechts werden die Termwerte zunächst kleiner. Für die Belegung $x = 1$ ergibt sich der kleinste Termwert $T(1) = 1$. Rechts davon werden die Termwerte wieder größer.
Wir schreiben kurz: $T_{min} = 1$ für $x = 1$.

Von links nach rechts werden die Termwerte zunächst größer. Für die Belegung $x = 1$ ergibt sich der größte Termwert $T(1) = 10$. Rechts davon werden die Termwerte wieder kleiner.
Wir schreiben kurz: $T_{max} = 10$ für $x = 1$.

INFORMATION

Quadratische Terme
Ein Term der Form $ax^2 + bx + c$ $(a \neq 0)$ heißt **quadratischer Term**. Die Variable eines quadratischen Terms hat die Zahl 2 als größten Exponenten.

Ein quadratischer Term hat einen kleinsten oder größten Termwert (**Extremwert**).
Für $a > 0$ hat ein quadratischer Term einen kleinsten Termwert T_{min}, ein **Minimum**.
Für $a < 0$ hat ein quadratischer Term einen höchsten Termwert T_{max}, ein **Maximum**.

Beispiel: Der Term $T(x) = x^2 - 2x + 2$ hat das Minimum $T_{min} = 1$ für $x = 1$.
Der Term $T(x) = -x^2 + 2x + 9$ hat das Maximum $T_{max} = 3$ für $x = 1$.

2. Bestimme den Extremwert des Terms.
(1) $T(x) = x^2 - 3$ (2) $T(x) = \frac{1}{2}x^2 + 2$ (3) $T(x) = -x^2 - 1$ (4) $T(x) = -3x^2 + 4$

3. a) Begründe wie im Beispiel:
Der Term $T(x) = -2 \cdot (x+3)^2 + 5$ hat das Maximum $T_{max} = 5$ für $x = -3$.

> Der Term $T(x) = 2 \cdot (x-3)^2 - 5$ hat das Minimum $T_{min} = -5$ für $x = 3$.
> *Begründung:* Das Quadrat $(x-3)^2$ ist stets größer oder gleich 0. Auch der Term $2 \cdot (x-3)^2$ ist stets größer oder gleich 0 und für die Belegung $x = 3$ ergibt sich der Wert 0!
> Also hat $T(x)$ seinen kleinsten Termwert für $x = 3$:
> Der Term $T(x)$ hat das Minimum $T_{min} = -5$ für $x = 3$.

b) Gib die Art des Extremwerts und den Extremwert an. Lies ab, für welchen Wert von x sich der Extremwert ergibt.
(1) $4(x+5)^2 + 2$
(2) $-5(x-3)^2 + 12$
(3) $0{,}5 \cdot (x-2{,}5)^2 - 1$ (4) $-(x-3{,}5)^2 + 7{,}5$ (5) $1{,}5x^2 + 2$ (6) $-2(x+1)^2$

INFORMATION

Ist ein quadratischer Term in der Form $T(x) = a \cdot (x-d)^2 + e$ angegeben, so kann man den **Extremwert** aus dem Term ablesen.
Für $a > 0$ ergibt sich das Minimum $T_{min} = e$ für $x = d$.
Für $a < 0$ ergibt sich das Maximum $T_{max} = e$ für $x = d$.
Beispiele: Der Term $T(x) = -2 \cdot (x-5)^2 + 8$ hat das Maximum $T_{max} = 8$ für $x = +5$.
Der Term $T(x) = 3 \cdot (x+2)^2 - 4$ hat das Minimum $T_{min} = -4$ für $x = -2$.

ÜBEN

4. Erstelle eine grafische Wertetabelle und bestimme den Extremwert.
a) $T(x) = 1{,}5x^2$ c) $T(x) = -0{,}5x^2$ e) $T(x) = -x^2 + 3$
b) $T(x) = 1{,}5x^2 + 2{,}5$ d) $T(x) = -0{,}5x^2 + 1{,}5$ f) $T(x) = -x^2 - 3$

5. Erstelle eine numerische Wertetabelle für die angegebene Grundmenge G. Gib an, ob ein Maximum oder Minimum vorliegt. Bestimme den Extremwert und den Wert von x, für den sich der Extremwert ergibt. Für die Tabelle kannst du auch ein Kalkulationsprogramm verwenden.
a) $T(x) = (x-2)^2 - 2{,}5$; $G = \{0; 1; 2; ...; 5\}$
b) $T(x) = -(x^2+2)^2 + 6$; $G = \{-4; -3; -2; ...; 2\}$
c) $T(x) = -1{,}5(x-4)^2 + 7{,}5$; $G = \{2; 3; 4; ...; 7\}$
d) $T(x) = 0{,}5(x+2{,}5)^2 - 5{,}5$; $G = \{-4; -3{,}5; -3; ...; 1{,}5; 2\}$

6. Gib die Art des Extremwerts und den Extremwert an. Bestimme den Wert von x, für den sich der Extremwert ergibt.
a) $T(x) = (x+5)^2 + 7$ c) $T(x) = (x+1{,}5)^2 - 2{,}5$ e) $T(x) = (4-x)^2 - 3$
b) $T(x) = -(x-2{,}5)^2 - 4{,}5$ d) $T(x) = -(x-1{,}5)^2 + 2{,}5$ f) $T(x) = -(2-x)^2 + 6$

7. Bestimme den Extremwert und den Wert für x, für den sich der Extremwert ergibt. Vergleiche den Wert für x mit dem Term. Formuliere eine Regel für den Extremwert eines quadratischen Terms der Form $T(x) = a \cdot (x-d)^2$.
(1) $T(x) = (x-4)^2$ (2) $T(x) = -1{,}5 \cdot (x-3)^2$ (3) $T(x) = 1{,}2 \cdot (x+3{,}5)^2$

8. Gib einen quadratischen Term an, der den angegebenen Extremwert hat.
a) $T_{min} = 4$ für $x = 0$ c) $T_{max} = -4{,}5$ für $x = 2$ e) $T_{max} = -0{,}5$ für $x = -2{,}5$
b) $T_{max} = -1{,}5$ für $x = 0$ d) $T_{min} = 1{,}2$ für $x = 3$ f) $T_{min} = -\frac{4}{5}$ für $x = -1$

Berechnen von Extremwerten bei quadratischen Termen

EINSTIEG

Lena wundert sich, dass beide Terme $T_1(x)$ und $T_2(x)$ für $x = 3$ das Minimum 4 haben.

» Überprüfe die Angaben
» Zeige, das die Terme $T_1(x)$ und $T_2(x)$ äquivalent sind.

$T_1(x) = x^2 - 6x + 13$
$T_{min} = 4$ für $x = 3$
$T_2(x) = (x - 3)^2 + 4$
$T_{min} = 4$ für $x = 3$

AUFGABE

1. Berechne den Extremwert des quadratischen Terms.
  a) $T_1(x) = x^2 + 6x + 5$
  b) $T_2(x) = -2x^2 + 8x - 2$

Lösung

a) Wir formen den Term $x^2 + 6x + 5$ so um, dass wir eine binomische Formel anwenden können.
Zum Vergleich mit der binomischen Formel schreiben wir
$x^2 + 6x + 5 = x^2 + 2 \cdot x \cdot 3 + 5$.
Wir können eine binomische Formel anwenden, wenn 3^2 anstelle der 5 stehen würde.
Um einen äquivalenten Term zu erhalten, wird dieselbe Zahl 3^2 addiert und subtrahiert.

1. binomische Formel

$a^2 + 2 \cdot a \cdot b + b^2$
$x^2 + 2 \cdot x \cdot 3 + 3^2$
$(x + 3)^2$

$x^2 + 6x + 5 = x^2 + 2 \cdot x \cdot 3 + 3^2 - 3^2 + 5$ quadratische Ergänzung
$ = (x + 3)^2 - 9 + 5$
$ = (x + 3)^2 - 4$

Der Term $T_1(x) = (x + 3)^2 - 4$ hat den Extremwert $T_{min} = -4$ für $x = -3$.

b) Wir klammern den Faktor -2 aus und können dann die quadratische Ergänzung anwenden.

$-2x^2 + 16x - 20$
$= -2[x^2 - 8x + 10]$ $8x = 2 \cdot x \cdot 4$
$= -2[x^2 - 8x + 4^2 - 4^2 + 10]$
$= -2[(x - 4)^2 - 16 + 10]$
$= -2[(x - 4)^2 - 6]$
$= -2(x - 4)^2 + 12$

Wir klammern den Faktor -2 aus.
Mithilfe der quadratischen Ergänzung können wir für den Term in der eckigen Klammer die 2. binomische Formel anwenden.

Ausmultiplizieren

Der Term $T_2(x) = -2(x - 4)^2 + 12$ hat den Extremwert $T_{max} = 12$ für $x = 4$.

INFORMATION

Berechnen des Extremwerts bei quadratischen Termen

Den Extremwert eines quadratischen Terms berechnet man, indem der Term mithilfe der **quadratischen Ergänzung** so umgeformt wird, dass eine binomische Formel angewendet werden kann. Aus dem umgeformten Term kann man den Extremwert ablesen.

Beispiele: $x^2 + 8x + 10$, umgeformt $(x + 4)^2 - 6$, hat den Extremwert $T_{min} = -6$ für $x = -4$.
$3x^2 + 6x - 1$, umgeformt $3(x + 1)^2 - 4$, hat den Extremwert $T_{min} = -4$ für $x = -1$.
$-x^2 + 6x - 4$, umgeformt $-(x - 3)^2 + 5$, hat den Extremwert $T_{max} = 5$ für $x = 3$.

Kapitel 2

FESTIGEN UND WEITERARBEITEN

2. Fülle die Lücken im Heft so aus, dass eine binomische Formel angewendet werden kann.
a) $x^2 + 12x + \blacksquare$
b) $x^2 - 12x + \blacksquare$
c) $x^2 + 7x + \blacksquare$
d) $x^2 - 5x + \blacksquare$
e) $x^2 - \blacksquare x + 16$
f) $x^2 + \blacksquare + 12{,}25$

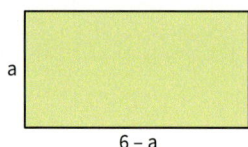
$x^2 + 10x + \blacksquare$ ← $10x = 2 \cdot x \cdot 5$
$x^2 + 10x + 25$
$= (x + 5)^2$

3. Berechne den Extremwert. Gib die Art des Extremwerts an und bestimme den Wert von x, für den sich der Extremwert ergibt.
a) $T(x) = x^2 + 4x - 5$
b) $T(x) = x^2 + 4x + 4$
c) $T(x) = x^2 + 4x + 3$
d) $T(x) = 2x^2 - 6x - 8$
e) $T(x) = -2x^2 + 2x + 12$
f) $T(x) = 1{,}5x^2 + 2{,}5$
g) $T(x) = -0{,}5x^2 + 1{,}5$
h) $T(x) = -x^2 - 3$
i) $T(x) = -3x^2 - 3$

4. Stelle für den Flächeninhalt des Rechtecks einen Term auf (Angaben in cm). Berechne, für welchen Wert von a sich ein Extremwert ergibt.
Gib den Extremwert und die Art des Extremwerts an.

(Rechteck mit Seiten a und 6 − a)

ÜBEN

5. Fülle die Lücken im Heft aus. Wende dann eine binomische Formel an.
a) $x^2 + 12x + \blacksquare$
b) $x^2 + 8x + \blacksquare$
c) $x^2 - 5x + \blacksquare$
d) $x^2 + 9x + \blacksquare$
e) $x^2 - x + \blacksquare$
f) $x^2 - 0{,}5x + \blacksquare$
g) $9x^2 + 3x + \blacksquare$
h) $16x^2 - 12x + \blacksquare$
i) $4x^2 + \blacksquare + 6{,}25$

6. Berechne den Extremwert des quadratischen Terms mithilfe der quadratischen Ergänzung.
a) $T(x) = x^2 - 8x + 20$
b) $T(x) = x^2 + 3x$
c) $T(x) = x^2 - 11x + 40$
d) $T(x) = x^2 - 1{,}2x + 0{,}64$
e) $T(x) = 0{,}5x^2 + 3x - 4$
f) $T(x) = -x^2 + x$
g) $T(x) = 2x^2 - 12x + 21$
h) $T(x) = -2{,}5x^2 + 5x - 6$
i) $T(x) = 5x^2 - 2x + 7$

7. Stelle für den Flächeninhalt der Figur einen Term auf (Angaben in cm). Berechne, für welchen Wert von x sich ein Extremwert ergibt.
Gib den Extremwert und die Art des Extremwerts an.

a) 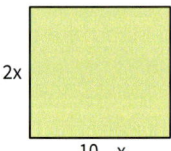 (Rechteck 2x mal 10 − x)

b) 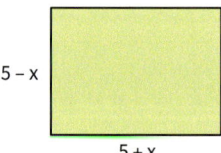 (Rechteck 5 − x mal 5 + x)

c) 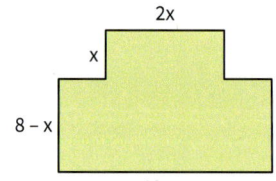 (Figur mit 2x, x, 8 − x, 10 + x)

8. Der abgebildete Brückenbogen kann annähernd durch den quadratischen Term $T(x) = -2{,}5x^2 + 10x$ beschrieben werden (Angaben in m).
Berechne die Höhe des Brückenbogens.

9. Die Abbildung rechts zeigt den Querschnitt eines Abwasserkanals. Er kann durch den quadratischen Term $T(x) = 0{,}1x^2 - 1{,}1x + 1{,}5$ beschrieben werden.
Berechne die maximale Tiefe des Kanals (Angaben in m).

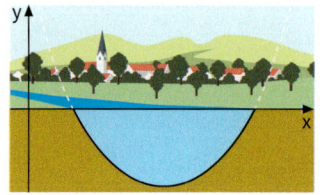

IM BLICKPUNKT

BERECHNEN VON TERMWERTEN MIT EINEM GRAFIKFÄHIGEN TASCHENRECHNER

Mit einem Taschenrechner kannst du Termwerte berechnen lassen und in einer numerischen Wertetabelle notieren.
Ein grafikfähiger Taschenrechner (GTR) bietet darüber hinaus die Möglichkeit, numerische Wertetabellen automatisch zu erstellen.

Bei vielen Taschenrechnern findest du Tasten und Menüpunkte wie in dem hier vorgestellten Beispiel.

Schritt 1:
Erkundige dich, mit welchen Tastenkombinationen du bei deinem GTR einen Term eingeben kannst. Gib dann den Term $T(x) = 1{,}5 \cdot x^2 - 4{,}5 \cdot x + 2{,}5$ ein. Beachte, dass nur der erste Teil des eingegeben Terms angezeigt wird.

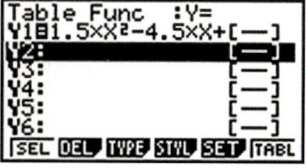

Schritt 2:
Um eine numerische Wertetabelle zu erstellen legst du den Anfangs- und Endwert sowie die Schrittweite für die Belegung von x fest. Die numerische Wertetabelle wird mit der Belegung für x von -5 bis 5 und der Schrittweite $0{,}5$ berechnet.

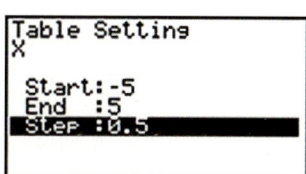

Schritt 3:
Finde heraus, mit welchen Tasten dein GTR eine Tabelle anzeigt. Mit Pfeiltasten kannst du die einzelnen Werte der Tabelle anschauen. Aus der Tabelle liest du ab: Der Term $T(x)$ hat den Extremwert $T_{min} = -0{,}875$ für $x = 1{,}5$.

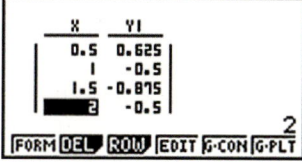

1. Erstelle eine numerische Werttabelle mit deinem GTR und notiere die angegebenen Termwerte.

(1) $T(x) = 0{,}25 \cdot x + 0{,}85$ $T(-2), T(-1{,}5); T(0{,}5)$
(2) $T(x) = -0{,}6 \cdot x + 1{,}15$ $T(-1), T(-0{,}5); T(2{,}5)$
(3) $T(x) = 0{,}2x \cdot (x + 1{,}15)$ $T(-1{,}5), T(-0{,}5); T(1{,}5)$
(4) $T(x) = -x \cdot (0{,}25 \cdot x + 0{,}75) + 1{,}25$ $T(-1{,}25), T(0{,}25); T(2{,}5)$

2. Bestimme den Extremwert des quadratischen Terms. Erstelle dazu eine numerische Wertetabelle mit deinem GTR.
Wähle für die Belegung x Werte von -4 bis 4 und die Schrittweite $0{,}25$.

a) $G(x) = x^2 + 5x + 4{,}75$ c) $K(x) = 1{,}2 \cdot x^2 - 0{,}6 \cdot x + 2{,}175$
b) $H(x) = -x^2 + 4{,}5x - 2{,}9025$ d) $T(x) = -0{,}8 \cdot x^2 + 4{,}5 \cdot x - 2{,}9025$

3. Mit dem GTR wurde eine numerische Wertetabelle für den Term $T(x) = 1{,}5 \cdot x^2 - 7{,}2 \cdot x + 6{,}2$ erstellt.

a) Begründe, dass $-2{,}5$ nicht der Extremwert des Terms ist.
b) Ändere die Schrittweite auf $0{,}1$ und lies den Extremwert des quadratischen Terms in der numerischen Wertetabelle ab.

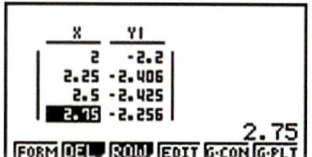

VERMISCHTE UND KOMPLEXE ÜBUNGEN

1. Löse die Klammern auf und fasse zusammen.
a) $(x + 2) \cdot 4 + 3x$
b) $(7 - 2a^2) \cdot 3 - (a - 4) + 7a^2$
c) $5(3r + s) - (2s + 3r)$
d) $(3x + 4y) : 2 + 3(x - 2y)$

2. Löse jeweils die Klammer auf.
Vereinfache dann, falls möglich.

a) $8(x^3 + y^3 + z^3)$
$15(1 - x^2 - y)$
$(a - b + c) \cdot 4$

b) $(3a - 20b) \cdot 5c$
$(12x^3 - 1) \cdot 15y^2$
$(12x^2 + 3y) : 3$

c) $a - (b + c)$
$a - (b - c)$
$x - (5 - 3a)$

d) $(5x + 8y)^2$
$(-u + 20v)^2$
$(-3s - 5t)^2$

e) $7(a^2 + b^2) + 3(a^2 - b^2)$
$14(x^3 + y^2) + 9(x^3 - y^2)$
$5(c - d^2) + 4(c + d^2)$

f) $(x^2 - y^2) - (x^2 + y^2)$
$(a^3 + b^3) - (a^3 - b^3)$
$(p - q) - (p - q)$

3. a) $(7u + 5v)^2$
$(-x + 12y)^2$

b) $(1{,}2 - 0{,}5a)^2$
$\left(\frac{4}{7}a - \frac{7}{8}b\right)^2$

c) $(4x - 3y)(x + 5y) - (2x + y)^2$
$(7r - 5s)^2 - (5s - 7r)^2$

4. Schreibe als Produkt.
a) $12ab + 7bc$
$3xy - 5x^2$
$-abc - 15a$
$-4ab + 2ac$

b) $40xy - 25yz$
$9a^2b + 21b^2c$
$8x^2 + 24x^3$
$-6xy^2 + 30y^2z$

c) $7a^2 - 7b^2$
$5x^2 + 10xy$
$11r^2 - 22r$
$65u^2v^2 - 65$

d) $1{,}5x^2 - 3xy + 1{,}5y^2$
$0{,}9u^2 - 0{,}9v^2$
$25a^2 - 50ab + 25b^2$
$49r^2 + 98rs + 49s^2$

 Übertrage die Abbildung in dein Heft, vervollständige sie und stelle anhand der Abbildung eine Formel für $(x + y + z)^2$ auf.

 Berechne $(a + 2b + 3c)^2$ mithilfe einer vergleichbaren Abbildung.

5. Die Abbildung veranschaulicht, wie man Terme aus drei Summanden quadrieren kann. Durch die Einteilung wird das große Quadrat in kleinere Quadrate und Rechtecke zerlegt.

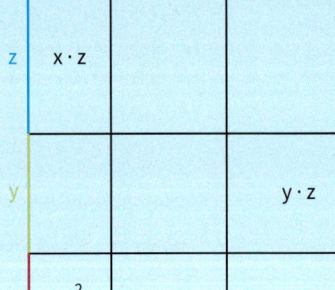

Yannik überlegt: „Ich kann auch eine Formel für das Quadrat aus 4 Summanden aufstellen."

 Schreibe die Summe $a^2 + b^2 + 4c^2 + 2ab + 4ac + 4bc$ als Quadrat. Zeichne dazu ein passendes Quadrat.

6. Löse die Klammern auf.
a) $(x - 1)(x - 2)(x - 3)$
b) $(2x + 1)(3x - 4)\left(x + \frac{1}{2}\right)$
c) $(x + 2)^3$
d) $(x - 1)^3$

7. Erstelle eine Wertetabelle für den Term.
Verwende die Grundmenge G = {−4; −3; −2; …; 2; 3; 4 }.
Gib die Art des Extremwerts und den Extremwert an.
Für welchen Wert von x wird der Extremwert angenommen?

a) $T(x) = x^2 - 4x + 2$
b) $T(x) = x^2 + 4x + 3$
c) $T(x) = -x^2 - 2x + 8$
d) $T(x) = -x^2 + 4x$
e) $T(x) = 2 \cdot x^2 - 8x + 3$
f) $T(x) = -\frac{1}{2}x^2 + 3x - 1$

8. Gib an, ob ein Minimum oder Maximum vorliegt. Bestimme mithilfe einer numerischen Werteabelle den Extremwert und den Wert von x, für den sich der Extremwert ergibt.
Für die Tabelle kannst du auch ein Kalkulationsprogramm verwenden.
(1) $T(x) = x^2 - 6x + 5$; G = {−2; −1; 0; …; 5}
(2) $T(x) = -x^2 + 2x + 4$; G = {−2; −1; 0; …; 3}
(3) $T(x) = 2 \cdot (x - 3)^2$; G = {0; 1; 2; …; 6}
(4) $T(x) = -1{,}5 \cdot (x - 1{,}5)^2$; G = {−1; −0,5; 0; …; 2,5; 3}

9. Wie unterscheiden sich die Flächeninhalte der drei Quadrate in dem Bild rechts?
Löse auf mehrere Arten.

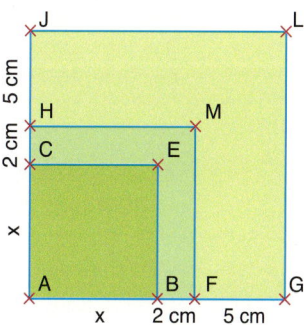

 10. Luise hat folgende Formel notiert: $(a + b)^3 = a^3 + 3ab + b^3$
Prüfe, ob die Formel stimmt.

11. Stelle einen Term für den Flächeninhalt der gefärbten Fläche auf.
Berechne den Extremwert des Terms.
Beschreibe die Bedeutung des Extremwerts (Angaben in cm).

a)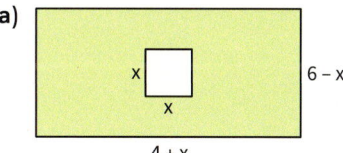

b)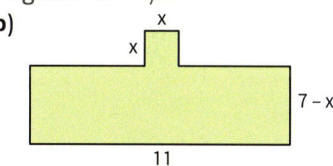

12. Betrachte die drei abgebildeten Rechtecke (Angaben in cm).
  a) Stelle jeweils einen Term für den Flächeninhalt des Rechtecks auf.
     Berechne den maximalen Flächeninhalt.
  b) Beschreibe die Besonderheiten der Ergebnisse.
  c) Für welche Figur ergibt sich ein maximaler Flächeninhalt von 125 cm²?

(1)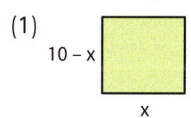
(2)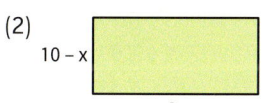
(3)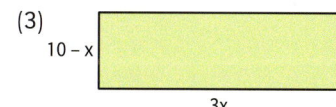

WAS DU GELERNT HAST

Klammern auflösen
Bei einem Pluszeichen vor der Klammer können wir die Klammer weglassen.
Bei einem Minuszeichen vor der Klammer werden die Vorzeichen gewechselt.

$+(7x-5y) = 7x-5y$

$-(7x-5y) = -7x+5y$

Ausmultiplizieren
Jedes Glied der Summe oder Differenz wird mit dem Faktor multipliziert (*Distributivgesetz/ Verteilungsgesetz*).
Beachte dabei die Vorzeichenregeln.

(1) $a \cdot (x+b) = ax + ab$

(2) $(3x-6) \cdot (-2y) = 3x \cdot (-2y) - 6 \cdot (-2y)$
$= -6xy + 12y$

Ausklammern
Das Ausklammern ist die Umkehrung des Ausmultiplizierens.

(1) $5xy + 7xz = x \cdot 5y + x \cdot 7z$
$= x \cdot (5y + 7z)$

(2) $-8x^2 - 2x^2 b = -2x^2 \cdot 4 + (-2x^2) \cdot b$
$= -2x^2 \cdot (4 + b)$

Multiplizieren von Summen und Differenzen
Jedes Glied der einen Klammer wird mit jedem Glied der zweiten Klammer multipliziert.
Beachte dabei die Vorzeichenregeln.

(1) $(a-b) \cdot (c+d) = ac + ad - bc - bd$

(2) $(-4a+2)(a+1) = -4a^2 - 4a + 2a + 2$

Binomische Formeln

1. $(a+b)^2 = a^2 + 2ab + b^2$

2. $(a-b)^2 = a^2 - 2ab + b^2$

3. $(a+b) \cdot (a-b) = a^2 - b^2$

(1) $(x+3)^2 = x^2 + 6x + 9$
$(5x+4)^2 = 25x^2 + 40x + 16$

(2) $(y-5)^2 = y^2 - 10y + 25$
$(1-9r)^2 = 1 - 18r + 81r^2$

(3) $(x-2)(x+2) = x^2 - 4$
$\left(\frac{1}{3}z + e\right)\left(\frac{1}{3}z - e\right) = \frac{1}{9}z^2 - e^2$

Quadratische Terme
Einen Term der Form $a \cdot x^2 + b \cdot x + c$ nennen wir **quadratischen Term**.

Ein quadratischer Term hat einen **Extremwert**, für
- $a > 0$ ein **Minimum** T_{max}
- $a < 0$ ein **Maximum** T_{min}

Mithilfe der quadratischen Ergänzung wird ein quadratischer Term in die Form $a(x-d)^2 + e$ umgeformt.

Für $x = d$ hat er den Extremwert e.

(1) $x^2 - 8x + 17$
$= x^2 - 2 \cdot x \cdot 4 + 17$
$= x^2 - 2 \cdot x \cdot 4 + 16 - 16 + 17$
$= (x-4)^2 + 1$
$T_{min} = 1$ für $x = 4$

> Quadratische Ergänzung $4^2 = 16$

(2) $-2x^2 + 6x + 5$
$= -2[x^2 - 3x - 2{,}5]$
$= -2[x^2 - 3x + 1{,}5^2 - 1{,}5^2 - 2{,}5]$
$= -2[(x-1{,}5)^2 - 4{,}75]$
$= -2(x-1{,}5)^2 + 9{,}5$
$T_{max} = 9{,}5$ für $x = 1{,}5$

Terme **65**

BIST DU FIT?

1. Löse die Klammer auf.
   a) $3a(7b+5c)$
   b) $8x(9y-12z)$
   c) $34(2x^2+5y^2)$

2. Löse die Klammern auf. Fasse – wenn möglich – zusammen.
   a) $14(x^2+y^2)+6(x^2-y^2)$
   b) $a(b^2-c)+b^2(c-a)$
   c) $x-(y-z)$
   d) $(6x^2-5)\cdot 12-(10-2x^2)$
   e) $7x(8-5y^2)-3x(4y^2+6)$
   f) $7x-2(-4y+3x)-(x-2y)\cdot 3$

3. Klammere so aus, dass der Term in der Klammer möglichst einfach wird.
   a) $24xy+7xz$
   b) $80ab-50bc$
   c) $27xy+72x^2$
   d) $48ac-36ab$
   e) $-2a^3-2ab^2$
   f) $-24a^3b^2-16a^2b^3+8a^2b^2$

4. Löse die Klammern auf und fasse – wenn möglich – zusammen.
   a) $4\cdot(a+3b)^2$
   b) $2\cdot(3a+b)(a-3b)$
   c) $(2x-y)(2x+y)-(x+3y)^2$
   d) $(0{,}5x+0{,}3y)^2-(0{,}2x-0{,}4y)^2$
   e) $\left(\frac{a}{2}-2b\right)^2+\left(6a-\frac{b}{3}\right)^2$
   f) $(8x-y)(8x-y)-4(8x+y)^2$

5. Löse die Klammern auf und vereinfache dann, wenn möglich.
   a) $(x+2)(y-3)$
   b) $(3x-4)(z+2)$
   c) $(18x-22)(6-8y)$
   d) $(4a+14)(10b-2)$
   e) $(8x-y)(y-18x)$
   f) $(-4x-y)(2x-3y)$
   g) $14a+(6+3a)-19$
   h) $15x-(7-8x)+12$
   i) $9z-3(z+8)+z$

6. a) $(x+7)^2$
   b) $(2x-3)^2$
   c) $(2x-4)(2x+4)$
   d) $(3x-4y)(3x+4y)$
   e) $(11a+15b)^2$
   f) $(10x+16y)^2$
   g) $(0{,}5x+1{,}5y)^2$
   h) $\left(\frac{1}{3}x-\frac{2}{5}y\right)^2$

7. a) $9(3x-5y)+(8x-3)(15y+1)$
   b) $(6x-5)(2x+7)-(x-3)\cdot(-4)$
   c) $4(12y-3z)-(8x+2)(7y-1)$
   d) $-(3a-12)(-2a+1)+6(3a-5)$

8. a) $(x-2y)(x+y)+(2x-y)^2$
   b) $(4a-3b)(a+5b)+(2a+b)^2$
   c) $(1-6a)^2-(6-x)^2$
   d) $(7x-5y)^2-(5y-7x)^2$

9. Fülle die Lücken aus und schreibe als binomische Formel.
   a) $x^2-6x+\blacksquare$
   b) $x^2+10x+\blacksquare$
   c) $x^2+5x+\blacksquare$
   d) $x^2-x+\blacksquare$
   e) $a^2+\blacksquare+16$
   f) $36-\blacksquare+b^2$
   g) $4x^2-12x+\blacksquare$
   h) $9x^2+\blacksquare+25$

10. Gib an, ob der Term eine Maximum oder Minimum hat. Notiere den Extremwert und den Wert von x, für sich der Extremwert ergibt.
    a) x^2-3
    b) $-x^2+5$
    c) $-2{,}5(x-1)^2-2{,}5$
    d) $1{,}5(x+1{,}5)^2-1$
    e) $(x-1{,}7)^2+0{,}25$
    f) $-(x+2{,}2)^2+1{,}2$

11. Berechne den Extremwert. Gib die Art des Extremwerts und den Wert von x an, für sich der Extremwert ergibt.
    a) $x^2+10x+19$
    b) x^2-2x+1
    c) $x^2+x+0{,}25$
    d) $-3x^2+6x-3$
    e) $2x^2+6x+7$
    f) $2x^2-2x-4{,}5$

12. Stelle eine Formel für den Flächeninhalt auf.
    Berechne den Extremwert.

IM BLICKPUNKT

BERECHNEN VON TERMEN MIT DEM COMPUTER

 Mit einem Tabellenkalkulationsprogramm kannst du am Computer Terme schnell berechnen und die Ergebnisse übersichtlich in Tabellen darstellen.

1. Sophia möchte den Term $2 \cdot a + 3 \cdot b$ mithilfe ihres Kalkulationsprogramms untersuchen. Sie hat die abgebildete Tabelle erstellt. Für die Variablen a und b hat sie in den Spalten A und B jeweils die Zahlen von 1 bis 5 notiert.

	A	B	C
1	\multicolumn{3}{c	}{Berechnen von Termwerten}
3	a	b	2*a+3*b
4	1	1	5
5	2	2	10
6	3	3	15
7	4	4	20
8	5	5	25

In der Eingabezeile erkennst du: Der Wert des Terms wird in der Zelle C4 mithilfe der Formel **=2*A4+3*B4** berechnet.

Sophia hat diese Formel bis in die Zelle C8 nach unten kopiert.

Immer wenn sie einen Wert für die Variablen a oder b ändert, wird der Wert des Terms vom Programm neu berechnet.

Erstelle die Tabelle mit deinem Tabellenkalkulationsprogramm.

a) Setze für b überall den Wert 2 ein. Beschreibe, wie sich die Werte des Terms ändern, wenn sich nur der Wert der Variable a um 1 erhöht. Setze danach für b auch andere Werte ein.
b) Beschreibe die Veränderungen, wenn sich nur der Wert für die Variable b um 1 erhöht.
c) Der Term soll den Wert 36 erhalten. Finde durch Probieren verschiedene Einsetzungen für a und b.
Wie viele Möglichkeiten gibt es?

2. Fällt eine Kugel in einen Brunnen, kann man die Tiefe des Brunnens aus der Fallzeit bestimmen:
Man misst die Fallzeit t (in s) und berechnet mit dem Term $5 \cdot t^2$ annähernd die Tiefe (in m). Erstelle ein Tabellenblatt, aus dem du die Brunnentiefe für Fallzeiten von 0,25 s; 0,5 s; 0,75 s; 1,0 s; 1,25 s; …; 3 s ablesen kannst.

3. Kevin möchte zwei Handyangebote vergleichen.
Anbieter A verlangt 9 Cent pro Minute für ein Telefonat und 10 Cent für das Versenden einer SMS.
Anbieter B berechnet für eine Minute 8 Cent und pro SMS 12 Cent.

	A	B	C	D
1	\multicolumn{4}{c	}{Vergleich von Handytarifen}
3	Telefonieren	SMS	Anbieter A	Anbieter B
4	Minuten	Anzahl	in €	in €
5	51	22	6,79	6,72
6	42	34	7,18	7,44
7	37	42	7,53	8,00

a) Erstelle eine Tabelle, in der die Kosten für beide Tarife berechnet werden. Überprüfe deine Berechnungen anhand der abgebildeten Tabelle.
b) Kevin möchte pro Monat nicht mehr als 10 € bezahlen. Gib verschiedene Möglichkeiten an, wie viele Minuten Kevin dafür telefonieren und wie viele SMS er versenden kann.
c) Finde durch Probieren verschiedene Möglichkeiten, bei denen beide Anbieter denselben Preis verlangen.

4. Entwickle eine Kalkulationstabelle. Nach Eingabe der Seitenlängen a und b eines Rechtecks werden der Flächeninhalt und der Umfang berechnet.

	A	B	C	D
1	Flächeninhalt und Umfang vom Rechteck			
2				
3	Länge Seite a (in cm)	Länge Seite b (in cm)	Umfang u (in cm)	Flächeninhalt A (in cm²)
4				
5	2	3	10	6
6	3	3	12	9
7	4	3	14	12

a) Wie ändert sich der Umfang des Rechtecks, wenn
  (1) die Seitenlänge a um 1 vergrößert wird;
  (2) die Seitenlänge b um 1 vergrößert wird?
b) Wie ändert sich der Flächeninhalt des Rechtecks, wenn
  (1) die Seitenlänge a um 1 vergrößert wird;
  (2) die Seitenlänge a verdoppelt wird;
  (3) beide Seitenlängen verdoppelt werden?

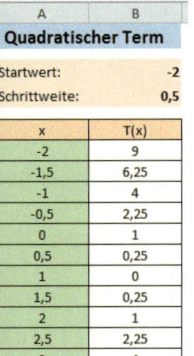

5. Mit einem Kalkulationsprogramm kannst du die Extremwerte von quadratischen Termen suchen. Nach Eingabe der entsprechenden Formel kannst du anhand der Wertetabelle das Maximum oder Minimum ablesen.

a) Erstelle eine Tabelle wie abgebildet. Wähle den Startwert -2 und die Schrittweite $0{,}5$. In Zelle A7 gibst du die Formel **=B3**, in der Zelle A8 die Formel **=B3+B4** ein. Erkläre die beiden Formeln.

Für den quadratischen Term $T(x) = x^2 - 2 \cdot x + 1$ wurde in der Zelle B7 die Formel **=A7^2−2*A7+1** eingegeben und anschließend nach unten kopiert.
Aus der Tabelle kannst du ablesen, dass der Term $T(x)$ den Extremwert $T_{min} = 0$ für $x = 1$ hat.

b) Erstelle eine entsprechende Tabelle für den quadratischen Term. Beachte: Suche einen Startwert bei dem in der Tabelle ein größter oder kleinster Wert für $T(x)$ vorkommt. Verändere anschließend auch die Schrittweite!
  (1) $T(x) = (-1) \cdot x^2 + 4 \cdot x - 2$
  (2) $T(x) = x^2 - 3 \cdot x + 1$
  (3) $T(x) = 4 \cdot x^2 - 10 \cdot x + 4$
  (4) $T(x) = (-2) \cdot x^2 + 7 \cdot x - 1$

6. Franziska möchte im Garten einen rechteckigen Auslauf für ihr Kaninchen bauen. Sie hat 16 m Zaun zur Verfügung.
a) Fertige eine Skizze an. Gib verschiedene Seitenlängen des Auslaufs an, wenn der gesamte Zaun genutzt werden soll.
b) Erstelle eine Tabelle wie abgebildet. Berechne auch den Flächeninhalt des Auslaufs.

	A	B	C
1	Auslauf für meinen Hasen		
2			
3	Länge Seite a (in m)	Länge Seite b (in m)	Flächeninhalt A (in m²)
4			
5	1,00	7,00	7,00
6	1,50	6,50	9,75
7	2,00	6,00	12,00
8	2,50	5,50	13,75

In der Eingabezeile erkennst du: Die Seitenlänge b wird in der Zelle B5 mithilfe der Formel **=(16−2*A4)/2** berechnet.
Erkläre diese Formel.
In der Zelle C4 wird der Flächeninhalt berechnet. Welche Formel musst du eingeben?

Veränderst du den Wert für die Seitenlänge a, werden die Seitenlänge b und der Flächeninhalt A sofort neu berechnet.
c) Erweitere die Tabelle und untersuche, wie Franziska den Zaun aufbauen muss, damit ihr Kaninchen einen möglichst großen Auslauf bekommt.
d) Berechne die Maße für den größten Flächeninhalt auch für andere Zaunlängen.

KAPITEL 3
GLEICHUNGEN

In Neubaugebieten werden häufig rechteckige oder quadratische Baugrundstücke angeboten. Herr Lohse hat sich ein quadratisches Grundstück angeschaut.
Außerdem gefällt ihm ein rechteckiges Grundstück, dessen eine Seite 1 m länger, die andere 1 m kürzer als das quadratische Grundstück ist.
Herr Lohse überlegt: „Dann haben ja beide Grundstücke den gleichen Flächeninhalt!"

» Überprüfe die Überlegung von Herrn Lohse an einem quadratischen Grundstück mit der Seitenlänge 21 m.
» Wähle auch größere und kleinere quadratische Flächen. Was fällt dir auf?
» Begründe anhand einer Zeichnung.

Kopfquadrate

Frau Neumann verblüfft ihre Schülerinnen und Schüler mit einem Rechentrick:

„Eine Zahl, deren Einerziffer eine 5 ist, quadriere ich im Kopf. Zum Beispiel 35 mal 35.
Ich rechne 3 mal ... . Den Rest könnt ihr selbst herausfinden!"

Kuchenfreunde

Hedwig erhält von ihrer Mutter 20 Euro für den Kauf von vier Stück Pflaumenkuchen. „Für den Rest des Geldes darfst du für dich und deine Freunde Kuchen kaufen".

» Gibt es eine Möglichkeit, dass Hedwig genau 20 Euro bezahlen muss?
» Überlege, wie viele Freunde Hedwig höchstens einladen kann, wenn jeder ein Stück Kuchen bekommt. Gib dazu verschiedene Möglichkeiten für die Kuchensorten an.
» Hedwig möchte auch nur Pflaumenkuchen kaufen.

Pflaumenkuchen:	2,30 €
Apfelkuchen:	2,20 €
Kirschkuchen:	2,00 €

IN DIESEM KAPITEL LERNST DU ...

... *wie man Gleichungen mit Klammern lösen kann.*
... *wie man bei Sachaufgaben Gleichungen aufstellen und die Sachaufgaben damit lösen kann.*
... *wie man Formeln umformt.*

GLEICHUNGEN

Lösen von Gleichungen – Grundlagen

EINSTIEG

Ich denke mir eine natürliche Zahl, multipliziere sie mit 5 und subtrahiere davon 18. Ich erhalte 77. Wie heißt die Zahl?

WIEDERHOLUNG

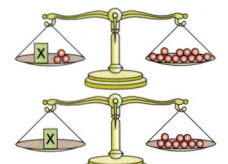

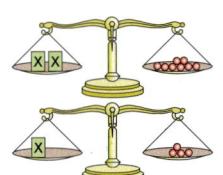

Äquivalenzumformungen für Gleichungen

(1) Additions- und Subtraktionsregel
Addiert oder subtrahiert man auf beiden Seiten einer Gleichung dieselbe Zahl, so ändert sich die Lösungsmenge nicht.

$$x + 3 = 12 \quad |-3$$
$$x + 3 - 3 = 12 - 3$$
$$x = 9 \qquad L = \{9\}$$

(2) Multiplikations- und Divisionsregel
Multipliziert man beide Seiten einer Gleichung mit derselben Zahl oder dividiert man beide Seiten durch dieselbe Zahl (jeweils ungleich 0), so ändert sich die Lösungsmenge nicht.

$$2x = 8 \quad |:2$$
$$2x : 2 = 8 : 2$$
$$1x = 4$$
$$x = 4 \qquad L = \{4\}$$

Hinweis: Falls nicht anders angegeben, ist die **Grundmenge G** die Menge ℚ aller rationalen Zahlen.

ÜBEN

1. Welche der in der Grundmenge G angegebenen Zahlen ist Lösung der Gleichung?
a) $5x + 9 = 2x + 15$ \quad b) $7y + 4 = 8y - 6$ \quad c) $3z + 5 = 2z + 3$
   $G = \{2; 3; 5; 8\}$ \quad\quad $G = \{-2; 0; 10; 15\}$ \quad\quad $G = \{-4; -1; 1; 4\}$

Die Variable muss nicht immer x heißen.

2. Löse die Gleichung. Mache auch die Probe.
a) $8x = -72$ \quad d) $8x + 23 = 33$ \quad g) $8x + 8 = 64$ \quad j) $7x + 4 = 32$
b) $14 + x = 23$ \quad e) $210 - 20x = 230$ \quad h) $8x = 96$ \quad k) $-22 + 4y = 120$
c) $17 = y - 83$ \quad f) $44 = 17a - 7$ \quad i) $120 - 21x = 15$ \quad l) $50 - 14a = 1$

3. a) $5x + 11 = 20$ \quad d) $15 + 5x = 15$ \quad g) $\frac{1}{2}x + 6 = 10$
b) $13x - 7 = 11$ \quad e) $3x - 5 = 31$ \quad h) $5 = -7 + \frac{3}{5}x$
c) $9 + 8x = 41$ \quad f) $17 - 4x = 27$ \quad i) $10 + \frac{1}{3}x = 20$

4. Gib jeweils drei Gleichungen an, die die angegebene Lösung haben.
a) $L = \{3\}$ \quad b) $L = \{-4\}$ \quad c) $L = \{0\}$ \quad d) $L = \left\{-\frac{1}{2}\right\}$

5. Der Umfang der abgebildeten Figur (alle Maße in cm) soll 20 cm betragen. Stelle eine Gleichung auf und berechne die Länge b.

Gleichungen ohne Klammern

EINSTIEG

Wie schwer ist eine der vier gleich schweren Glaskugeln?

» Löse die Aufgabe mithilfe einer Gleichung, die du umformst.
» Beschreibe dein Vorgehen.

AUFGABE

1. Bestimme die Lösungsmenge.
  a) $5x = 2x + 12$
  b) $7x + 5 - 3x = 15 - 4x + 6$

Sortieren: x auf eine Seite, Zahlen auf die andere Seite

Lösung

a)
$$5x = 2x + 12 \quad |-2x \quad \text{(Sortieren)}$$
$$5x - 2x = 2x + 12 - 2x \quad \text{(Zusammenfassen)}$$
$$3x = 12 \quad |:3$$
$$(3x):3 = 12:3 \quad \text{(Auflösen nach x)}$$
$$x = 4$$

Probe:
$5 \cdot 4 = 2 \cdot 4 + 12$
$20 = 8 + 12$
$20 = 20$
Auf beiden Seiten erhalten wir denselben Wert.   Lösungsmenge $L = \{4\}$

b)
$7x + 5 - 3x = 15 - 4x + 6$
$4x + 5 = 21 - 4x \quad |+4x$
$8x + 5 = 21 \quad |-5$
$8x = 16 \quad |:8$
$x = 2$

Probe:
$7 \cdot 2 + 5 - 3 \cdot 2 = 15 - 4 \cdot 2 + 6$
$14 + 5 - 6 = 15 - 8 + 6$
$13 = 13$
Beide Werte stimmen überein.
Lösungsmenge $L = \{2\}$

FESTIGEN UND WEITERARBEITEN

2. Bestimme jeweils die Lösungsmenge. Gib auch alle Umformungen an.
  a) $3x = 35 - 4x$
   $9x = 5x + 40$
   $7x = 1 + 15x$
   $-4x = 18 + 2x$
  b) $8z + 4 - z \cdot 2 = 58$
   $8a + 7a = 96 + 3a$
   $12 - y - 3y = 12 + y - 8$
   $-4y - 7 = 8 + 4y - 4 - 3y$
  c) $2x + 3 + 5x = 19 - 6x + 10$
   $-9x - 8 + 4x = 28 - 2x - 42$
   $9 - 13x + 5 = x \cdot 3 - 2 - 20x$
   $6 - 4x + 3 = 2 - 5x$

3. Drei Schüler haben unterschiedliche Lösungswege notiert:

Erkläre die Lösungswege. Vergleiche mit der Musterlösung oben und bewerte sie.

4. a) Für welchen Wert von x wird $7x + 3 - 2x + 6$ gleich 54?
  b) Für welchen Wert von a wird $29a - 4 - 12a + 2$ gleich $-7a$?

ÜBEN

5. Notiere eine Gleichung und löse sie. Beschreibe am Waage-Modell die einzelnen Umformungsschritte.

a)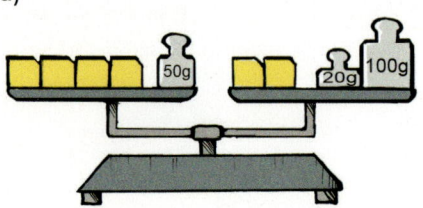

b)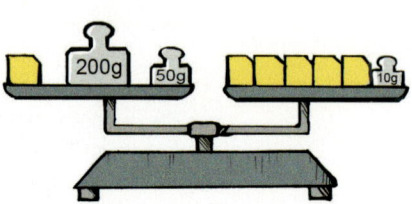

6. In jeder Schachtel sind gleich viele Streichhölzer. Stelle eine Gleichung auf und gib die Lösungsmenge an.

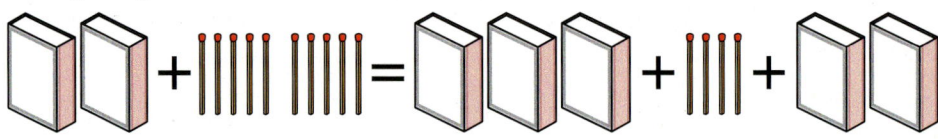

7. Bestimme die Lösungsmenge. Gib die Umformungen an.
- a) $8x - 3x = 40$
- b) $11x = 7x + 48$
- c) $x \cdot 15 - 21 = 12x$
- d) $9a = 24 + 11a$
- e) $7x - 41 = x \cdot 8$
- f) $-15x = 80 - 5x$
- g) $12c = 7c - 15$
- h) $4x = -28 + 8x$
- i) $20x + 14 = 13x$

8. Wo steckt der Fehler? Erkläre und korrigiere.

a)
$5x + 2x - x = x + 14$
$5x + 2 = x + 14$ $\quad |-x$
$4x + 2 = 14$ $\quad |-2$
$4x = 12$ $\quad |:3$
$x = 3$

b)
$4 - 2x = 8 + x$ $\quad |-x$
$4 - 2x = 8$ $\quad |-4$
$2x = 4$ $\quad |:2$
$x = 2$

c)
$3x - 4 = 10$ $\quad |-4$
$3x = 6$ $\quad |-3$
$x = 3$

9. Fasse zuerst gleichartige Glieder zusammen. Löse dann die Gleichung.
- a) $7x - 4 + 2x = 52 - 5x$
- b) $z + 3z - 15 = 27 + 2z$
- c) $35 - s + 4s = s + 65$
- d) $40 - 2a + 5a = 68 + a$
- e) $14r + 3r - r = 4r + 48$
- f) $20x - 36 + 2x = 3x - 17$
- g) $30 + y + 8 = 118 - 3y$
- h) $5h + 14 + 31 = 4h + 73$
- i) $2n + 8 + 3n = 64 + n$

10. Löse das Zahlenrätsel mit einer passenden Gleichung. Überprüfe die Lösung am Text.
- a) Wenn ich das Fünffache meiner Zahl um 18 verkleinere, dann erhalte ich 97.
- b) Wenn ich meine Zahl um 14 vergrößere, dann erhalte ich das Dreifache meiner Zahl.
- c) Wenn ich das Zehnfache meiner Zahl um 60 vergrößere, dann erhalte ich das Zwölffache der Zahl.
- d) Wenn ich das Doppelte meiner Zahl um 12 verkleinere, so erhalte ich die Hälfte der Zahl.
- e) Verringert man das Siebenfache einer Zahl um 12, so erhält man dasselbe, wie wenn man das Doppelte der gesuchten Zahl um 8 vergrößert.
- f) Wenn man das Zehnfache einer Zahl um 1 vermindert, erhält man 0.
- g) Wenn man eine Zahl um 21 vergrößert, erhält man dasselbe, wie wenn man das Fünffache der Zahl um 3 vergrößert.
- h) Das Neunfache einer Zahl ist um 75 größer als das Vierfache der gesuchten Zahl.

11. Gib zu der Gleichung ein Zahlenrätsel an. Bestimme dann die gesuchte Zahl.
- a) $2x + 5 = 19$
- b) $\frac{x}{2} - 3 = 7$
- c) $50 - 3r = 17$
- d) $5t + 7 = 6t - 2$

Gleichungen mit Klammern

Ich denke mir eine Zahl und subtrahiere 7.
Das Ergebnis multipliziere ich mit 3.
Ich erhalte 11 weniger als die gedachte Zahl.
Wie heißt die Zahl?

1. Bestimme die Lösungsmenge der Gleichung.

a) $6(x + 0{,}5) = 45$ b) $7(2x - 4) - 1 = 3x + 4$

Lösung

Strategie:
- Klammern auflösen
- sortieren
- x isolieren

a)
$$6(x + 0{,}5) = 45$$
$$6x + 3 = 45 \quad |-3$$
$$6x = 42 \quad |:6$$
$$x = 7$$
$$L = \{7\}$$

Probe: $6 \cdot (7 + 0{,}5) = 45$
$6 \cdot 7{,}5 = 45$
$45 = 45$
7 ist Lösung der Gleichung.

b)
$$7(2x - 4) - 1 = 3x + 4$$
$$14x - 28 - 1 = 3x + 4$$
$$14x - 29 = 3x + 4 \quad |-3x$$
$$11x - 29 = 4 \quad |+29$$
$$11x = 33 \quad |:11$$
$$x = 3$$
$$L = \{3\}$$

Probe: $7 \cdot (2 \cdot 3 - 4) - 1 = 3 \cdot 3 + 4$
$7 \cdot (6 - 4) - 1 = 9 + 4$
$7 \cdot 2 - 1 = 13$
$14 - 1 = 13$
$13 = 13$
3 ist Lösung der Gleichung.

2. Bestimme die Lösungsmenge. Beschreibe, wie du vorgehst.
Führe die Probe durch.

a) $4(x + 5) = 28$ c) $12x + 20 = 2(3x + 1)$ e) $48{,}5 - (5 - 2x) = 4{,}5$
b) $(6z - 9) : 3 = 5$ d) $13 - (x + 2) = 9$ f) $-19x - 4(16 - 2x) = x + 12$

3. a) Tim und Julia haben unterschiedliche Lösungswege notiert.
Vergleiche und bewerte sie.

b) Löse.

(1) $5(x - 7) = 0$ (2) $\frac{1}{5}(x + 3) = 2$ (3) $7(2a + 3) = 14$ (4) $\frac{1}{2}(-2y - 5) = 0$

4. Wende die binomischen Formeln an und löse die Gleichung.

a) $(x + 2)^2 = x^2 + 8$ c) $(y + 4)^2 = (y - 3)^2$ e) $(a - 5)(a + 5) = (a - 7)(a + 4)$
b) $(x - 1)^2 = (x - 7)^2$ d) $(z + 5)^2 = (z + 3)^2$ f) $(2y - 4)^2 - 3y = 4(y + 3)(y - 4)$

5. Bestimme die Lösungsmenge.
a) $(x+7)\cdot(x-4) = x^2 + 2$
b) $(x-2)\cdot(x-5) = x^2 + 3$
c) $(5x-2)\cdot(x+4) = 5(x^2+2)$
d) $(2x-5)\cdot(5x-2) = 10x^2 - 34x$
e) $(3x-1)\cdot(4x+2) = (2x+1)\cdot(6x-2)$
f) $(4x+3)\cdot(6x-5) = (2x+3)\cdot(12x-13)$

$$\begin{aligned}(x+3)\cdot(x-1) &= x^2+x-1\\ x^2-x+3x-3 &= x^2+x-1 \quad |-x^2\\ -x+3x-3 &= x-1\\ 2x-3 &= x-1 \quad |-x\\ x-3 &= -1 \quad |+3\\ x &= 2\\ L &= \{2\}\end{aligned}$$

ÜBEN

6. Bestimme die Lösungsmenge. Kontrolliere dein Ergebnis.
a) $3(x-4) = 6$
  $22 = -2(3x+1)$
  $(15-20x):5 = 7$
b) $4(x+3) - 2x = 22$
  $x + 5(18-x) = 46$
  $2(5a-1) - 3a = 19$
c) $4x + 3(1+2x) = 73$
  $(8a+1) - 2a = 124$
  $22x - (9-3x) = 41$

7. Löse die Gleichung. Führe auch die Probe durch.
a) $6(4+x) = 5(x-6) + 60$
b) $5(x-3) = 2(7-x) - 1$
c) $5x + 2(x-3) = -4(1-2x)$
d) $7x - 3(8+2x) = 6 - (3x-10)$
e) $3(7-2p) + 1 = 2{,}5(6-4p) + 23$
f) $5k + 4\left(\frac{1}{2}k - 6\right) = k + (12-2k)\cdot 2 + 12$
g) $0{,}2(5-3x) = 3(0{,}8x + 0{,}5) - 0{,}5$
h) $2(3x-4) - 3(5+x) = 2 - \frac{1}{2}(4x+6)$

8. Bestimme die Lösungsmenge. Führe auch die Probe durch.
a) $(x+3)^2 = (x-1)^2$
b) $(x+1)^2 = (x-2)\cdot(x+7)$
c) $(x-6)(x+6) = (x-8)^2$
d) $4x^2 - 12x + 1 = (2x-7)^2$
e) $(y-3)^2 = (y-5)\cdot(y+3) - y$
f) $(2a-4)^2 - 36 = (6-2a)^2$
g) $(x-11)^2 - (x+9)^2 = 0$
h) $(4-y)^2 + 6y = -(24-y^2)$

−1; 7; 1; 20;
5; 3; −5;
8; 6,25

zu 8.

9. a) Wenn ich 7 zu einer gedachten Zahl addiere und das Ergebnis mit 2 multipliziere, so erhalte ich das Vierfache der gedachten Zahl.
b) Vom Fünffachen einer gedachten Zahl subtrahiere ich das Doppelte der um 4 verminderten Zahl. Ich erhalte 41.
c) Wenn ich 6 zum Vierfachen einer gedachten Zahl addiere und das Ergebnis halbiere, so erhalte ich 5 weniger als das Dreifache der gedachten Zahl.

10. Durch Planänderungen ging von einem ursprünglich quadratischen Baugrundstück ein 2 m breiter Streifen für eine breitere Straße verloren. Nun soll an der benachbarten Seite für einen Spielplatz ein weiterer 6 m breiter Streifen abgetrennt werden. Durch beide Maßnahmen wird das Grundstück insgesamt um 204 m² kleiner. Berechne den ursprünglichen Flächeninhalt.

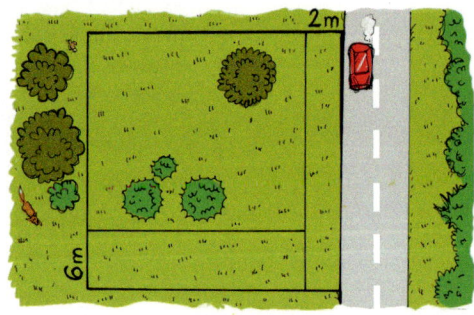

11. Bestimme den Wert für x. Führe die Probe durch.
a) $(2x-3) + (8x-7) = 40$
b) $(8x-5) - (3x-10) = 35$
c) $2(7x-5) - (6x+8) = 14$
d) $14x - (10x-6) = 12x - 2(8+3x)$

12. Bei diesen Aufgaben kann man die Lösung bestimmen, ohne die Klammern aufzulösen.
a) $4(x+3) = 28$
b) $(x+1):5 = -2$
c) $(z-3)\cdot 5 = 12$
d) $\frac{4}{5}(5x-5) = 40$

Gleichungen

13. Bestimme die Lösungsmenge.
a) $(2x+1)(3x-1) = 6x^2$
b) $(x-1)(x+6) = x^2 + 4x + 4$
c) $(6x+2)(x-3) = (3x+1)(2x-4) + 4$
d) $(3x-5)(3x+2) = (x-7)(9x+1) + 50$
e) $(x-8)(x+14) - (x+3)(x+2) = -1$
f) $(3x-4)(4x-3) - (5-2x)(7-6x) = 34$

zu 13.: 10; 1; 117; 2; 3; –1; –6; 1; 10; 1

14. Suche die Fehler in Michas Rechnung. Korrigiere dann.

$x^2 - (x+1)(x-3) = 7$
$x^2 - x^2 - 3x + x - 3 = 7$
$-2x - 3 = 7$
$-2x = 4$
$x = -2$
$L = \{-2\}$

Probe:
L. S.: $(-2)^2 - (-2+1)(-2+3) = 2$
R. S.: 7

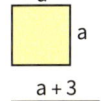

15. a) $(3a-4)(2a+1) - (6a^2 - 9) = 15$
b) $(-c+6)(4c-9) = 2 + 72c - 4c^2$
c) $(x+2)^2 = x^2 + 6x - 4$
d) $(x-5)^2 = (x-6)(x-4) + 1$

16. Wie heißt die Zahl?

a) Ich denke mir eine Zahl, subtrahiere 2 und multipliziere das Ergebnis mit der um 1 verringerten Zahl. Ich erhalte dasselbe Ergebnis, wenn ich vom Quadrat der gedachten Zahl 7 subtrahiere.

b) Zum Doppelten einer Zahl addiere ich 1 und multipliziere das Ergebnis mit dem um 1 verringerten Dreifachen der gedachten Zahl. Ich erhalte dann das Sechsfache des Quadrates der Zahl.

17. Steffi vergleicht ein Rechteck mit einem Quadrat (Angaben in cm) und stellt fest: Die Länge des Rechtecks übertrifft die Quadratseitenlänge um 3 cm. Die Breite des Rechtecks ist um 2 cm kleiner als die Quadratseitenlänge. Trotzdem haben Quadrat und Rechteck den gleichen Flächeninhalt.
Bestimme die Länge der Quadratseite.

18. Verkürzt man die längere Seite eines Rechtecks um 8 cm und verlängert die kürzere Seite um 4 cm, so erhält man ein zum Rechteck flächeninhaltsgleiches Quadrat.
Berechne die Länge der Quadratseite und die Länge der Seiten des ursprünglichen Rechtecks.

19. a) $\frac{1}{2}(4x+6) + 2(3x-2) = 3(3x-1) + 8(x-2)$
b) $2(1+7a) - (4-9a) - \frac{1}{3}(9+24a) + 5(a+1) = 0$
c) $3(2z-1) + \frac{1}{4}(32z-20) = (12z-4) - 2(1+z)$

zu 19.: 3; –1; 0; $\frac{1}{2}$; 2

20. Aus einem Draht der Länge 8 m soll ein Modell eines Quaders hergestellt werden. Die Länge ist doppelt so lang wie die Breite; die Höhe ist siebenmal so lang wie die Breite.
Bestimme Länge, Breite und Höhe.

21. Bei einem gleichschenkligen Dreieck sind die Schenkel um 3 cm länger als die Basis. Verdoppelt man alle Seitenlängen, so steigt der Umfang des Dreiecks um 25,5 cm.
Formuliere selbst eine Frage und beantworte sie.

Sonderfälle beim Lösen einer Gleichung

EINSTIEG

Anna hat sich ein Zahlenrätsel ausgedacht.

Ich denke mir eine Zahl. Zu ihrem Doppelten addiere ich 7, subtrahiere dann ihr Dreifaches und noch 8. Dasselbe Ergebnis erhalte ich, wenn ich von 4 die Zahl subtrahiere und anschließend noch 5 subtrahiere. Welche Zahl habe ich mir ausgedacht?

AUFGABE

1. Bestimme die Lösung.

a) $3(4x+8) = 2(12+6x)$ b) $6(8x-5) = 12(3+4x)$

Lösung

a) $3(4x+8) = 2(12+6x)$
$12x+24 = 24+12x$

Du erkennst: *Jede* rationale Zahl ist Lösung der Gleichung. Die Terme sind äquivalent. Setzt man irgendeine Zahl ein, beispielsweise 5, so erhält man auf beiden Seiten den gleichen Wert:
LS: $12 \cdot 5 + 24 = 84$
RS: $24 + 12 \cdot 5 = 84$
Jede Zahl ist Lösung der Gleichung.
$L = \mathbb{Q}$

b) $6(8x-5) = 12(3+4x)$
$48x-30 = 36+48x$

Du erkennst: *Keine* rationale Zahl ist Lösung der Gleichung. Auf der linken Seite wird von 48x die Zahl 30 subtrahiert, auf der rechten Seite 36 addiert. Setzt man irgendeine Zahl ein, beispielsweise 2, so erhält man stets verschiedene Werte:
LS: $48 \cdot 2 - 30 = 66$
RS: $36 + 48 \cdot 2 = 132$
Die Gleichung hat keine Lösung.
$L = \{\ \}$

INFORMATION

Es gibt Gleichungen, die keine Lösung haben, und auch Gleichungen, bei denen jede Zahl Lösung ist.

Beispiele: (1) $2x+3 = 2x+1$ hat keine Lösung, die Lösungsmenge ist leer: $L = \{\ \}$
(2) $2x+3x = 5x$ ist für jede Zahl wahr, die Lösungsmenge ist: $L = \mathbb{Q}$

FESTIGEN UND WEITERARBEITEN

2. a) Welcher Lösungsweg ist fehlerhaft? Sucht den Fehler. Begründet eure Antwort.

b) Betrachtet das Beispiel rechts. Ändert die Multiplikation mit x auf beiden Seiten die Lösung der Gleichung? Präsentiert euer Ergebnis.

$2x+5 = 1-2x \qquad |\cdot x$
$(2x+5) \cdot x = (1-2x) \cdot x$
Führe die Probe mit der Zahl 0 durch.

3. Bestimme die Lösungsmenge. Beende die Rechnung, sobald du die Lösungsmenge erkennst.
   a) x + 5 = x + 9
   b) 2x − 7 = 2x − 7
   c) 8x − 5 = 8x + 5
   d) 8x = 2x
   e) 2x + 4 = 3x + 4
   f) 2 − 4x = 7 − 4x
   g) 2(10x + 3) = 5(4x − 1) + 11
   h) (2x − 4) · 3 = 4(4 + 2x) − 2x
   i) −8(x + 3) + 2(12 + 4x) = 0

4. Bestimme die Lösungsmenge.
   a) 3x + 7 + 9x = 10 − 12x − 3
   b) 3w − 7 + 9w = 10 + 12w + 3
   c) 3x + 7 + 9x = 10 + 12x − 3
   d) 3p − 4,6 + 2p = 8p − 4,6 − 3p
   e) 10x − 13,5 − 30x = 11x − 13,5 − 30x
   f) 15a + 0,9 − 10a = 1,5 + 5a − 0,6

5. Überlege, welche Zahlen die Gleichung erfüllen.
   a) 2x = x + x
   b) x = x + 5
   c) x · x = −4
   d) 0 · x = 5
   e) 2(x − x) = 5
   f) 0 · x = 0
   g) x : (−1) = 0
   h) 2x + 1 = 2x
   i) 7x + 8 = 8 + 7x
   j) $x^2 = 0$
   k) $1 + \frac{x}{2} = \frac{1}{2}x + 1$
   l) 5 : x = 0

6. Multipliziere die Gleichung   a) 2x = x − 3   b) −5x = 6 − x   mit
   (1) 10,   (2) x,   (3) 5x
   Wann liegt eine zulässige Anwendung der Multiplikationsregel vor?

7. Kontrolliere, ob die Gleichungen fehlerfrei gelöst wurden.

Tom:
5x + 1 + 2x = 3x + 1
   7x + 1 = 3x + 1
         7x = 3x

Uta:
−2x + 7 − 3x = 3 + 5 + 4
        7 − 5x = 7 + 5x

Pit:
3 − 4x + 2 = x − 5x
    1 − 4x = −4x

8. Welche Gleichung gehört zu welcher Lösung? Ordnet zu.

a) 6x + 12 = 30 − 3x
b) 18x − 7 = 29x − 7
c) y + 9 · 3y = 2 − 2y
d) 1 − 4z = 4z − 1
e) 3(4x + 5) = 2(3 + 5x)
f) 15(2z + 6) − 4 = 6 · (5z) + 86
g) 12(7 − 3x) + 6 = 100 − 6 · (6x)
h) 5(3 − 2a) + 5 = −10 − 5 · (5a)
i) (3 − 2k) − (2k + 5) = 7 − 3k
j) 6(4 − 9x) − 18(3x − 2) = 60

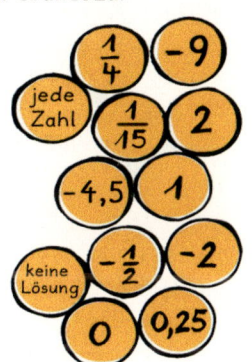

9. Lange Gleichung – einfache Lösung
   a) 5a − 8,3 + a + 4,9 − 12a + 11,5 + 3a + 1 + 6a − 9,1 + a + 12 = 0
   b) 7,5r − 4,25 − 2,8r + 9,03 − 8,3r − 11,6 + 0,2r + 0,37 − 2,2r − 4,75 = 0

10. Bestimme die Lösungsmenge.
   a) $\frac{1}{2}x - 4 = 6$
   b) $\frac{x}{4} = 21$
   c) $\frac{1}{3}(x - 9) = 3$
   d) $1 - \frac{1}{5}x = \frac{1}{5}$
   e) 2 · (x − 1) = 2 + 2x
   f) $4x - \frac{1}{2} + x = 5 \cdot \left(x + \frac{1}{2}\right) + 2$

LÖSEN VON SACHAUFGABEN MITHILFE VON GLEICHUNGEN

Lösen von Sachaufgaben mithilfe einer Gleichung

EINSTIEG

In einem Viereck ist der Winkel γ dreimal so groß wie der Winkel α. Der Winkel β ist doppelt so groß wie α und der Winkel δ ist 10° größer als der Winkel α.

▶▶ Zeichne ein Viereck, bei dem die Winkel die gewünschten Bedingungen erfüllen.

AUFGABE

1. Aus einem 120 cm langen Stück Draht soll ein Rechteck hergestellt werden.
Die längere Seite soll 14 cm länger als die kürzere sein.
Wie lang ist die kürzere Seite? Berechne auch die längere Seite.

Lösung

(1) *Fertige eine Skizze an, lege die gesuchte Größe fest.*
Stelle die Gleichung auf.
Wir rechnen nur mit den Maßzahlen.
Länge der kürzeren Seite (in cm): x
Länge der längeren Seite (in cm): x + 14
Umfang des Rechtecks: 2x + 2(x + 14) = 120

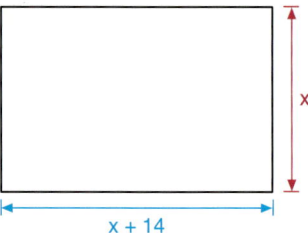

(2) *Bestimme die Lösung der Gleichung.*
$2x + 2(x + 14) = 120$
$2x + 2x + 28 = 120 \quad | -28$
$4x = 92 \quad | :4$
$x = 23$
$L = \{23\}$

(3) *Führe die Probe am Aufgabentext durch.*
Ein Rechteck mit den Seitenlängen 23 cm und 23 cm + 14 cm, also 37 cm, hat den Umfang:
u = 2 · (23 cm + 37 cm) = 2 · 60 cm = 120 cm

(4) *Notiere einen Antwortsatz.*
Die kürzeren Seiten des Rechtecks sind jeweils 23 cm, die längeren jeweils 37 cm lang.

FESTIGEN UND WEITERARBEITEN

2. *Prüfen, ob eine Lösung der Gleichung auch eine sinnvolle Lösung der Aufgabe ist.*
In einem Dreieck soll die kleinste Seite 6 cm kürzer sein als die mittlere und diese wieder 6 cm kürzer als die längste. Der Umfang des Dreiecks soll 30 cm betragen.
Versuche, das Dreieck zu zeichnen.

INFORMATION

Strategie bei der Lösung einer Sachaufgabe
(1) Fertige, wenn möglich, eine Zeichnung (Skizze) an und trage die gegebenen Größen ein.
Lege die Bedeutung der Variablen fest.
(2) Stelle eine Gleichung auf und bestimme die Lösung.
(3) Prüfe am Aufgabentext, ob die Lösung der Gleichung auch eine sinnvolle Lösung der Aufgabe ist.
(4) Notiere einen Antwortsatz.

3. Ein Rechteck hat einen Umfang von 68 cm. Die längere Seite ist 4 cm länger als die kürzere Seite. Berechne die Seitenlängen des Rechtecks.

4. Drücke mithilfe einer Gleichung aus.
a) Die Seite a ist doppelt so lang wie die Seite b.
b) Der Winkel α ist 17° größer als der Winkel β.
c) Die Seiten a und b sind zusammen 11 cm länger als die Seite c.

5. Zeichne das Dreieck.
a) In einem gleichschenkligen Dreieck ist jeder Schenkel dreimal so lang wie die Basis. Der Umfang des Dreiecks beträgt 28 cm.
b) In einem Dreieck ist die mittlere Seite 2,2 cm länger als die kürzeste und 3,5 cm kürzer als die längste Seite. Der Umfang des Dreiecks ist 23,8 cm.

6.

Autoverleih ›Blitz‹
18,50 € pro Tag und
0,25 € pro gefahrenen Kilometer

Herr Schnell hat sich für einen Tag ein Auto geliehen und muss bei der Rückgabe 82,75 € bezahlen.
Wie viele Kilometer ist er gefahren?

7.

In einem Viereck ist der größte Winkel dreimal so groß wie der kleinste Winkel. Der dritte Winkel ist 15° kleiner als der größte Winkel und der vierte Winkel ist halb so groß wie der dritte Winkel.
Zeichne ein Viereck, bei dem die Winkel die gewünschten Bedingungen erfüllen.

8. Paul möchte für sein Meerschweinchen einen rechteckigen Freilauf bauen. Er hat eine Rolle Maschendraht gefunden. Auf ihr sind noch 18 m Draht von 40 cm Breite aufgerollt.
a) Welche Abmessungen könnte der Freilauf haben?
b) Sind alle möglichen Lösungen sinnvoll? Begründe.

9. Eine Mutter ist heute 42 Jahre, ihre Tochter 14 Jahre alt.
a) In wie vielen Jahren wird die Tochter halb so alt wie ihre Mutter sein?
b) Vor wie vielen Jahren war die Mutter 8-mal so alt wie ihre Tochter?

10. Ein Vater und seine Tochter sind heute zusammen 50 Jahre alt. In 5 Jahren wird der Vater dreimal so alt wie seine Tochter sein.
Wie alt sind Vater und Tochter heute?

11.

Heute bin ich doppelt so alt wie Nikolai.

Vor 4 Jahren war Luisa sogar viermal so alt wie Nikolai.
Wie alt sind die beiden heute?

Kapitel 3

Bewegungsaufgaben

EINSTIEG

Die Geschwister Lisa und Peter gehen gemeinsam den 1,5 km langen Weg von der Schule nach Hause. Sie benötigen dafür 20 Minuten.

» Gib an, wieviel Meter die beiden auf ihrem Nachhauseweg in einer Minute zurücklegen.

» Wie schnell müssten sie gehen, um in 15 Minuten zu Hause zu sein?

AUFGABE

1. Augsburg und Frankfurt sind 360 km voneinander entfernt. Von Augsburg fährt ein Auto mit der durchschnittlichen Geschwindigkeit 80 $\frac{km}{h}$ in Richtung Frankfurt. Zum gleichen Zeitpunkt startet ein Auto von Frankfurt in Richtung Augsburg mit der durchschnittlichen Geschwindigkeit 100 $\frac{km}{h}$. Wie lange dauert es, bis sich beide Autos treffen?

Lösung

(1) *Fertige eine Skizze an und lege die Bedeutung der Variablen fest.*

Die Variable t gibt die Zeit (in Stunden) an, die bis zum Aufeinandertreffen der beiden Fahrzeuge vergeht.
Der Pkw 1, der in Augsburg startet, fährt mit einer Geschwindigkeit von 80 $\frac{km}{h}$. Also hat er in t Stunden den Weg t · 80 (km) zurückgelegt.
Der Pkw 2 ist von Frankfurt aus den Weg t · 100 (km) gefahren.

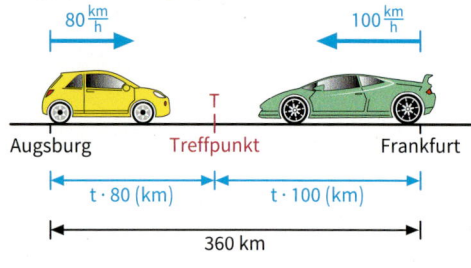

(2) *Aufstellen einer Gleichung und Bestimmen der Lösungsmenge.*

Die beiden Wegstrecken, die die Fahrzeuge zusammen zurücklegen, entsprechen der Entfernung von Augsburg bis Frankfurt.
Wir erhalten die Gleichung: 80 · t + 100 · t = 360.
Die Lösungsmenge der Gleichung ist L = {2}.

(3) *Überprüfung der Lösung und Formulierung eines Antwortsatzes.*

Beide Fahrzeuge begegnen sich nach zwei Stunden. Pkw 1 ist dann von Augsburg aus 160 km gefahren. Der Pkw 2 ist von Frankfurt 200 km entfernt.

FESTIGEN UND WEITERARBEITEN

2. *Ein weiterer Typ von Bewegungsaufgaben*

a) Auf der A3 fährt von Passau ein Auto mit der durchschnittlichen Geschwindigkeit 100 $\frac{km}{h}$. Eine halbe Stunde später fährt ein zweites Auto hinter dem ersten her mit der durchschnittlichen Geschwindigkeit 120 $\frac{km}{h}$.
Wie lange dauert es, bis das zweite Auto das erste eingeholt hat?
Erkläre die nebenstehende Zeichnung und stelle eine Gleichung auf.

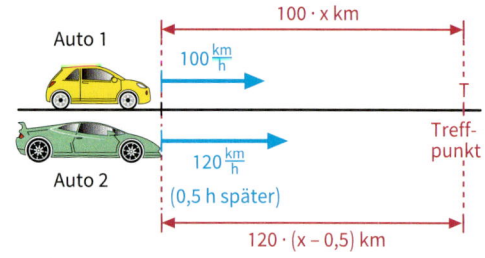

b) Wie weit ist der Treffpunkt von Passau entfernt?

3. Ein Flugzeug fliegt um 10 Uhr morgens von Nürnberg nach Zürich mit der Geschwindigkeit 480 $\frac{km}{h}$. Um 10:10 Uhr fliegt ein anderes Flugzeug von Zürich nach Nürnberg. Seine Geschwindigkeit ist 320 $\frac{km}{h}$. Die beiden Flughäfen sind 300 km voneinander entfernt.
  a) Um wie viel Uhr begegnen sich beide Flugzeuge?
  b) Wie viel Kilometer hat jedes Flugzeug noch vor sich?

4.

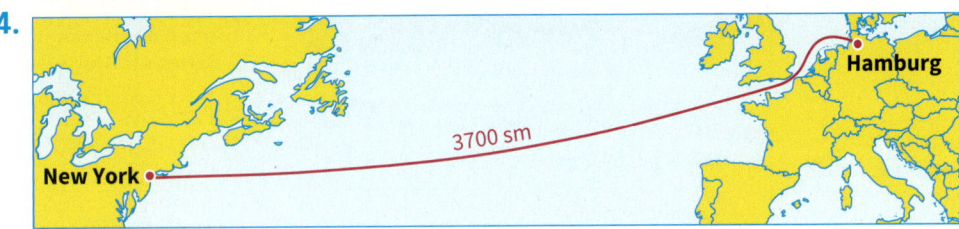

1 sm = 1,852 km

Der Seeweg von New York nach Hamburg ist 3700 Seemeilen (sm) lang. $1\frac{1}{2}$ Tage nach dem Auslaufen eines Frachtschiffes mit der Geschwindigkeit 21 Knoten ($21\frac{sm}{h}$) aus dem New Yorker Hafen folgt ein Containerschiff mit der Geschwindigkeit 28 Knoten ($28\frac{sm}{h}$).
  a) Wie lange dauert es, bis das Containerschiff das Frachtschiff eingeholt hat?
  b) Wie viele Seemeilen vor Hamburg treffen sich die beiden Schiffe?

Mischungsaufgaben

Für ein Klassenfest möchten die Schülerinnen und Schüler der 8b aus Apfelsaft und Mineralwasser Apfelschorle mischen. Sie haben 2 Liter Apfelsaft für 2,90 € und 1,4 Liter Mineralwasser für 1,18 € gekauft. Sie möchten die Apfelschorle in 0,2-l-Gläsern anbieten.

» Berechne die Anzahl der Gläser, die mit der Apfelschorle gefüllt werden können.
» Zu welchem Preis sollte ein Glas Apfelschorle verkauft werden?

1. Aus 500 g Haselnüssen zu 11 € pro kg und 700 g Erdnüssen zu 8 € pro kg soll eine Nussmischung hergestellt werden. Wie viel kostet 1 kg der Nussmischung?

Lösung

(1) *Fertige eine Tabelle an und stelle eine Gleichung auf.*
Die gegebenen Größen werden in die nachstehende Tabelle eingetragen.
x soll der Preis (in €) pro kg der Nussmischung sein. Dann kann man die Tabelle ergänzen. Dabei wurden die Kosten für den Arbeitsaufwand nicht berücksichtigt.

	Masse (in kg)	Preis pro kg (in €)	Preis absolut (in €)
Haselnüsse	0,5	11	0,5 · 11
Erdnüsse	0,7	8	0,7 · 8
zusammen	1,2	x	1,2 · x = 0,5 · 11 + 0,7 · 8

Beachte: Der Geldbetrag vor und nach der Mischung ist gleich.

(2) *Aufstellen einer Gleichung und Bestimmen der Lösungsmenge.*
Die Tabelle liefert die Gleichung $1{,}2 \cdot x = 0{,}5 \cdot 11 + 0{,}7 \cdot 8$

$1{,}2\,x = 0{,}5 \cdot 11 + 0{,}7 \cdot 8$
$1{,}2\,x = 11{,}10 \qquad |:1{,}2$
$x = 9{,}25$

Die Lösungsmenge der Gleichung ist L = {9,25}.

(3) *Formulierung eines Antwortsatzes.*
Die Nussmischung kostet 9,25 € pro kg.

FESTIGEN UND WEITERARBEITEN

2. *Ein weiterer Typ von Mischungsaufgaben – umgekehrte Fragestellung*

Eine Getränkefirma erhält zwei Zulieferungen von Fruchtnektar: 50 %igen und 90 %igen. Von dem 90 %igen Fruchtnektar erhält sie 5000 ℓ. Es soll 75 %iger Fruchtnekar hergestellt werden. Wie viel Liter 50 %igen Fruchtnektar muss zu dem 90 %igen hinzugegossen werden? Benutze die folgende Tabelle.

Anleitung: Die Anzahl der Liter des *reinen* Fruchtsafts vor und nach dem Mischen ist gleich.

	Volumen (in ℓ)	Anteil des reinen Saftes als Bruch	Volumen des reinen Saftes (in ℓ)
90 %iger Nektar	5000	$\frac{90}{100}$	
50 %iger Nektar		$\frac{50}{100}$	
zusammen		$\frac{75}{100}$	

INFORMATION

Aufstellen der Gleichung bei Mischungsaufgaben

Die Gleichung zum Lösen von Mischungsaufgaben ergibt sich stets daraus, dass vor und nach dem Mischen etwas gleich geblieben ist.

Beispiele:
(1) Bei der Aufgabe 1 ist der Geldbetrag vor und nach dem Mischen gleich.
(2) Bei der Aufgabe 2 ist das Volumen des reinen Saftes vor und nach dem Mischen gleich.

ÜBEN

3. 500 ℓ eines Getränks besteht zu 70 % aus Fruchtsaft und wird mit 800 ℓ einer anderen Getränkesorte gemischt. Die Mischung hat einen Fruchtsaftgehalt von 60 %.
Wie viel Prozent Fruchtsaft enthält die zweite Sorte?

4. Aus 400 g gewürfeltem Feta mit einem Fettgehalt von 45 % soll durch Mischen mit Frischkäse ein Brotaufstrich mit einem Fettgehalt von 30 % hergestellt werden.
a) Wie viel g Frischkäse mit einem Fettanteil von 20 % muss man hinzugeben?
b) Es werden 1,6 kg des Brotaufstrichs mit einem Fettgehalt von 30 % benötigt.
  Wie viel Prozent Fettanteil muss der zugegebene Frischkäse haben?
c) Welcher Kilopreis ergibt sich für den Brotaufstrich in Teilaufgabe a), wenn 1 kg Feta 16 € und 1 kg 20 %iger Frischkäse 4 € kosten?
d) Welchen Kilopreis hat der Frischkäse in Teilaufgabe b), wenn der Kilopreis des Brotaufstrichs zu 8,50 € berechnet wurde?

5. Die Münze rechts zeigt Wilhelm I., deutscher Kaiser von 1871–1888. Das Zwanzigmarkstück wog etwa 8 g und wurde aus einer Legierung hergestellt, die zu 90 % aus reinem Gold und zu 10 % aus unendleren Metallen, z. B. Kupfer besteht.
Wie viele solcher Münzen müssen mit 500 g Kupfer zusammen geschmolzen werden, damit die Legierung zu 70 % aus Gold besteht?

UMSTELLEN VON FORMELN

EINSTIEG

In einem gleichschenkligen Dreieck ist die Winkelgröße γ gegeben.

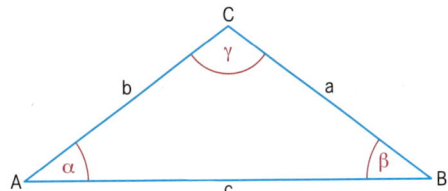

» Berechne das Winkelmaß α für:
(1) γ = 50°;   (2) γ = 60°;   (3) γ = 86°.

» Stelle eine Formel für das Winkelmaß α auf.

AUFGABE

1. Für die Geschwindigkeit v einer gleichförmigen Bewegung gilt: $v = \frac{s}{t}$.
Stelle die Formel nach t um und berechne die Zeit, die ein Auto bei einer Durchschnittsgeschwindigkeit von 80 $\frac{km}{h}$ für eine Entfernung von (1) 200 km, (2) 140 km benötigt.

Lösung

Wir stellen die Formel nach t um:

$v = \frac{s}{t}$ | · t

$v \cdot t = s$ | : v

$t = \frac{s}{v}$

Einsetzen der gegebenen Werte für v und s:

(1) $t = \frac{200 \, km}{80 \, \frac{km}{h}} = 2{,}5 \, h = 2 \, h \, 30 \, min$ (2) $t = \frac{140 \, km}{80 \, \frac{km}{h}} = 1{,}75 \, h = 1 \, h \, 45 \, min$

Ergebnis: Für eine Entfernung von 200 km wird eine Zeit von 2 h 30 min, für die Entfernung 140 km eine Zeit von 1 h 45 min benötigt.

FESTIGEN UND WEITERARBEITEN

2. a) Welche Umformungen wurden gemacht?

(1) $4 \cdot a = u$	(2) $A = a \cdot b$	(3) $u = a + b + c$	(4) $u = a + 2b + c$
$a = \frac{u}{4}$	$\frac{A}{a} = b$	$c = u - a - b$	$a = u - (2b + c)$

b) Auf welche Figuren könnten sich die Formeln aus Teilaufgabe a) beziehen?

3. a) Stelle eine Formel für den Umfang u der Figur auf.
b) Stelle nach jeder auftretenden Variable um.
c) Berechne mit den Formeln aus Teilaufgabe b) die fehlende Länge.
(1) a = 7,5 cm; b = 11 cm
(2) u = 64 cm; b = 7 cm
(3) u = 53 cm; a = 4,5 cm
(4) u = 84 cm; b = 2a

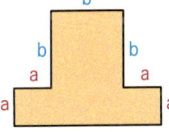

4. Für den Flächeninhalt A eines Dreiecks gilt: $A = \frac{g \cdot h}{2} = \frac{1}{2} \cdot g \cdot h$
a) Stelle die Formel nach g und nach h um.
b) Ein Dreieck hat den Flächeninhalt 33 cm². Eine Seite ist 7,5 cm lang. Berechne die zugehörige Höhe.
c) Ein Dreieck hat den Flächeninhalt 39 cm², die Länge der Höhe h beträgt 6,5 cm. Berechne die Länge der Grundseite g.

5. a) Für den Umfang eines Parallelogramms gilt: $u = 2a + 2b$.
  Stelle nach b um.
b) Für den Flächeninhalt des Parallelogramms gilt:
  $A = a \cdot h_a$.
  Stelle nach
  (1) der Variable a,
  (2) der Variable h_a um.
c) Rechts wurde falsch umgeformt. Berichtige.

ÜBEN

6. Für das Volumen eines Quaders gilt: $V = a \cdot b \cdot c$.
Stelle jeweils nach den Variablen a, b und c um.
Berechne die fehlende Größe für:
(1) $V = 300\,cm^3$; $b = 3\,cm$; $c = 8\,cm$;
(2) $V = 720\,cm^3$; $a = 25{,}0\,cm$; $c = 4{,}5\,cm$.

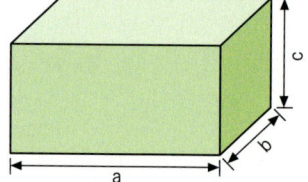

7. Die Formel für die gesamte Kantenlänge eines Quaders lautet: $k = 4 \cdot a + 4 \cdot b + 4 \cdot c$.
a) Begründe die Formel.
b) Stelle nach a, b und c um.
  Bilde selbst Zahlenbeispiele.

8. Max hat umgeformt. Berichtige seine Fehler.

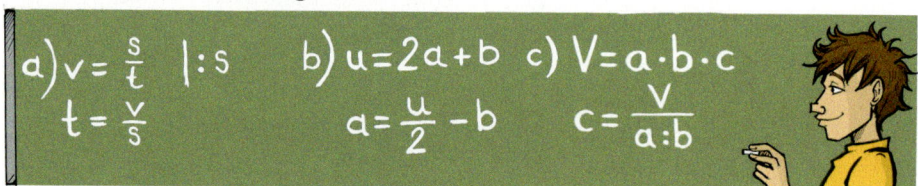

Dichte
Stahl: $7{,}8\,\frac{g}{cm^3}$
Aluminium: $2{,}7\,\frac{g}{cm^3}$

9. Für die Dichte ρ gilt: $\rho = \frac{m}{V}$.
a) Ein Holzwürfel mit der Kantenlänge 6 cm hat eine Masse von 86,4 g.
  Berechne seine Dichte.
b) Stelle die Formel für die Dichte nach m um.
  Bestimme die Masse einer 4,5 cm³ großen Stahlkugel.
c) Stelle die Formel für die Dichte nach V um.
  Bestimme das Volumen einer 67,5 g schweren Aluminiumkugel.

10. Stelle die Formel nach der Variablen x um.
a) $y = mx$
b) $y = x - b$
c) $e = -x + q$
d) $z = kx - l$
e) $s = -mx - n$
f) $y = t(7x + b) - r$

11. a) Erstelle eine Formel für den Umfang u der Figur.
  Stelle die Formel nach a und nach b um.
b) Berechne die Seitenlängen a und b für $u = 72\,cm$.
  Welchen Zusammenhang zwischen a und b musst du
  dabei berücksichtigen?
c) Erstelle ein Formel für die Berechnung von u nur mithilfe
  (1) der Variablen a;
  (2) der Variablen b.

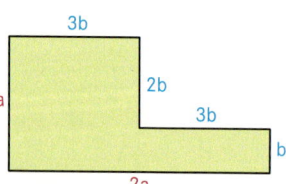

PUNKTE SAMMELN ☆☆☆☆☆☆☆ 85

★★
Jede Seite eines Blumenbeetes soll um 3 m verlängert werden.
Der Flächeninhalt ändert sich um 57 m².
Wie lang sind die ursprünglichen Seiten des Beetes?

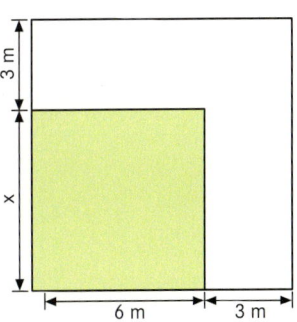

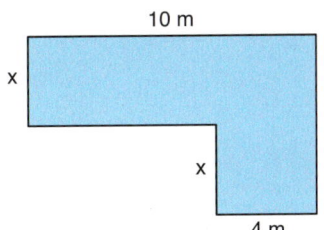

★★★
Der Boden eines L-förmigen Schwimmbeckens ist 70 m² groß.
Bestimme den Umfang des Beckens.

★★★★
Im Stadtpark soll ein U-förmiger Gehweg gebaut werden, der dann mit Randsteinen eingefasst wird.
Die Kosten belaufen sich auf 18,50 € pro Meter.
Berechne die Kosten für die Einfassung.

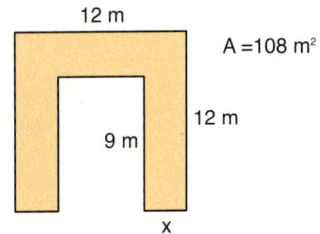

★★
Wenn man zu einer Zahl 4 addiert, erhält man das Doppelte der Zahl vermindert um 3.

★★★
Zum 5-Fachen einer Zahl wird 8 addiert. Wenn man diese Summe verdoppelt, erhält man das 12-Fache der Zahl vermindert um 8.

★★★★
Wenn man vom 3-Fachen einer Zahl 4 subtrahiert und das Ergebnis mit 3 multipliziert, erhält man dasselbe, wie wenn man vom 5-Fachen der Zahl 3 subtrahiert und das Ergebnis durch 3 dividiert.

VERMISCHTE UND KOMPLEXE ÜBUNGEN

1. Bestimme die Lösung.
a) $(2 + y) \cdot 4 = -4y$
b) $9(a - 4) = 6(3 + 2a)$
c) $8x - (x - 3) = -4$
d) $(9x - 1) - (1 - 4x) = (2x + 8) + (9x + 10)$

2.
a) $-6(4x - 33) + 3(7x + 16) = 10(2x + 4) + 2(6x - 37)$
b) $3(2x - 3) = 7(3x - 21) + 4(3x - 1) - 4(x + 5) + 1$
c) $25y - 1{,}5(4y - 7) - 2(5y + 8) = -1{,}5 + 5(y - 8)$

3. Gib jeweils drei Gleichungen an, die die angegebene Lösung haben. Benutze auch Klammern.
a) $L = \{5\}$
b) $L = \{-7\}$
c) $L = \{2{,}5\}$
d) $L = \left\{\dfrac{1}{4}\right\}$
e) $L = \{-0{,}9\}$

4.
a) Wenn man 5 zu einer Zahl addiert und die Summe mit 6 multipliziert, erhält man das 12-Fache der Zahl vermindert um 12.
b) Vom 4-Fachen einer Zahl wird 6 subtrahiert. Wenn man diese Differenz verdoppelt, erhält man das 6-Fache der Zahl vermindert um 5.
c) Subtrahiert man 12 vom Doppelten einer Zahl und quadriert das Ergebnis, so erhält man dasselbe, wie wenn man die Zahl mit sich selbst multipliziert und das Ergebnis vervierfacht.
d) Wenn man 5 zu einer Zahl addiert und das Ergebnis mit 6 multipliziert, erhält man dasselbe, wie wenn man 2 vom Doppelten der Zahl subtrahiert und das Ergebnis halbiert.

5. Müllers Baugrundstück hat die Form eines Quadrates. Durch eine Änderung des Bebauungsplanes muss an den beiden an die Straße grenzenden Seiten ein 2 m breiter Streifen abgegeben werden.
Dadurch wird das Grundstück um 120 m² kleiner.
Berechne den neuen Flächeninhalt des Grundstücks.

6. Familie Huber und Familie Allinger haben sich auf dem Radweg entlang der Großen Laber verabredet. Beide Familien haben sich mit dem Handy abgesprochen und starten um 10:00 Uhr. Familie Hubert startet in Regensburg und fährt mit durchschnittlich 22 $\frac{km}{h}$ entlang der Donau zur Großen Laber. Familie Allinger startet im 70 km entfernten Schierling und fährt mit durchschnittlich 18 $\frac{km}{h}$ entlang der Großen Laber Richtung Regensburg.
a) Stelle eine Gleichung auf und berechen, zu welcher Uhrzeit sich die beiden Familien treffen.
b) Gib die Entfernung des Treffpunktes von Regensburg und von Schieling an.

7. Verdoppelt man die eine Seitenlänge eines Quadrates und verkürzt die andere um 2 cm, so ist der Flächeninhalt 12 cm² kleiner als der doppelte Flächeninhalt des ursprünglichen Quadrates.
Wie lang sind die Seiten des Quadrates?

8. Für ein Jahrgangsfest haben Lisa und Jonathan eine besondere Lakritzmischung zusammengestellt. Dazu haben sie 1,5 kg einer Sorte A zum Preis von 0,40 € pro 100 g und von einer Sorte B 2,5 kg zum Preis von 0,20 € pro 100 g gekauft und gemischt.
Berechne den Preis für 100 g der Mischung.

Die Oberfläche des Quaders beträgt 76,54 cm². Versuche durch systematisches Probieren die Kantenlänge zu ermitteln.
Du kannst auch ein Tabellenkalkulationsprogramm benutzen.

9.

Florian hat zusammen mit Tim eine Formel für das Volumen des Körpers hergeleitet:
$V = x^3 + 4x^2 + 4x$
Prüfe, ob die Formel richtig ist. Begründe.

Stelle eine Formel zur Berechnung des Oberflächeninhaltes des Quaders auf. Vereinfache diese soweit wie möglich.

Berechne die Größe der Oberfläche für $x = 3$.

10. Bestimme die Lösung. Führe auch die Probe durch.
a) $7(2x - 2) = 6(4x + 7)$
b) $8(2x - 3) - 6 = 4x + 30$
c) $(x + 2)(x + 1) = x^2 + 5$
d) $(x + 4)(x + 3) = (x + 5)(x + 2)$
e) $(x + 9)(x + 1) = (x + 5)^2$
f) $(x - 3)^2 = x^2 + 3$
g) $(2 - x)^2 = (2 + x)^2$
h) $(x - 4)^2 = (x - 4)(x + 4) - 2(x + 2)$

11. Der Flächeninhalt der rechts abgebildeten Rechtecke ist gleich. Berechne die Seitenlängen und den Flächeninhalt der Rechtecke (Maße in cm).

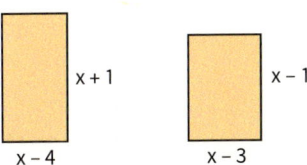

12. Elias: „Sage mir dein Ergebnis, und ich sage dir, welche Zahl du dir gedacht hast."
a) Denke dir eine Zahl. Verdopple sie. Addiere 5. Multipliziere mit 5. Subtrahiere 5. Dividiere schließlich durch 5.
b) Denke dir eine Zahl. Verzehnfache sie. Subtrahiere 10. Verdopple. Addiere 10. Dividiere schließlich durch 10.

13. Stelle eine Formel für den Flächeninhalt A auf.

a)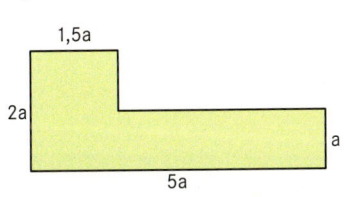
b)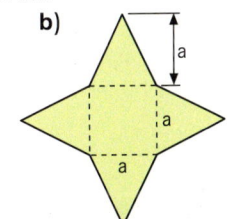
c)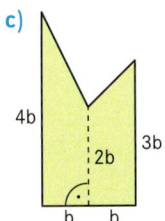

WAS DU GELERNT HAST

Lösen von Gleichungen

Lösung einer Gleichung

Wenn sich beim Einsetzen einer Zahl auf beiden Seiten der Gleichung derselbe Wert ergibt, so ist die Zahl eine Lösung der Gleichung.

-1 ist eine Lösung der Gleichung $x^2 = x + 2$,
denn $(-1)^2 = -1 + 2$
$\quad\quad\quad 1 = 1$ (wahr)

Lösen durch Umformen

(1) Addiert oder subtrahiert man auf beiden Seiten einer Gleichung dieselbe Zahl, so ändert sich die Lösung nicht.

(2) Multipliziert man beide Seiten einer Gleichung mit derselben Zahl oder dividiert man beide Seiten durch dieselbe Zahl (jeweils ungleich 0), so ändert sich die Lösung nicht.

$3x \quad\quad = 35 - 4x \quad\quad | + 4x$ ⟵ Zusammenfassen
$3x + 4x = 35 - 4x + 4x$
$7x \quad\quad = 35 \quad\quad\quad\quad | :7$
$7x : 7 \quad = 35 : 7$
$x \quad\quad\, = 5$
$L = \{5\}$

Ziel der Umformungen ist es, dass die Variable auf einer Seite alleine steht.

Mit einer Probe kann man überprüfen, ob die Zahl Lösung der Gleichung ist.

Probe:
$3 \cdot 5 = 35 - 4 \cdot 5$
$15 = 35 - 20$
$15 = 15$

Gleichungen mit Klammern

Lösen durch Umformen

Bei Gleichungen mit Klammern werden zunächst die Klammern aufgelöst. Anschließend wird die Gleichung so umgeformt, bis die Variable auf einer Seite alleine steht.

$18 - (5 - 2x) = 9$ ⟵ Auflösen der Klammer

$18 - 5 + 2x = 9$ ⟵ Zusammenfassen

$13 + 2x = 9 \quad\quad | -13$ ⟵ Sortieren
$2x = -4 \quad\quad | :2$ ⟵ Isolieren
$x = -2$
$L = \{-2\}$

Sonderfälle

(1) *Jede* Zahl aus der Grundmenge G ist Lösung der Gleichung.

(1) $\quad 7x - 4x + 4 = 3x + 4$
$\quad\quad\quad 3x + 4 = 3x + 4 \quad\quad | -3x$
$\quad\quad\quad\quad\quad 4 = 4$ (w)
$\quad\quad\quad\quad\quad L = \mathbb{Q}$

(2) Die Gleichung hat *keine* Lösung.

(2) $\quad y + 5 = y + 9 \quad\quad | -y$
$\quad\quad\quad 5 = 9$ (keine Lösung)
$\quad\quad\quad L = \{\ \}$

Umstellen von Formeln

Formeln kann man mithilfe der Umformungsregeln für Gleichungen umstellen.

$A = \frac{1}{2} \cdot g \cdot h \quad\quad | \cdot 2$
$2 \cdot A = g \cdot h \quad\quad | :g$
$h = \frac{2 \cdot A}{g}$

BIST DU FIT?

1. Bestimme die Lösungsmenge. Mache auch die Probe.
- a) $3x + 7 = -2x - 18$
- b) $7(x + 1) = -28$
- c) $(2 - y) \cdot 4 = -6y$
- d) $9(a - 4) = 6(3 + 2a)$
- e) $8x - (x - 3) = -4$
- f) $(x + 1)(x - 2) = x^2 - (x + 2)$
- g) $(x + 4)(x - 3) = x(x + 5)$
- h) $(2x - 1)(6x + 3) = (3x + 2)(4x - 1)$
- i) $(x + 5)^2 = (x + 3)^2$
- j) $(x - 4)^2 - 2(x + 2)^2 = -22 - x(x + 6)$

2. Wie heißt die Zahl?

a) Wenn ich von der Zahl 8 subtrahiere und das Ergebnis mit 3 multipliziere, so erhalte ich dasselbe, wenn ich vom Doppelten der Zahl 14 subtrahiere.

b) Wenn ich die um 1 verkleinerte Zahl quadriere und das Ergebnis um 3 erhöhe, so erhalte ich dasselbe, wenn ich die Zahl selbst quadriere und das Ergebnis um 1 erhöhe.

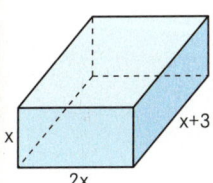

3. a) Gib für den abgebildeten Quader eine Formel für die Gesamtlänge l der Kanten an. Vereinfache die Formel soweit wie möglich.
b) Berechne die Gesamtkantenlänge für $x = 4$ cm.
c) Die Gesamtkantenlänge beträgt 52 cm. Berechne x.

4. a) Bestimme die Lösungsmenge.
(1) $2 \cdot (3x + 4) = 9 + 6x$ (2) $6x - 12 + 8x = 6 - 6(3 - 2x) + 2x$
b) Gib jeweils eine Gleichung an, die
(1) keine Zahl,   (2) jede Zahl als Lösung hat.

5. Das abgebildete Trapez besitzt einen Flächeninhalt von 45 cm². Berechne die Länge der beiden Grundseiten (Maße in cm).

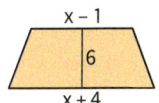

6. Verlängert man jede Seite eines Quadrates um 3 cm, so vergrößert sich der Flächeninhalt um 57 cm².
a) Gib den Umfang des neuen Quadrates an.
b) Berechne den Flächeninhalt des ursprünglichen Quadrates.

7. Die beiden Seiten des Rechtecks (Maße in m) werden jeweils um 2 m verlängert. Berechne Länge und Breite des neuen Rechtecks, wenn es 10 m² größer als das ursprüngliche Rechteck sein soll.

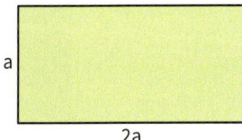

8. Herr Stadler startet mit seinem Lkw mit einer durchschnittlichen Geschwindigkeit von $80 \frac{km}{h}$ von Würzburg Richtung Norden. Eine halbe Stunde später stellt Frau Stadler fest, dass ihr Mann ein wichtiges Paket vergessen hat. Sie weiß, dass ihr Mann nach 120 km auf einer Raststätte anhalten wird. Mit welcher Durchschnittsgeschwindigkeit muss Frau Stadler fahren, damit sie gleichzeitig mit ihrem Mann die Raststätte erreicht?

9. Eine Getränkefirma erhält 5 000 ℓ 40 %igen Kirschsaft. Er soll zu 50 %igen Kirschsaft gemischt werden. Berechne das Volumen an 75 %igen Kirschsaft, der dazu gemischt werden muss.

KAPITEL 4
RAUMGEOMETRIE

Heinz Mack: „Zwei Licht-Prismen", 2002, Centrum Bank Vaduz

Prismen aus Glas

Die „Licht-Prismen" stehen vor einer Bank in Vaduz (Liechtenstein). In der Tag- und Nachtwirkung ergeben sich unterschiedliche Lichteffekte.

›› Beschreibe die Kunstwerke. Welche Eigenschaften haben sie? Was kann man über Formen und Flächen sagen?

Besonders gut kann man Lichteffekte bei kleinen dreiseitigen Prismen untersuchen.

›› Beschreibe, was du im Bild links beobachten kannst.

Geometrische Formen bei Verpackungen

Prismen müssen nicht immer aus Glas sein. Mit „Prisma" bezeichnet man ganz allgemein bestimmte Körper. Alle Körper im Bild oben sind Prismen.

» Welche gemeinsamen Eigenschaften haben die Prismen?
» Nenne auch Unterschiede.

Cheops-Pyramide

Die Cheops-Pyramide wurde etwa um 2600 v. Chr. gebaut. Dazu mussten 2,5 t schwere quaderförmige Steinblöcke herangeschafft und verarbeitet werden.

» Erkundige dich z. B. im Internet, welche Bedeutung die Pyramiden im alten Ägypten hatten.
» Die Cheops-Pyramide hatte ursprünglich eine Masse von fast 8 Mio. Tonnen. Schätze ab, wie viele Steinblöcke ungefähr verbaut wurden.
» Die Pyramide ist ca. 140 m hoch. Mit einer maßstabsgetreuen Zeichnung kannst du herausbekommen, unter welchem Winkel die Seitenkanten, die ungefähr 220 m lang sind, ansteigen.

> **IN DIESEM KAPITEL LERNST DU ...**
> ... *Grundbegriffe der Raumgeometrie kennen.*
> ... *wie man Schrägbilder von Prismen und Pyramiden zeichnet.*
> ... *wie man mithilfe von Stützdreiecken Streckenlängen und Winkelmaße in wahrer Größe ermitteln kann.*

GRUNDBEGRIFFE DER RAUMGEOMETRIE

Mit Körpern Ebenen veranschaulichen

INFORMATION

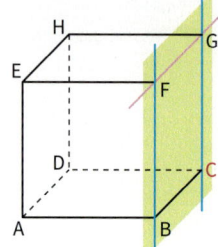

Die Begrenzungsflächen von Körpern helfen uns, Ebenen zu veranschaulichen. Eine Ebene ist eindeutig festgelegt
- durch drei Punkte, die nicht auf einer Geraden liegen, z. B. Punkte B, C, G.
- durch eine Gerade und einen Punkt, der nicht auf der Geraden liegt, z. B. Gerade FG und Punkt C.
- durch zwei parallele Geraden, z. B. Gerade BF und Gerade CG.
- durch zwei sich schneidende Geraden, z. B. Gerade FG und Gerade CG.

ÜBEN

1. In der abgebildeten Zeichnung ist ein Prisma ABCDEF dargestellt, in das eine Pyramide ABCF eingezeichnet ist.
   a) Gib vier Ebenen des Prismas auf unterschiedliche Art an.
   b) Beurteile folgende Aussagen.
      (1) Der Punkt E liegt in der Ebene, die durch die Punkte BCF festgelegt wird.
      (2) Die Geraden AF und BC legen eine Ebene fest.
      (3) Die Gerade AD und der Punkt E liegen in der gleichen Ebene wie der Punkt B.
      (4) Die Geraden AF und BF legen eine Ebene fest.
      (5) Die Gerade AF und der Punkt C liegen in der gleichen Ebene wie der Punkt D.
   c) Gib die Ebenen des Prismas an, von denen die Pyramide nicht begrenzt wird.

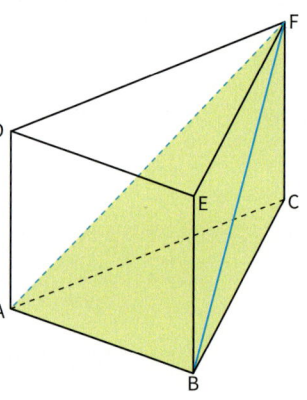

2. Zeichne einen Quader ABCDEFGH in dein Heft.
   a) Gib die Ebenen, die den Quader begrenzen, auf unterschiedliche Weise an.
   b) Nenne vier Ebenen, die den Quader durchkreuzen.
   c) Nenne je drei Geradenpaare, die nicht in einer Ebene liegen.

3. a) Wieso wackelt ein Tisch mit drei Beinen nicht?
   b) Suche nach Anwendungen, die drei Punkte als Mittel zur Standfestigkeit nutzen.

4. Kontrolliere Jannicks Aussagen. Berichtige gegebenenfalls.

   (1) Ebene ABF und Ebene ABC sind unterschiedlich.
   (2) Durch die Punkte A, B, C und H kann man eine Ebene legen.
   (3) Es gibt nur eine Ebene, auf der die Punkte B, D und G liegen.
   (4) A, C, G und E liegen in einer Ebene.

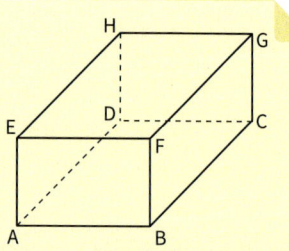

Lagebeziehungen zwischen Geraden und Ebenen

EINSTIEG

Das Foto zeigt ein scheinbar gefährliches Flugmanöver.

» Inwiefern handelt es sich um eine Gefahr?
» Was meinst du: Wie löst sich das Problem auf?
» Was kann ein Foto nicht zeigen?

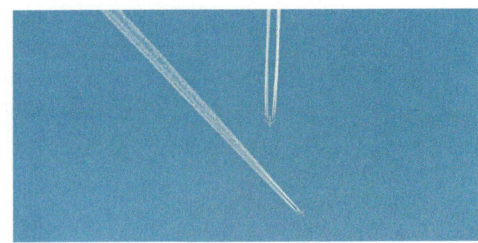

AUFGABE

1. Auf dem Bild ist das Kantenmodell eines Prismas zu sehen. Das Parallelogramm ABCD ist seine Grundfläche.
   a) Beschreibe die Lage der Geraden
      (1) AB zu EF;   (2) AB zu AE;   (3) AB zu DH.
   b) Beschreibe die Lage der Ebenen
      (1) BFC zu AEH;   (2) BFC zu ABC;   (3) BFC zu FGC.
   c) Beschreibe die Lage der Geraden HG
      (1) zur Ebene FCB;   (2) zur Ebene DHC;   (3) zur Ebene ABC.

Lösung
   a) (1) Die Gerade AB ist parallel zur Geraden EF.
      (2) Die Geraden AB und AE schneiden sich im Punkt A.
      (3) Die Geraden AB und DH sind nicht parallel und schneiden sich nicht; man sagt, sie sind *windschief* zueinander.
   b) (1) Die Ebene BFC ist parallel zur Ebene AEH.
      (2) Die Ebenen BFC und ABC schneiden sich in der Geraden BC.
      (3) Die Ebenen BFC und FGC liegen in der gleichen Ebene, sie sind also *identisch*.
   c) (1) Die Gerade HG und die Ebene FCB schneiden sich im Punkt G.
      (2) Die Gerade HG liegt in der Ebene DHC.
      (3) Die Gerade HG verläuft parallel zur Ebene ABC.

INFORMATION

Die Tabelle gibt einen Überblick, welche Lagebeziehungen im Raum möglich sind.

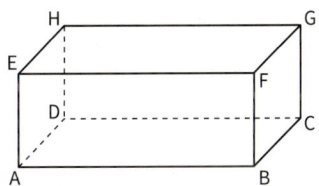

Gerade und Gerade	Gerade und Ebene	Ebene und Ebene
• Zwei Geraden schneiden sich in einem Punkt, z. B. AB und AG im Punkt A. • Zwei Geraden schneiden sich nicht, sind aber parallel zueinander, z. B. AD und FG. • *Windschiefe* Geraden schneiden sich nicht und sind nicht parallel zueinander, z. B. AE und BC.	• Die Gerade liegt vollständig in der Ebene, z. B. HF in EFG. • Gerade und Ebene sind parallel zueinander, z. B. BG und ADH. • Gerade und Ebene schneiden sich in einem Punkt, z. B. ABC und AG im Punkt A.	• Zwei Ebenen sind zueinander parallel, z. B. ABF und DHG. • Zwei Ebenen, die nicht zueinander parallel sind, schneiden sich in einer Geraden, z. B. AFG und BCG in FG.

FESTIGEN UND WEITERARBEITEN

2. Im Museum werden teure Ausstellungsstücke oft mithilfe von Laserstrahlen überwacht bzw. geschützt. Das Bild zeigt eine so genannte Laserkammer, wie man sie in vielen Filmen sieht. Beschreibe die Lage der Laserstrahlen mithilfe mathematischer Fachbegriffe.

3. Gegeben ist die Pyramide ABCDS mit dem Drachenviereck ABCD als Grundfläche.
  a) Nenne alle Geradenpaare, die zueinander windschief sind.
  b) Notiere alle Ebenenpaare, die sich in der Grundfläche schneiden. Gib auch die Schnittgerade an.
  c) Der Punkt C ist Schnittpunkt einer Geraden mit einer Ebene. Gib mehrere Möglichkeiten für solch eine Gerade und Ebene an.

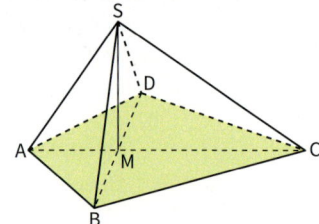

ÜBEN

4. Welche Geraden lassen sich an dieser Skater-Anlage entdecken? Erkläre mit geometrischen Fachbegriffen.

 5. Betrachtet verschiedene Gebäude und Gegenstände im Alltag. Findet ihr dort auch verschiedene Ebenen-Geraden-Beziehungen? Erstellt eine Collage und präsentiert sie der Klasse.

SPIEL

 6. Das Schrägbild rechts zeigt einen Würfel ABCDEFGH.
Mit einem Spielwürfel könnt ihr eine Augenzahl würfeln. Dabei stehen die Augenzahlen jeweils für einen bestimmten geometrischen Ort des Würfels.
Die Zahl 1 bedeutet die Gerade AG,
die Zahl 2 die Gerade BF,
die Zahl 3 die Ebene ABC usw.:

| AG | BF | ABC | DC | AFG | DBH |

Würfle zweimal hintereinander mit dem Spielwürfel. Beschreibe deinem Partner die Lage der geometrischen Orte zueinander. Wechselt anschließend die Rolle.

Winkel zwischen Geraden und Ebenen

EINSTIEG

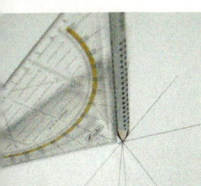

Führe folgendes geometrische Experiment durch.
- Zeichne auf ein Blatt Papier fünf Geraden, die sich alle in einem Punkt schneiden.
- Stelle einen Stift so auf den Schnittpunkt, dass er „senkrecht zum Blatt" nach oben zeigt.
- Stelle ein Geodreieck wie in der Abbildung auf und drehe es um den Stift herum.

≫ Welchen Winkel schließt der Stift mit den gezeichneten Geraden ein?

AUFGABE

1. a) Bestimme zeichnerisch das Maß des Neigungswinkels zwischen der Raumdiagonalen $\overline{AG}$ und der Grundfläche ABCD.

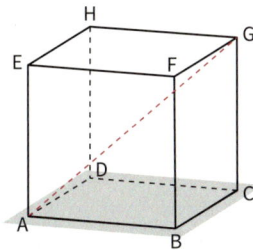

$|\overline{AB}| = |\overline{BC}| = |\overline{AE}| = 2{,}0 \text{ cm}$;
$|\overline{AC}| = 2{,}8 \text{ cm}$

b) Welches Maß hat der Neigungswinkel zwischen der blau eingezeichneten Ebene BCHE und der Grundfläche ABCD?

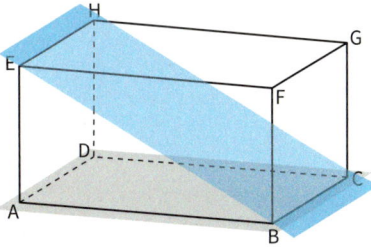

$|\overline{AB}| = 3{,}5 \text{ cm}$; $|\overline{AE}| = 1{,}8 \text{ cm}$
$|\overline{BC}| = 2{,}4 \text{ cm}$;

Lösung

- A ist ein gemeinsamer Punkt der Geraden AG und der Ebene ABC.
- Fällt man das Lot von G auf die Grundfläche ABCD, so erhält man ein so genanntes *Stützdreieck*, das beim Lotfußpunkt C rechtwinklig ist.
- ∢ CAG ist der Neigungswinkel.

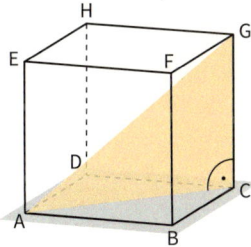

- Man zeichnet das Stützdreieck ACG und misst ∢ CAG.

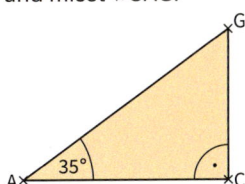

Ergebnis: Der Neigungswinkel beträgt ungefähr 35°.

- Die Ebenen ABCD und BCHE schneiden sich in der Geraden BC. Die Geraden BE und AB stehen senkrecht auf BC.
- Damit ist der Neigungswinkel der Ebenen gleich dem Winkel zwischen den Geraden AB und BE.
- Fällt man ein Lot von E auf AB, so erhält man das Stützdreieck ABE, das bei A rechtwinklig ist.

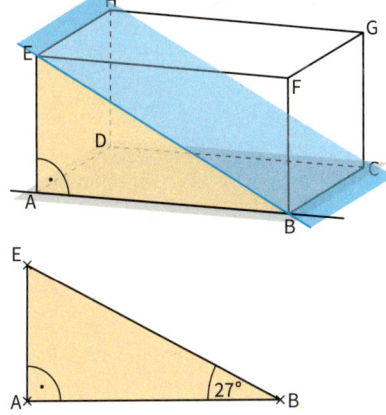

Ergebnis: Der Neigungswinkel beträgt ungefähr 27°.

INFORMATION

(1) Eine Gerade g steht **senkrecht auf einer Ebene**, wenn sie mit mindestens zwei verschiedenen Geraden der Ebene einen rechten Winkel einschließt. Die Gerade ist dann zu allen Geraden der Ebene senkrecht.

(2) Sind eine Gerade und eine Ebene nicht zueinander senkrecht, so kann man mithilfe eines geeigneten, rechtwinkligen Stützdreiecks das Maß des Neigungswinkels bestimmen.

Neigungswinkel zwischen Gerade und Ebene

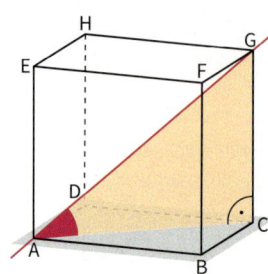

Neigungswinkel zwischen zwei Ebenen

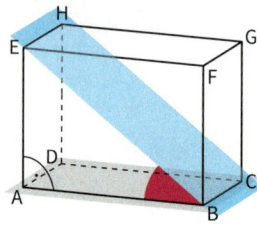

FESTIGEN UND WEITERARBEITEN

2. Bei Photovoltaikanlagen wird ein Neigungswinkel von etwa 65° empfohlen. Überprüfe zeichnerisch, ob diese Vorgabe eingehalten wurde.

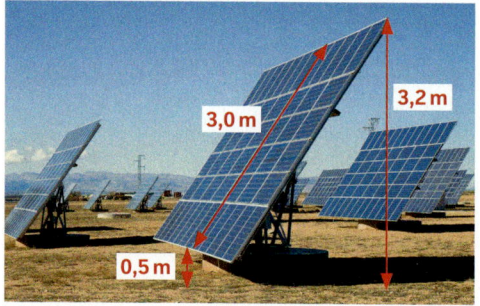

3. Gegeben ist die Pyramide ABCDS mit dem Drachenviereck ABCD als Grundfläche. Die Spitze S liegt senkrecht zur Grundfläche über dem Diagonalenschnittpunkt M. Ferner sind folgende Längen gegeben:

$|\overline{AC}| = 10$ cm; $|\overline{BD}| = 8$ cm; $|\overline{AM}| = 3$ cm; $|\overline{MS}| = 5$ cm.

Bestimme mithilfe eines geeigneten Stützdreiecks das Maß des Winkels zwischen der Grundfläche ABCD und der Geraden   **a)** DS;   **b)** AS;   **c)** CS.

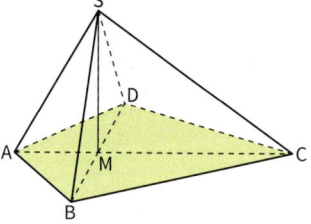

ÜBEN

4. Gegeben ist der Würfel ABCDEFGH mit einer Kantenlänge von a = 6 cm. Zeichne jeweils das Stützdreieck in wahrer Größe und markiere den rechten Winkel.
a) ABE   **b)** GBC   **c)** ACD   **d)** EAC   **e)** DBF

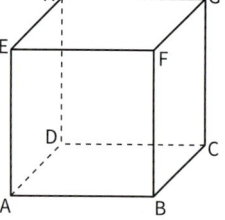

5. *Man walking to the sky*
Das Bild zeigt die Skulptur des US-amerikanischen Künstlers Jonathan Borofsky. Sie steht vor dem Hauptbahnhof in Kassel und besteht aus einem Stahlrohr und einer darauf laufenden Person. Die Spitze des Stahlrohrs befindet sich 25 m senkrecht über dem Boden.
Bestimme den Neigungswinkel zwischen Rohr und Bodenfläche, wenn das Rohr 28 m lang ist.

PRISMEN

EINSTIEG

Rechts siehst du das Schrägbild eines Quaders auf Karopapier.

» Zeichne das nebenstehende Schrägbild in dein Heft.
» Zeichne ein Schrägbild des Quaders auf ein weißes Blatt Papier.
  Beschreibe, wie du vorgehst.
» Welche Schwierigkeiten können dabei auftreten?

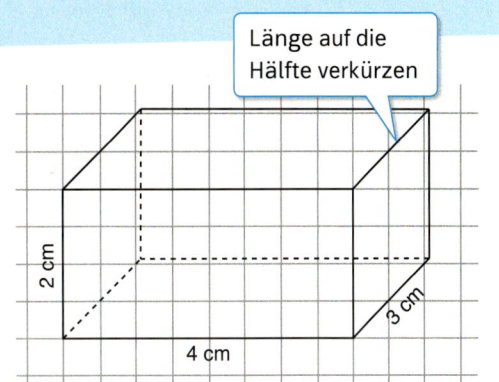

AUFGABE

1. Die Grundfläche eines geraden Prismas ist ein gleichschenkliges Dreieck. Die Körperhöhe beträgt 2 cm. Erstelle das Schrägbild des Prismas so, dass die Symmetrieachse der Grundfläche auf der Schrägbildachse liegt. Zeichne die nach hinten verlaufenden Strecken in einem Winkel von $\omega = 60°$ und verkürzt mit dem Faktor $q = \frac{2}{3}$.

Lösung

(1) Erstelle eine Skizze der Grundfläche. Trage folgende wichtige Informationen ein:
• Welche Strecke liegt auf der Schrägbildachse?
• Welche Strecken sind zur Schrägbildachse senkrecht?

(2) Erstelle die Grundfläche im Schrägbild.
Beginne mit der Strecke (1,5 cm) auf der Schrägbildachse s.
Berechne die verkürzte Länge der Strecke $\overline{AB}$ im Schrägbild:
$3\,\text{cm} \cdot \frac{2}{3} = 2\,\text{cm}$.
Zeichne diese Strecke in einem Winkel von 60° an die Schrägbildachse, wobei die eine Hälfte der Strecke „nach hinten" und die andere Hälfte „nach vorne" gezeichnet wird.

(3) Trage die Körperhöhe (2 cm) senkrecht zur Schrägbildachse bei allen Eckpunkten der Grundfläche ein.
Verbinde zum Schluss die Punkte der Deckfläche.

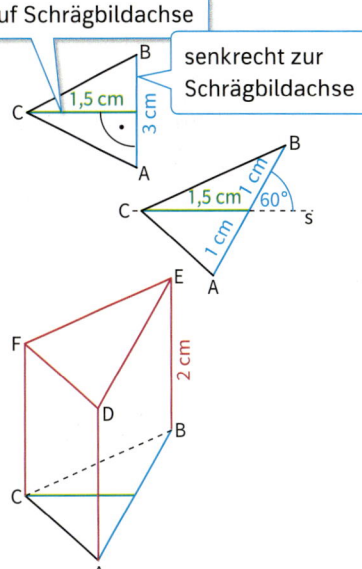

INFORMATION

Beim Zeichnen von **Schrägbildern** sind folgende Schritte zu beachten:
(1) Skizziere die Grundfläche mit der Strecke auf der Schrägbildachse und den Senkrechten dazu.
(2) Zeichne die Grundfläche im Schrägbild.
(3) Trage die Körperhöhe senkrecht zur Schrägbildachse an und vervollständige das Schrägbild.

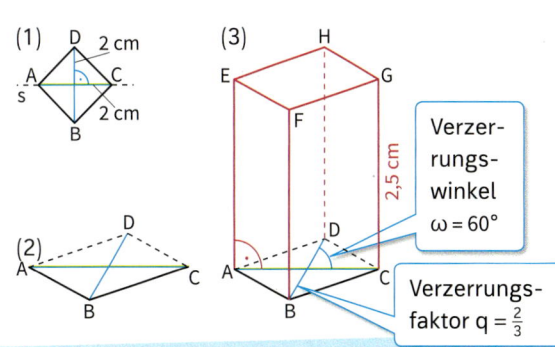

Verzerrungswinkel $\omega = 60°$

Verzerrungsfaktor $q = \frac{2}{3}$

FESTIGEN UND WEITERARBEITEN

2. Zeichne das Schrägbild des Würfels PQRSTUVW mit der Kantenlänge 5 cm. Die Diagonale $\overline{PR}$ der Grundfläche PQRS liegt auf der Schrägbildachse. Wähle q = 0,5 und ω = 60°.

3. Prismen müssen nicht immer auf der Grundfläche stehen. Sie können auch „liegen", sodass die Grundfläche von vorne sichtbar ist.
  a) Finn hat das sechsseitige Prisma liegend gezeichnet. Seine Zeichenschritte sind in den Abbildungen (1) bis (3) dargestellt. Beschreibe sein Vorgehen.

(1) 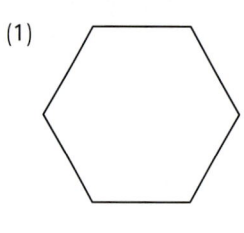 (2) 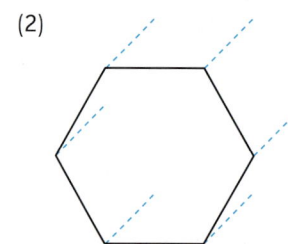 (3)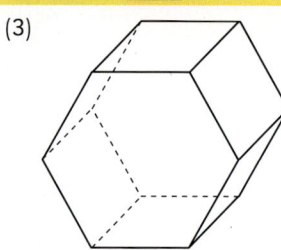

  b) Hier sind die Grundflächen von drei Prismen dargestellt. Jedes Prisma ist 3 cm hoch.

(1) 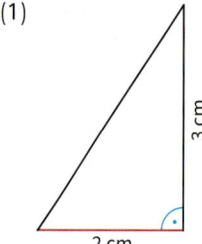 (2) 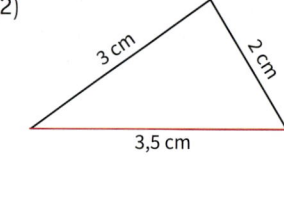 (3)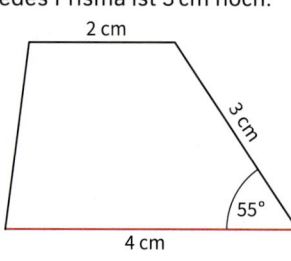

Erstelle wie in Aufgabe a) jeweils ein Schrägbild auf einem weißen Blatt Papier. Die rot markierte Strecke soll auf der Schrägbildachse liegen. Es gilt: q = 0,5 und ω = 45°.

Streckenlängen und Winkelmaße in wahrer Größe bestimmen

4. Bestimme die rot markierten Streckenlängen und Winkelmaße in wahrer Größe. Zeichne dazu das jeweilige Stützdreieck in wahrer Größe und miss anschließend (Maße in cm).

  a) $\overline{AB} \perp \overline{BE}$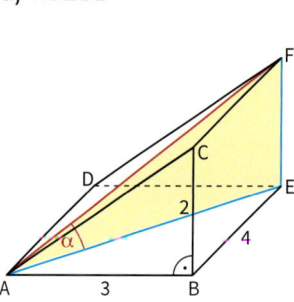
  b) $\overline{AB} \perp \overline{BH}$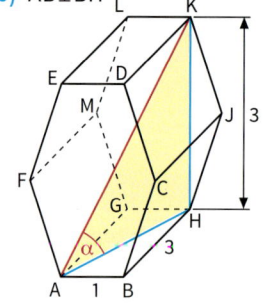
  c) $\overline{AB} \perp \overline{BF}$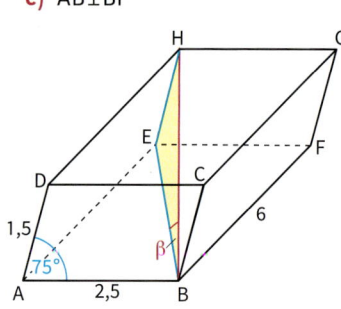

5. Gegeben ist das Prisma ABCDEFGH, das einem Quader einbeschrieben ist. Ermittle zeichnerisch die
  (1) Länge der Strecke $\overline{AF}$ und das Maß des Neigungswinkels zwischen der Geraden AF und der Grundfläche ABCD;
  (2) Länge der Strecke $\overline{CF}$ und das Maß des Neigungswinkels zwischen den Ebenen CDH und ABCD.

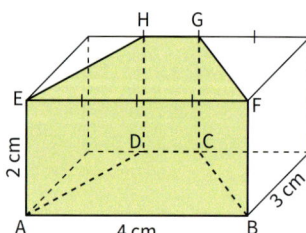

Raumgeometrie **99**

6. a) Nennt Gegenstände aus dem Alltag, die die Form eines Prismas haben. Fotografiert sie und präsentiert sie in der Klasse.
  b) Laura: „Manche Häuser sind Prismen, manche aber nicht."
  Was meint ihr dazu? Begründet auch.
  c) Skizziert Türme, die die Form eines Prismas haben.

7. Max und Frida haben versucht, einen Würfel in ihr Heft zu zeichnen.

Was meinst du? Welche Zeichnung stellt den Würfel realistischer dar?

Nichtsichtbare Kanten werden gestrichelt gezeichnet.

8. Zeichne ein Schrägbild des Prismas mit den gegebenen Grundflächen (Maße in mm). Die rot markierte Strecke liegt auf der Schrägbildachse.

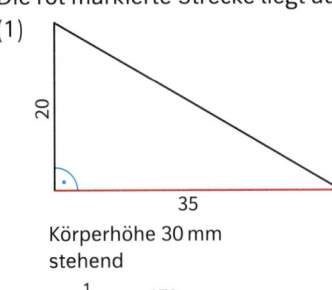

(1) Körperhöhe 30 mm stehend
$q = \frac{1}{2}$; $\omega = 45°$

(2) Körperhöhe 50 mm stehend
$q = \frac{2}{3}$; $\omega = 60°$

(3) Körperhöhe 70 mm liegend
$q = \frac{1}{2}$; $\omega = 45°$

9. a) Zeichne das Schrägbild eines 8 cm hohen Quaders ABCDEFGH mit $q = 0{,}5$ und $\omega = 45°$.
  Es gilt: $|\overline{AB}| = 5{,}5$ cm und $|\overline{BC}| = 4$ cm.
  Die Strecke $\overline{BC}$ soll dabei auf der Schrägbildachse liegen.
  b) Gib an, welche Seitenlängen im Schrägbild das gleiche Maß wie in Wirklichkeit haben.

10. Das gleichschenklig-rechtwinklige Dreieck EFG bildet die Grundfläche für ein 6 cm hohes Prisma. Es gilt: $|\overline{EF}| = |\overline{FG}| = 5$ cm; $\sphericalangle$ GFE = 90°.
  (1) Zeichne ein Schrägbild des Prismas mit $q = 0{,}5$ und $\omega = 30°$.
  Die Strecke mit $\overline{EF}$ soll auf der Schrägbildachse liegen.
  (2) Nenne alle Seiten und Winkel, die im Schrägbild das gleiche Maß wie in Wirklichkeit haben.

11. Das gleichschenklige Trapez KLMN bildet zusammen mit der Körperhöhe $h_{Prisma} = 6$ cm das gerade Prisma KLMNOPQR. Es gilt: $|\overline{KL}| = 8$ cm; $|\overline{MN}| = 5$ cm; $h_{Trapez} = 4$ cm.
  a) Zeichne das Schrägbild des liegenden Prismas mit $\overline{KL}$ auf der Schrägbildachse sowie $q = 0{,}5$ und $\omega = 45°$.
  b) Ermittle mithilfe geeigneter Stützdreiecke das Maß des Neigungswinkels zwischen
   (1) der Geraden OM,   (2) der Ebene KLQ
  und der Grundfläche KLPO.

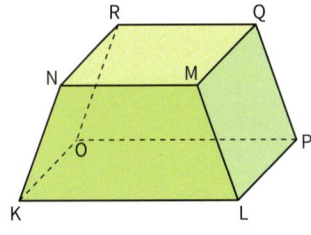

PYRAMIDEN

EINSTIEG

Zeichne das Netz der Pyramide und stelle ein Modell aus Zeichenkarton her.

» Miss die Höhe der Pyramide wie im Bild.
» Begründe: Die Höhe der Pyramide muss kleiner als 13 cm sein.
» Vergleiche das Maß der Neigungswinkel zwischen der quadratischen Grundfläche und (1) einer Seitenkante, (2) einer Seitenfläche. Schätze ab und begründe.

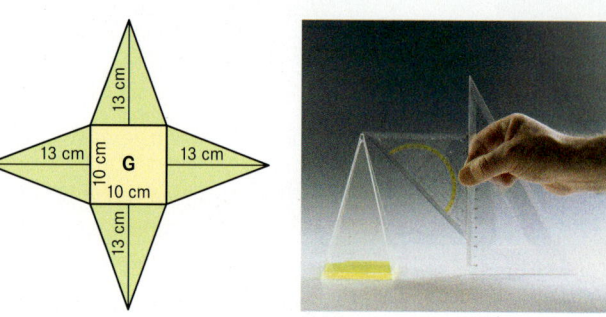

AUFGABE

1. Die Grundfläche einer Pyramide ABCDS ist ein Rechteck ABCD mit a = 3 cm und b = 2 cm. Die Diagonalen $\overline{AC}$ und $\overline{BD}$ schneiden sich im Punkt M. Die Spitze S liegt senkrecht zur Grundfläche über M, wobei gilt: $|\overline{MS}| = 2{,}5$ cm.

a) Zeichne das Schrägbild der Pyramide mit $\overline{AB}$ auf der Schrägbildachse. Wähle für das Schrägbild q = 0,5 und ω = 45°.

b) Ermittle mithilfe eines geeigneten Stützdreiecks das Maß des Neigungswinkels zwischen der Seitenfläche ABS und der Grundfläche ABCD.

c) Bestimme zeichnerisch die Länge der Seitenkante $\overline{AS}$.

Lösung

a) *1. Schritt*
Wie beim Schrägbild eines Prismas beginnen wir mit der Grundfläche. Markiere die Strecke auf der Schrägbildachse s und dazu senkrechte Strecken farbig.

2. Schritt
Zeichne die Grundfläche im Schrägbild. Die zur Schrägbildachse senkrechten Strecken werden in einem Winkel von 45° und halb so lang (0,5 · 2 cm = 1 cm) gezeichnet.

3. Schritt
Um die Höhe der Pyramide einzuzeichnen wird zunächst der Mittelpunkt M der Diagonalen $\overline{AC}$ und $\overline{BD}$ bestimmt. Trage von M aus senkrecht zur Schrägbildachse die Höhe der Pyramide (2,5 cm) ein.
Vervollständige zum Schluss das Schrägbild.

b) Das Dreieck EMS eignet sich, um das Maß des gesuchten Neigungswinkels zu bestimmen. Dabei ist E der Mittelpunkt der Strecke $\overline{AB}$.

Ergebnis: Das Maß des Neigungswinkels beträgt ungefähr 68°.

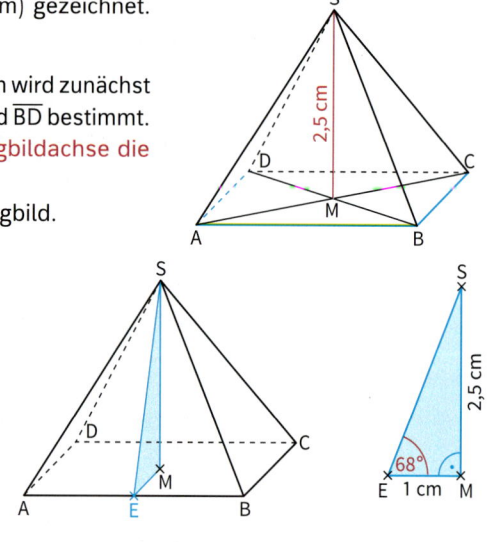

c) Als Stützdreieck wählen wir das Dreieck AMS.
Die Länge der Strecke $\overline{AM}$ ist dabei halb so lang wie die Länge der Diagonalen $\overline{AC}$.

1. Schritt:
Bestimme zuerst die Länge der Strecke $\overline{AM}$ mithilfe des Dreiecks ABC.

2. Schritt:
Zeichne das Dreieck AMS in wahrer Größe und miss die Länge der Seitenkante $\overline{AS}$.

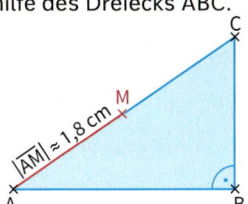
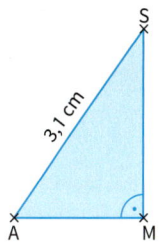

Ergebnis: Die Seitenkante $\overline{AS}$ ist ungefähr 3,1 cm lang.

2. Das gleichschenklige Dreieck ABC ist die Grundfläche einer Pyramide ABCS. Die Spitze S liegt senkrecht über dem Mittelpunkt D der Basis $\overline{BC}$.
Es gilt: $|\overline{AD}| = 9$ cm; $|\overline{BC}| = 6$ cm; $|\overline{DS}| = 5$ cm.

a) Zeichne das Schrägbild der Pyramide ABCS mit $\overline{AD}$ auf der Schrägbildachse sowie $q = \frac{2}{3}$ und $\omega = 60°$.

b) Bestimme zeichnerisch die Länge der Strecken $\overline{AC}$, $\overline{AS}$ und $\overline{CS}$ in wahrer Größe.

c) Nenne ein Stützdreieck, mit dem man das Maß des Neigungswinkels zwischen der Grundfläche und der Geraden
(1) AS, (2) CS bestimmen kann.

d) Man erhält neue Pyramiden $ABCT_n$, wobei gilt: $T_n \in \overline{AS}$; $|\overline{AT_n}| = x$ cm.
Welche Werte kann x annehmen?

e) Zeichne die Pyramide $ABCT_1$ für $x = 2$ in das Schrägbild aus Teilaufgabe a) ein und gib das Maß des Winkels $\sphericalangle T_1DA$ an.

3. Das Drachenviereck EFGH mit dem Diagonalenschnittpunkt M und der Strecke $\overline{EG}$ als Symmetrieachse ist die Grundfläche einer Pyramide EFGHS. Die Spitze S liegt dabei senkrecht zur Grundfläche über M.
Es gilt: $|\overline{EG}| = 13$ cm; $|\overline{FH}| = 10$ cm; $|\overline{EM}| = 4,5$ cm; $\sphericalangle GES = 60°$.

a) Zeichne das Schrägbild der Pyramide EFGHS mit $q = \frac{1}{2}$ und $\omega = 45°$, wobei die Symmetrieachse des Drachenvierecks auf der Schrägbildachse liegt.

b) Ermittle zeichnerisch die Streckenlängen $|\overline{ES}|$, $|\overline{FS}|$ und $|\overline{GS}|$ sowie die Winkelmaße von $\sphericalangle SGM$, $\sphericalangle MFS$ und $\sphericalangle FES$.
Tipp: Überlege zuerst, welche Maße du direkt aus dem Schrägbild ablesen kannst.

c) Die Punkte P_n liegen auf der Strecke $\overline{MS}$.
Begründe, dass die Winkel $\sphericalangle EP_nG$ nur Werte zwischen 77,5° und 180° annehmen können.

ÜBEN

4. Gegeben ist ein Würfel mit a = 6 cm. Verbinde den Mittelpunkt M der oberen Fläche mit den Ecken der unteren Fläche. Im Bild sind die Verbindungsstrecken am Kantenmodell durch Fäden veranschaulicht.
(1) Trage die Verbindungsstrecken in ein Schrägbild (q = 0,5; ω = 45°) des Würfels ein.
(2) Färbe im Schrägbild die (sichtbaren) Begrenzungsflächen der Pyramide.

5. Zeichne das Schrägbild einer Pyramide ABCDS. Dabei sind das Rechteck ABCD die Grundfläche und der Punkt S die Spitze der Pyramide.
Wähle für alle Schrägbilder q = 0,5 und ω = 45°. Die Grundseite $\overline{AB}$ soll jeweils auf der Schrägbildachse s liegen.
(1) Die Grundfläche ist quadratisch (a = 4 cm) und die Höhe der Pyramide beträgt 5 cm.
S liegt senkrecht über dem Diagonalenschnittpunkt M.

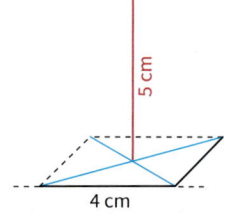
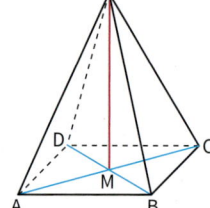

(2) Das Rechteck mit a = 4 cm und b = 5 cm bildet die Grundfläche. Die Spitze S liegt 7,5 cm senkrecht zur Grundfläche über dem Eckpunkt D.

6. Einem Quader ABCDEFGH ist eine quadratische Pyramide ABCDS einbeschrieben.
a) Ermittle zeichnerisch die Länge der Strecken $\overline{AD}$ und $\overline{AS}$ in wahrer Größe.
b) Bestimme mithilfe eines geeigneten Stützdreiecks das Maß des Neigungswinkels zwischen der Seitenfläche ADS und der Grundfläche ABCD.
c) Man erhält neue Pyramiden, indem man die Spitze S auf der Strecke $\overline{EG}$ bewegt. Welche Maße kann der Neigungswinkel zwischen der Seitenkante $\overline{AS}$ und der Grundfläche annehmen?

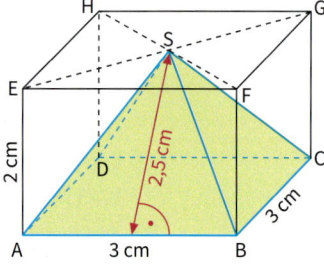

7. Die Raute MNOP ist die Grundfläche einer Pyramide MNOPS. Die Spitze S liegt senkrecht zur Grundfläche über dem Eckpunkt O der Raute.
Es gilt: $|\overline{MO}|$ = 9 cm; $|\overline{NP}|$ = 12 cm; ∢OMS = 35°.
a) Erstelle das Schrägbild der Pyramide MNOPS mit q = $\frac{2}{3}$ und ω = 60°. Die Diagonale $\overline{MO}$ der Raute liegt auf der Schrägbildachse. Überlege zunächst, welchen Platzbedarf du benötigst.
b) Bestimme mithilfe eines geeigneten Dreiecks die Länge der Strecke $\overline{NS}$ und das Maß des Winkels ∢ONS in wahrer Größe.
c) Man erhält eine neue Pyramide $MN_1OP_1S_1$, indem man die Diagonale $\overline{NP}$ an den Endpunkten jeweils um 3 cm verkürzt und gleichzeitig die Höhe der Pyramide auf 10 cm verlängert.
Zeichne die Pyramide $MN_1OP_1S_1$ in das Schrägbild aus Teilaufgabe a) ein und gib das Maß des Winkels ∢OMS_1 an.

7 PUNKTE SAMMELN

Das Zelt hat die Form einer quadratischen Pyramide. Vom Hersteller wurden die eingezeichneten Maße angegeben.

Zeichne im Maßstab 1 : 100 ein Netz des Zeltes.

★★★
Die vier Seitenflächen des Zeltes sollen von außen neu imprägniert werden.
Berechne die Größe der zu imprägnierenden Fläche.

★★★★
Zeichne ein Schrägbild des Zeltes im Maßstab 1 : 50.
Eine Seitenkante der quadratischen Grundfläche soll auf der Schrägbildachse liegen.
Außerdem gilt: $q = 0{,}5$ und $\omega = 45°$.
Tipp: Bestimme zunächst mithilfe einer maßstabsgetreuen Dreieckszeichnung möglichst genau die Höhe des Zeltes.

Ein dreiseitiges Prisma kann durch Schnitte unterschiedlich geteilt werden. Eine Möglichkeit ist in der Abbildung rechts dargestellt.
Folgende Längen sind bekannt:
$|\overline{AB}| = 7$ cm; $|\overline{AC}| = 5$ cm;
$|\overline{BC}| = 4$ cm; $|\overline{AD}| = 8$ cm.

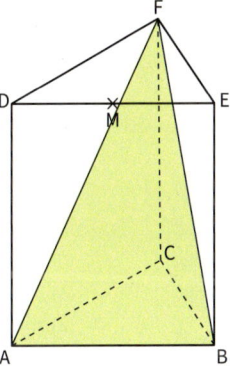

Gib zwei verschiedene Pyramiden an, die im Prisma liegen und
(1) die gleiche Grundfläche ABC haben;
(2) unterschiedliche Grundflächen haben;
(3) den Punkt A als Spitze haben.

★★★
Ermittle die Länge der Seiten $\overline{AF}$ und $\overline{BF}$ mithilfe von Zeichnungen geeigneter Teildreiecke.

★★★★
Bestimme zeichnerisch folgende Winkelmaße.
(1) Neigungswinkel zwischen der Geraden BD und der Seitenfläche BCE
(2) Neigungswinkel zwischen der Geraden MC und der Grundfläche ABC
(3) Winkel zwischen den Ebenen ABF und ABC

VERMISCHTE UND KOMPLEXE ÜBUNGEN

1. a) Zeichne das Schrägbild des Hauses in einem geeigneten Maßstab.
Es gilt: $q = \frac{1}{2}$; $\omega = 45°$; $\overline{AB}$ liegt auf der Schrägbildachse.
 b) Bestimme die wahren Längen der Strecken $\overline{AC}$, $\overline{BE}$ und $\overline{KG}$. Zeichne hierzu entsprechende Teilflächen des Hauses in einem geeigneten Maßstab.
 c) Ermittle das Maß des Neigungswinkels zwischen einer Dachfläche und der Fläche EFGH.

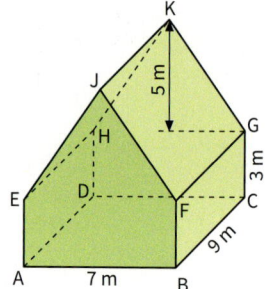

2. Gegeben ist die Pyramide ABCDS mit dem Drachenviereck ABCD als Grundfläche. M ist der Mittelpunkt der Diagonalen des Drachenvierecks. Die Spitze S liegt senkrecht zur Grundfläche über dem Punkt M.
Weiterhin gilt:
$|\overline{MC}| = 4$ cm; $|\overline{AM}| = 7$ cm; $|\overline{BD}| = 10$ cm; $|\overline{MS}| = 4{,}5$ cm.
 a) Zeichne das Schrägbild mit $q = 0{,}5$ und $\omega = 45°$.
$\overline{AC}$ liegt auf der Schrägbildachse.
 b) Markiere die Winkel ∢MAS und ∢SCA und bestimme ihre Maße in wahrer Größe.
 c) Bestimme die Maße des Winkels ∢MBS und die Länge der Strecke $\overline{BS}$ mithilfe eines geeigneten Stützdreiecks in wahrer Größe.
 d) Man erhält neue Pyramiden A_nBCDS_n, indem man die Strecke $\overline{AC}$ bei A um x cm verkürzt und gleichzeitig die Strecke $\overline{MS}$ über S hinaus um $0{,}5\,x$ cm verlängert.
Für welchen Wert von x erhält man eine Pyramide mit einer Raute als Grundfläche? Zeichne diese Pyramide A_1BCDS_1 in das Schrägbild von Teilaufgabe a) ein.
 e) Bestimme zeichnerisch die Maße der Neigungswinkel zwischen den Seitenkanten $\overline{BS}$ bzw. $\overline{BS_1}$ und der Grundfläche BCD.

3. Dieses unmögliche Dreieck steht vor dem 3D-Museum in Dinkelsbühl.
 a) Beschreibe, wieso es sich hierbei um ein unmögliches Dreieck handelt.
 b) Recherchiere im Internet die Lösung von Teilaufgabe a). Erkläre, was ein Foto nicht leisten kann.
 c) Stellt in Gruppen diese Situation mit Stiften und einem Foto selbst nach.

4. (1) 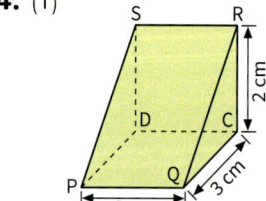   (2) 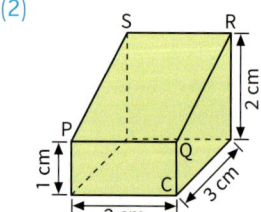   (3)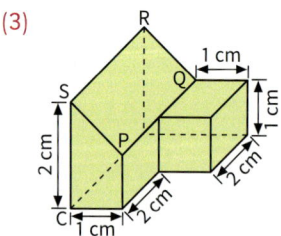

 a) Zeichne die Fläche PQRS in wahrer Größe.
 b) Ermittle mithilfe eines Stützdreiecks das Maß des Neigungswinkels zwischen den Ebenen PQR und der Ebene PQC.

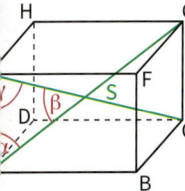

5. Carsten hat in das Schrägbild eines beliebigen Quaders zwei Raumdiagonalen gezeichnet. Sie schneiden sich im Punkt S. Bestimme durch eine geeignete Konstruktion die wahre Größe der Winkel α, β, und γ.

6. Bestimme zeichnerisch die Länge der angegebenen Strecken (Maße in cm).
    a) $\overline{BD}$; $\overline{GD}$ **b)** $\overline{FG}$; $\overline{AF}$ **c)** $\overline{AC}$; $\overline{DS}$ **d)** $\overline{GB}$; $\overline{CG}$

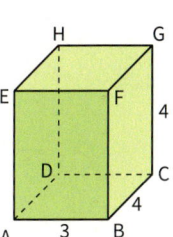 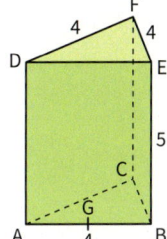 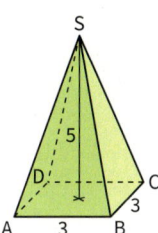 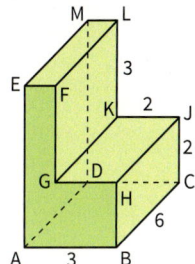

7. Zeichne die in den Körpern eingezeichneten Flächen in wahrer Größe. Bestimme dann die gesuchten Winkelmaße durch Messen.

    a)   **b)**

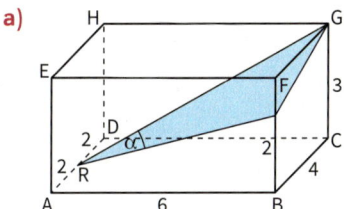

8. a) Der Quader wird entlang der roten Linie senkrecht zur Grundfläche zerschnitten. Bestimme das Maß der Neigungswinkel zwischen der Schnittebene und der
  (1) Vorderansicht;
  (2) Seitenansicht von rechts.

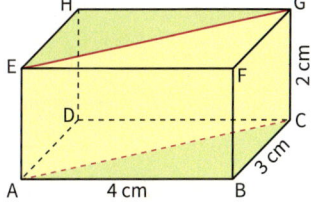

b) Dem zerschnittenen Quader werden Pyramiden folgendermaßen einbeschrieben: Die Schnittfläche ACGE ist die Grundfläche der Pyramide. Die Spitzen S_n liegen auf der Strecke $\overline{BF}$, wobei gilt: $\overline{BS_n} = x$ cm.
  (1) Welche Werte kann x annehmen? Begründe.
  (2) Bestimme zeichnerisch die Höhe der Pyramiden $ACGES_n$.
  (3) Für welches x ist die Strecke $\overline{AS_0}$ am längsten? Gib die Streckenlänge an.

9. Die zwei Ameisen Meisi und Meisa krabbeln vom Punkt P_1 bzw. P_2 auf einem möglichst kurzen Weg zur Ecke G des Prismas.
Begründe, welche Ameise den kürzeren Weg hat.

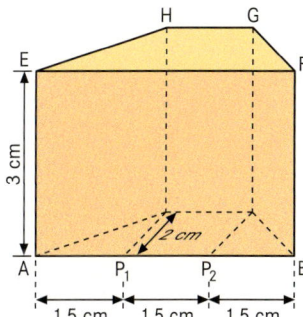

WAS DU GELERNT HAST

Winkel zwischen Geraden und Ebenen
Mithilfe eines geeigneten, rechtwinkligen Stützdreiecks kann man das Maß des Neigungswinkels bestimmen.

Gerade und Ebene
- Die Gerade liegt vollständig in der Ebene, z. B. HF und EFG.
- Gerade und Ebene sind parallel zueinander, z. B. BG und ADH.
- Gerade und Ebene schneiden sich in einem Punkt, z. B. ABC und EC im Punkt C.

Ebene und Ebene
- Zwei Ebenen sind parallel zueinander, z. B. ABF und DHG.
- Zwei nicht parallele Ebenen schneiden sich in einer Geraden, z. B. EBC und BCG in BC.

Zeichnen von Schrägbildern
(1) Skizziere die Grundfläche:
Markiere die Strecke auf der Schrägbildachse und dazu senkrechte Strecken.

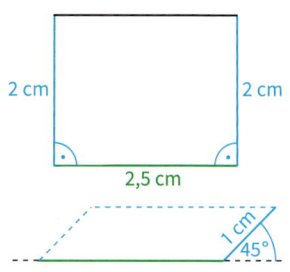

(2) Zeichne die Grundfläche im Schrägbild:
Beginne mit der Strecke auf der Schrägbildachse in wahrer Länge.
Zeichne die dazu senkrechten Strecken im angegeben Verzerrungswinkel ω und mit dem Verzerrungsfaktor q verkürzt ein.

(3) Ergänze die Körperhöhe und vervollständige das Schrägbild.

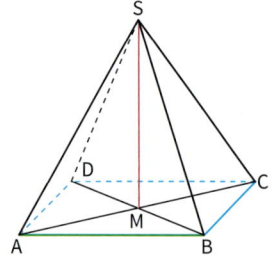

BIST DU FIT?

1. Gegeben ist der Quader ABCDEFGH.
   a) Bestimme zeichnerisch die Maße folgender Streckenlängen:
   (1) $\overline{BE}$ (2) $\overline{GB}$ (3) $\overline{AC}$ (4) $\overline{AG}$ (5) $\overline{MD}$

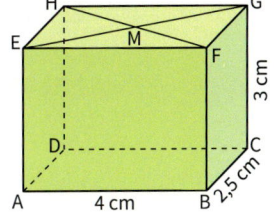

   b) Ermittle mithilfe geeigneter Stützdreiecke das Maß des Neigungswinkels zwischen
   (1) DF und EFG;   (3) AFG und ABF;
   (2) GC und ABD;   (4) ACF und ABC.

2. Eine Pyramide hat eine quadratische Grundfläche ABCD mit a = 6 cm und der Höhe $h_{Pyramide}$ = 7 cm. Die Spitze S liegt senkrecht zur Grundfläche über dem Diagonalenschnittpunkt M.
   a) Ermittle zeichnerisch die Länge der Seitenkante sowie das Maß des Neigungswinkels zwischen einer Seitenkante und der Grundfläche.
   b) Welches Maß hat der Neigungswinkel zwischen einer Seitenfläche und der Grundfläche?

3. Gegeben ist die Pyramide ABCDS mit dem gleichschenkligen Trapez ABCD als Grundfläche. E und F sind die Mittelpunkte der parallelen Seiten des Trapezes. Dabei gilt: $|\overline{EF}|$ = 8 cm; $|\overline{BC}|$ = 6 cm; $|\overline{AD}|$ = 10 cm; E ∈ $\overline{AD}$ und F ∈ $\overline{BC}$. Die Spitze S befindet sich senkrecht zur Grundfläche über dem Punkt E. Die Pyramide ist 6 cm hoch.

Skizze:

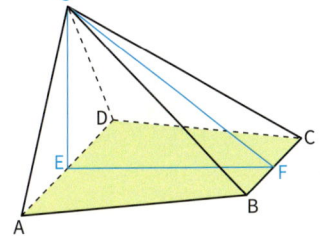

   a) Zeichne das Schrägbild der Pyramide mit q = 0,5 und ω = 45°. $\overline{EF}$ liegt auf der Schrägbildachse.
   b) Bestimme im Schrägbild das Maß des Winkels ∢ SFE.
   c) Zeichne das Stützdreieck AES mit wahren Maßen und bestimme das Maß des Winkels ∢ EAS sowie die Länge der Strecke $\overline{AS}$.

4. Die Grundfläche PQR eines geraden Prismas PQRSTU ist ein rechtwinkliges Dreieck, wobei sich der rechte Winkel bei P befindet. Es gilt: $|\overline{PQ}|$ = 6,5 cm; $|\overline{PR}|$ = 4 cm; h_{Prisma} = 5,5 cm.
   a) Zeichne das Schrägbild des Prismas ($\overline{PQ}$ liegt auf der Schrägbildachse; ω = 45°; q = 0,5).
   b) M ist der Mittelpunkt der Strecke $\overline{PQ}$. Bestimme das Maß des Neigungswinkels zwischen der Geraden MU und der Grundfläche PQR.

5. Bei einer Pyramide mit einem Drachenviereck als Grundfläche liegt die Spitze senkrecht zur Grundfläche über M. Ferner gilt: $C_1 \in \overline{MS}$; $C_2 \in \overline{MS}$; $|\overline{AB}|$ = 8 cm; $|\overline{DF}|$ = 10 cm; $|\overline{MC_1}|$ = 2 cm; $|\overline{C_1 C_2}|$ = 1 cm; $|\overline{C_2 S}|$ = 6 cm; $|\overline{DM}|$ = 4 cm.

Skizze:

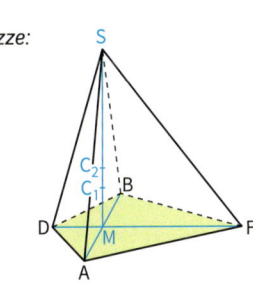

   a) Zeichne das Schrägbild der Pyramide AFBDS mit q = $\frac{2}{3}$, ω = 60° und der Strecke $\overline{DF}$ auf der Schrägbildachse. Trage auch die beiden Punkte C_1 und C_2 ein.
   b) Bestimme die Seitenlängen und die Innenwinkelmaße der Dreiecke ABC_1 und ABC_2 in wahrer Größe.
   c) Die Diagonalen der Grundfläche AFBD werden jeweils über A, B und D hinaus um 1 cm verlängert. Gleichzeitig wird die Höhe der Pyramide um 3 cm verkürzt. Zeichne die veränderte Pyramide in das Schrägbild ein.

KAPITEL 5
BRUCHTERME UND BRUCHGLEICHUNGEN

Ein altes Rätsel

Schon von den griechischen Mathematikern wie Diophant um 250 n. Chr. stammen Aufgaben wie die folgende:

> Aus den Augen und aus dem Mund des Löwen springen Fontänen hervor. Um das Becken zu füllen, braucht das rechte Auge alleine zwei Tage, das linke alleine drei Tage.
> Sprudeln die Fontänen aus beiden Augen und dem Mund, so ist das Becken an einem Tag gefüllt.
> Wie lange braucht die Fontäne aus dem Mund, um das Becken alleine zu füllen?

Kannst du das Rätsel lösen?
Folgende Hinweise können dir dabei helfen:

» Welchen Anteil des Beckens kann die Fontäne aus dem rechten Auge an einem Tag alleine füllen?
» Welchen Anteil füllen die beiden anderen Fontänen an einem Tag?
» Du kannst auch annehmen, dass das Becken zum Beispiel 1800 Liter oder 2000 Liter fasst.

Mischungsverhältnisse

Zum Kochen von Marmelade mit einer besonderen Sorte Gelierzucker wird empfohlen, Früchte und Gelierzucker im Verhältnis 3 : 2 zu mischen. Das bedeutet:
Auf 3 Gewichtsanteile Früchte sollen 2 Gewichtsanteile Gelierzucker kommen.

» Für wie viel Früchte reicht eine 500-g-Packung Gelierzucker?
» Gib andere Früchte- und Gelierzuckermengen an, die zusammenpassen.
» Wie kann man das Mischungsverhältnis in einer Gleichung aufschreiben?

Übersetzungsverhältnisse

Bei einer 21-Gang-Schaltung eines Mountainbikes gibt es 3 Zahnräder vorne (Kettenblätter) und 7 Zahnräder hinten (Ritzel). Die Kettenblätter haben 42, 32 und 22 Zähne, die Ritzel haben 28, 24, 21, 18, 15, 13 und 11 Zähne.
Je nach dem, welches Kettenblatt mit welchem Ritzel zusammengeschalten wird, erhält man eine andere Übersetzung.
Läuft die Kette z. B. über das Kettenblatt mit 22 Zähnen und das Ritzel mit 21 Zähnen, so haben wir eine Übersetzung von 22 : 21 = 1,05, d.h. eine Umdrehung der Pedale führt zu 1,05 Umdrehungen des Hinterrads. Wird das 42er Kettenblatt mit dem 21er Ritzel kombiniert, erhalten wir eine Übersetzung von 42 : 21 = 2, d.h. eine Umdrehung der Pedale führt zu 2 Umdrehungen des Hinterrads.

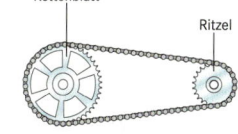

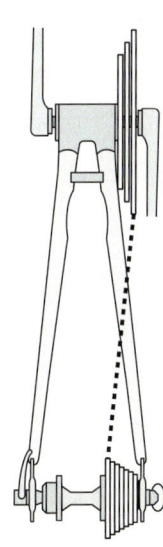

» Die Tabelle gibt die Übersetzungsverhältnisse zwischen dem 42-er Kettenblatt und den einzelnen Ritzeln an. Ergänze im Heft die Übersetzung für die anderen Kettenblätter.

	28	24	21	18	15	13	11
42	1,50	1,75	2,00	2,33	2,80	3,23	3,82
32							
22							

» Kann man bei dieser 21-Gang-Schaltung wirklich von 21 verschiedenen bzw. sinnvollen Gängen sprechen?

IN DIESEM KAPITEL LERNST DU ...

... was Bruchterme und Bruchgleichungen sind und worauf man beim Umgang mit ihnen achten muss.
... wie man das Verhältnis von Größen berechnen kann.
... wie man mit Bruchgleichungen Sachprobleme lösen kann.

BESONDERE STRATEGIEN BEI GLEICHUNGEN MIT BRÜCHEN

EINSTIEG Luisa und Tobias haben die Gleichung auf zwei verschiedenen Wegen gelöst.

» Beschreibt, vergleicht und bewertet sie.
» Berichtet über eure Überlegungen.

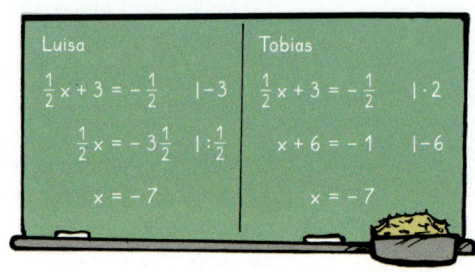

AUFGABE

1. Bestimme die Lösung der Gleichung $\frac{3}{4}x - \frac{1}{2} = \frac{1}{6}x - \frac{9}{4}$.
Dies kann auf zwei unterschiedlichen Wegen erfolgen. Vergleiche sie.

Lösung

1. Weg: Es wird mit Brüchen gerechnet.

$$\frac{3}{4}x - \frac{1}{2} = \frac{1}{6}x - \frac{9}{4} \quad \mid -\frac{1}{6}x \quad \mid +\frac{1}{2}$$
$$\frac{3}{4}x - \frac{1}{6}x = -\frac{9}{4} + \frac{1}{2}$$
$$\frac{9}{12}x - \frac{2}{12}x = -\frac{9}{4} + \frac{2}{4}$$
$$\frac{7}{12}x = -\frac{7}{4} \quad \mid \cdot \frac{12}{7} \quad \text{(Kehrwert von } \frac{7}{12}\text{)}$$
$$x = -\frac{7 \cdot 12}{4 \cdot 7}$$
$$x = -3$$
$$L = \{-3\}$$

2. Weg: Die Brüche werden beseitigt.

$$\frac{3}{4}x - \frac{1}{2} = \frac{1}{6}x - \frac{9}{4} \quad \mid \cdot 12 \quad \text{(12 ist Hauptnenner)}$$
$$\frac{3 \cdot 12}{4}x - \frac{1 \cdot 12}{2} = \frac{1 \cdot 12}{6}x - \frac{9 \cdot 12}{4}$$
$$9x - 6 = 2x - 27 \quad \mid +6 \quad \mid -2x$$
$$7x = -21 \quad \mid :7$$
$$x = -3$$
$$L = \{-3\}$$

Bei Gleichungen mit Brüchen ist es oft günstiger, zunächst die Brüche zu beseitigen.

FESTIGEN UND WEITERARBEITEN

2. Bestimme die Lösungsmenge. Beschreibe, wie du vorgehst.

a) $\frac{x}{4} = \frac{1}{2}$
b) $\frac{x}{3} = \frac{5}{6}$
c) $\frac{z}{2} + 3 = 7$
d) $\frac{y}{4} + \frac{1}{2} = 3$
e) $\frac{x}{3} + \frac{x}{6} = 1$
f) $\frac{a}{3} - \frac{a}{5} = 2$
g) $\frac{1}{8}(x + 7) = \frac{1}{4}$
h) $\frac{2}{3}(y - 1) = \frac{1}{6}$
i) $\frac{x}{15} = \frac{5 - 3x}{30}$
j) $\frac{s}{16} = \frac{2s - 3}{8}$

3. a) Erkläre das Vorgehen im Beispiel rechts.
Rechne zu Ende.
Führe auch die Probe durch.

$$0{,}7x + 3{,}87 = 2{,}4 \quad \mid \cdot 100$$
$$70x + 387 = 240$$

b) Bestimme die Lösungsmenge.
(1) $4{,}2x + 3{,}9 = 2{,}6x + 39{,}1$
(2) $3{,}74 - 2{,}86y = 81{,}3 - 8{,}4y$
(3) $0{,}48x - 4{,}17x = 250 - 3{,}19x$
(4) $8{,}3z - 10 = 10z - 1{,}5$

ÜBEN

4. Bestimme die Lösungmenge.

a) $\frac{x}{5} = \frac{1}{10}$
b) $\frac{x}{8} = \frac{3}{4}$
c) $\frac{1}{3}x + \frac{1}{4}x = 7$
d) $\frac{x}{2} + \frac{x}{5} = -7$
e) $\frac{1}{8}x + 5 = 3$
f) $-\frac{y}{2} + \frac{1}{6} = \frac{1}{3}$
g) $\frac{7}{2}x - \frac{3}{4}x = \frac{11}{4}$
h) $\frac{3x}{5} - \frac{1}{15} = \frac{2x}{3}$
i) $\frac{5}{12}z - \frac{7}{18}z = 2$
j) $\frac{7}{9}x - \frac{13}{6}x = \frac{1}{12}$

5. a) $0{,}7x + 2{,}4 = 0{,}4x$
b) $2a - 7{,}6 = 2{,}4$
c) $0{,}12x - 1{,}8 = 0{,}04x$
d) $-x + 2{,}1 = 1{,}5 - 0{,}7x$
e) $x - 0{,}1x + 0{,}01x = 1{,}82$
f) $0{,}3z + 6{,}9 + 2{,}2z - 0{,}4 = 0$

6. a) $\frac{5}{6}(x - 3) = 10$
b) $\frac{3}{4}(z + 8) = \frac{1}{3}(z - 12)$
c) $\frac{2x}{3} = \frac{5x - 11}{9}$
d) $\frac{x + 1}{2} = \frac{x - 2}{5}$

BRUCHTERME

EINSTIEG

$e = \dfrac{5 \cdot x}{x - 5}$

Stellt man eine Kerze vor einer Sammellinse (mit der Brennweite 5 cm) auf, so kann man auf der anderen Seite der Linse auf einem Schirm ein Bild der Kerze auffangen. Dieses ist aber nur scharf, wenn man den Schirm in einer bestimmten Entfernung von der Linse platziert. In der Physik kann man zeigen, dass für eine Linse mit der Brennweite 5 cm gilt:
Ist x (in cm) die Entfernung der Kerze von der Linse, so erhält man ein scharfes Bild, wenn die Entfernung e (in cm) des Schirmes von der Linse $e = \dfrac{5 \cdot x}{x - 5}$ beträgt.

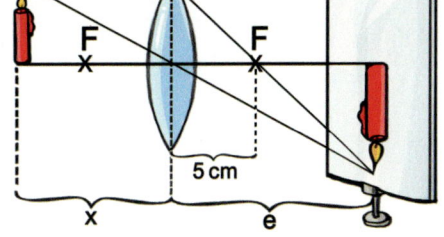

» Die Kerze steht 7 cm von der Linse entfernt. Ermittle rechnerisch, in welcher Entfernung e der Schirm aufgestellt werden muss.

Wenn man die Kerze 5 cm von der Linse entfernt aufstellt, so erhält man kein scharfes Bild von der Kerze. Dies liegt daran, dass die Kerze genau im Brennpunkt vor der Linse steht.

» Was erhält man, wenn man bei x = 5 cm versucht, die Entfernung des Schirms e rechnerisch zu bestimmen?

AUFGABE

1. Setze in den Bruchterm $\dfrac{5}{x-2}$ für x folgende Zahlen ein: 3; 2; 1,5; 1; 0; –1.
Berechne, wenn möglich, den Wert des Terms.
Welche Zahlen dürfen für x eingesetzt werden?
Fasse alle Zahlen, die für x eingesetzt werden dürfen, zur *Definitionsmenge* D des Bruchterms zusammen. Gib diese an.

Lösung

x	3	2	1,5	1	0	–1
$\dfrac{5}{x-2}$	$\dfrac{5}{3-2} = \dfrac{5}{1} = 5$	$\dfrac{5}{2-2} = \dfrac{5}{0}$ (nicht definiert)	$\dfrac{5}{1,5-2} = \dfrac{5}{-0,5}$ $= -\dfrac{50}{5} = -10$	$\dfrac{5}{1-2} = \dfrac{5}{-1}$ $= -5$	$\dfrac{5}{0-2} = \dfrac{5}{-2}$ $= -\dfrac{5}{2}$	$\dfrac{5}{-1-2} = \dfrac{5}{-3}$ $= -\dfrac{5}{3}$

Setzt man in den Term $\dfrac{5}{x-2}$ für x die Zahl 2 ein, so wird der Nenner 0. Die Division durch 0 ist aber nicht möglich. Der Term $\dfrac{5}{x-2}$ ist definiert (erklärt) für x ≠ 2, weil dann der Nenner ungleich 0 ist. Die Definitionsmenge D von $\dfrac{5}{x-2}$ umfasst alle Zahlen außer 2.

> Falls nicht anders angegeben, gilt: G = Q.

INFORMATION

Bruchterme
Terme wie $\dfrac{5}{x-2}$ oder $\dfrac{x+2}{x(x+1)}$, die mindestens eine Variable im Nenner haben, heißen **Bruchterme**.

$\dfrac{a}{b} = a : b$

Den Quotienten a : b kann man als Bruchterm $\dfrac{a}{b}$ schreiben.
Der Bruchstrich ersetzt dabei das Divisionszeichen.

> $\dfrac{x+2}{x-3}$
> $= (x+2):(x-3)$

> Durch 0 darf man nicht dividieren.

Definitionsmenge eines Bruchterms

Die **Definitionsmenge** D eines Terms enthält alle Zahlen, der Grundmenge, für die man nach Einsetzung für die Variable (bzw. für die Variablen) den Termwert berechnen kann.

Bei **Bruchtermen** muss man darauf achten, dass der Nenner nicht 0 werden kann.
Zur Bestimmung der Definitionsmenge betrachtet man zunächst die Grundmenge aller rationalen Zahlen; dann schließt man die Zahlen aus, für die der Nenner 0 wird.

Beispiel:
Für $\frac{2x}{x-3}$ mit der Grundmenge $\mathbb{Q}$ gilt: $D = \mathbb{Q}\setminus\{3\}$

> Menge aller rationalen Zahlen ohne 3

FESTIGEN UND WEITERARBEITEN

2. a) Gegeben ist der Term $\frac{x}{(x-2)\cdot(x+4)}$ mit der Grundmenge $\mathbb{Q}$. Berechne den Wert des Terms für $x = 3$; $x = 7$; $x = -4$; $x = 2{,}5$; $x = 0$.
Warum ist der Term nicht für $x = 2$ und nicht für $x = -4$, wohl aber für $x = 0$ definiert?

b) Gegeben ist der Term $\frac{x+2}{x^2+1}$.
Berechne den Wert des Terms für $x = 5$; $x = -3$; $x = 0$; $x = -2{,}5$; $x = 4{,}5$.
Warum ist der Term für alle rationalen Zahlen definiert?

3. Gib die Definitionsmenge an.

a) $\frac{2}{x}$ b) $\frac{3}{7x}$ c) $\frac{7x+9}{x+8}$ d) $\frac{7x^2+5}{3x+2}$

> $\frac{5}{2x-4}$ $D = \mathbb{Q}\setminus\{2\}$

4. Du kannst Bruchterme wie gewöhnliche Brüche erweitern und kürzen.
Beachte aber, dass der Erweiterungs-/Kürzungsfaktor ungleich 0 sein muss.

> $\frac{3}{4} = \frac{3\cdot 5}{4\cdot 5} = \frac{15}{20}$
> $\frac{20}{28} = \frac{20:4}{28:4} = \frac{5}{7}$

a) Erweitere: $\frac{5}{9}$ mit b; $\frac{2x^2}{3x}$ mit x; $\frac{a+b}{a-b}$ mit c

b) Kürze: $\frac{-15a}{45a}$; $\frac{4x^2}{2x}$; $\frac{3x^2+2x}{-4x}$

> $\frac{4x}{3} = \frac{4x^2}{3x}$; $x \neq 0$
> $\frac{3x}{2x} = \frac{3}{2}$; $x \neq 0$

ÜBEN

5. Berechne den Wert des Bruchterms (Grundmenge $\mathbb{Q}$) für die angegebenen Einsetzungen. Trage die Ergebnisse in eine Tabelle ein. Für welche Einsetzungen ist der Bruchterm nicht definiert?
Gib die Definitionsmenge des Terms an.

a) $\frac{24}{x-7}$; 10; 9; 8; 7; 6; 5; 7,8

b) $\frac{4x}{2x-6}$; −1; 0; 1; 2; 3; 4; 4,5

c) $\frac{x(x+1)}{x-1}$; 2; 1; 0; −1; −2; −3; 1,5

d) $\frac{x+3}{x-4}$; −1; 0; 1; 2; 3; 4,7

6. Gib die Definitionsmenge des Bruchterms an.

a) $\frac{x+5}{x-7}$ c) $\frac{4x}{3x-12}$ e) $\frac{x+4}{7x+35}$ g) $\frac{2}{a(a+4)}$

b) $\frac{3x}{x+6}$ d) $\frac{5x+2}{3x+15}$ f) $\frac{x+5}{24-6x}$ h) $\frac{1}{a^2-0{,}16}$

7. Die Definitionsmenge eines Bruchterms ist
a) $D = \mathbb{Q}\setminus\{-2\}$;   b) $D = \mathbb{Q}\setminus\{-2; 2\}$.
Wie könnte der zugehörige Bruchterm aussehen? Finde mehrere Möglichkeiten.

8. a) Erweitere: $\frac{3}{x}$ mit $5x$; $\frac{3}{8y}$ mit $-3y$; $\frac{5}{a-1}$ mit $(a+1)$; $\frac{3x+1}{5-4x}$ mit $2x$

b) Kürze: $\frac{9x}{12x}$; $\frac{15a^2}{-24a}$; $\frac{6(x-1)}{x-1}$; $\frac{36x^2(x+2)}{6x(x+2)}$

> Beachte die Definitionsmenge.

BRUCHGLEICHUNGEN

EINSTIEG

Wenn man zum Doppelten der gesuchten Zahl 1 addiert und die Summe durch die gesuchte Zahl dividiert, so erhält man dasselbe, wie wenn man 3 durch die Zahl dividiert.
Wie heißt die Zahl?

» Versuche, eine Gleichung zu dem Zahlenrätsel zu schreiben.
» Welche Strategie braucht man, um die Gleichung zu lösen.

AUFGABE

1. Betrachte die folgenden Gleichungen:

a) $\dfrac{12}{x-1} = 6$ b) $\dfrac{4}{2x+3} = \dfrac{5}{x+6}$

In diesen Gleichungen tritt die Variable x im Nenner auf.
Die Gleichungen enthalten Bruchterme. Solche Gleichungen heißen daher Bruchgleichungen.
Bestimme die Lösungsmenge dieser Bruchgleichungen.
Gib zunächst die Definitionsmenge der Bruchgleichung an.

Lösung

a) (1) *Bestimmen der Definitionsmenge der Bruchgleichung:*

In der Bruchgleichung tritt der Term $\dfrac{12}{x-1}$ auf. Dieser Term ist für alle Zahlen außer $x = 1$ definiert. Die Definitionsmenge der Bruchgleichung ist also $D = \mathbb{Q}\setminus\{1\}$. Die Zahl 1 scheidet damit von vornherein als mögliche Lösung aus: $x \neq 1$.

(2) *Bestimmen der Lösungsmenge:*

Wir beseitigen zunächst den Bruch, da das Rechnen dadurch einfacher wird.
Hierzu multiplizieren wir auf beiden Seiten mit $(x - 1)$:

$\dfrac{12}{x-1} = 6$ $\quad | \cdot (x-1)$

$12 = 6 \cdot (x - 1)$

$12 = 6x - 6$ $\quad | +6$

$18 = 6x$ $\quad | :6$

$3 = x$

Hinweis:
Das Multiplizieren mit $(x - 1)$ ist wegen $x \neq 1$ erlaubt.

$L = \{3\}$

Als Lösungsmenge erhalten wir $L = \{3\}$.

(3) Wir überprüfen durch eine Probe, indem wir 3 für x in die Gleichung einsetzen.

Probe:

$\dfrac{12}{3-1} = 6$

$\dfrac{12}{2} = 6$

$6 = 6$ (w)

b) (1) *Bestimmen der Definitionsmenge der Bruchgleichung*:
Der linke Term der Bruchgleichung $\frac{4}{2x+3} = \frac{5}{x+6}$ ist definiert für alle x außer für $x = -\frac{3}{2}$, der rechte für alle x außer für $x = -6$. Wir erhalten die Definitionsmenge $D = \mathbb{Q}\setminus\{-6; -\frac{3}{2}\}$ der Bruchgleichung.

(2) *Bestimmen der Lösungsmenge*:
Auch hier beseitigen wir die Brüche, diesmal in zwei Schritten:
Wir formen für $x \neq -6$ und für $x \neq -\frac{3}{2}$ die Gleichung um:

$$\frac{4}{2x+3} = \frac{5}{x+6} \quad | \cdot (2x+3)$$
$$\frac{4 \cdot (2x+3)}{2x+3} = \frac{5 \cdot (2x+3)}{x+6} \quad | \text{ Kürzen mit } (2x+3)$$
$$4 = \frac{5 \cdot (2x+3)}{x+6} \quad | \cdot (x+6)$$
$$4 \cdot (x+6) = \frac{5 \cdot (2x+3) \cdot (x+6)}{x+6} \quad | \text{ Kürzen mit } (x+6)$$
$$4 \cdot (x+6) = 5 \cdot (2x+3)$$
$$4x + 24 = 10x + 15 \quad | -10x \quad | -24$$
$$-6x = -9 \quad | : (-6)$$
$$x = \frac{-9}{-6} = \frac{3}{2} = 1{,}5$$
$$L = \{1{,}5\}$$

> **Hinweis:**
> Das Multiplizieren und das Kürzen mit $2x+3$ sind wegen $x \neq -\frac{3}{2}$ und damit $2x+3 \neq 0$ erlaubt.
>
> Das Gleiche gilt wegen $x \neq -6$ für das Multiplizieren und Kürzen mit $x+6$.

(3) *Probe*:
$$\frac{4}{2 \cdot 1{,}5 + 3} = \frac{5}{1{,}5 + 6}$$
$$\frac{4}{6} = \frac{5}{7{,}5}$$
$$\frac{2}{3} = \frac{2}{3} \text{ (w)}$$

INFORMATION

(1) Bruchgleichungen
Bei Bruchgleichungen kommt die Variable im Nenner vor. Sie kann zusätzlich auch im Zähler vorkommen.
Man überprüft zunächst, welche Zahlen von vornherein als Lösungen ausscheiden, weil dann einer der Nenner 0 wäre. Danach kann man die Lösung der Bruchgleichung ermitteln. Umformungen führt man dann stets unter der Bedingung durch, dass alle Nenner ungleich 0 sind.

(2) Definitionsmenge einer Bruchgleichung
Die Definitionsmenge einer Bruchgleichung enthält alle Zahlen, für die man nach Einsetzung für die Variable in alle vorkommenden Terme den Termwert berechnen kann.
Zur Bestimmung der Definitionsmenge betrachtet man zunächst alle rationalen Zahlen; dann schließt man die Zahlen aus, für die zumindest einer der Nenner 0 wird.

FESTIGEN UND WEITERARBEITEN

2. Gib die Zahlen an, die von vornherein nicht Lösung der Bruchgleichung sein können. Löse anschließend.

a) $\frac{2}{x-1} = \frac{4}{x+1}$

b) $\frac{2}{x} = \frac{7}{x-5}$

c) $\frac{5}{2x+6} = \frac{3}{x}$

d) $\frac{4}{2x+5} = \frac{12}{5+x}$

> Bei Bruchgleichungen kann man auch „über Kreuz multiplizieren"; d.h. in einem Schritt mit beiden Nennern multiplizieren: $\frac{4}{x-1} = \frac{2}{x-2} \quad | \cdot (x-1) \cdot (x-2)$
> $4(x-2) = 2(x-1)$

3. Multipliziere wie im Beispiel.

a) $\frac{17}{x} \cdot x$ c) $\frac{2}{x+5} \cdot (2x-1)$

b) $\frac{4-x}{x} \cdot 12$ d) $\frac{3+x}{3-x}(3-x)$

$$\frac{7}{x} \cdot x = \frac{7x}{x} = 7;\ x \neq 0$$
$$\frac{3}{x-1} \cdot (x+2) = \frac{3 \cdot (x+2)}{x-1};\ x \neq 1$$

4. *Sonderfälle bei der Lösung einer Bruchgleichung*

a) Begründe: $\frac{3}{x-2} = \frac{3}{x-2}$ hat die Lösungsmenge $L = \mathbb{Q} \setminus \{2\}$.

b) Begründe: $\frac{3x-8}{x-4} = \frac{x}{x-4}$ hat die Lösungsmenge $L = \{\ \}$.

ÜBEN

5. Löse die Gleichung im Kopf. Gib zunächst die Definitionsmenge an.

a) $\frac{20}{x} = 4$ b) $\frac{25}{5x} = 1$ c) $\frac{32}{2x} = 4$ d) $\frac{36}{4y} = -3$ e) $\frac{30}{y} = 10$

6. Bestimme die Definitionsmenge und die Lösungsmenge.

a) $\frac{7}{x} = 5$ c) $\frac{15}{x+10} = 5$ e) $\frac{3-x}{5x+2} = \frac{1}{12}$ g) $\frac{8y+10}{2y+11} = -30$

b) $\frac{8}{x-1} = 4$ d) $\frac{15}{12x-7} = 3$ f) $\frac{2x-1}{4x-2} = \frac{1}{2}$ h) $\frac{50-10y}{2-y} = -20$

7. a) $\frac{4}{x-1} = \frac{2}{x-2}$ c) $\frac{8}{x+4} = \frac{12}{1-x}$ e) $\frac{8}{3y+1} = \frac{5}{y-1}$ g) $\frac{8}{6-2z} = \frac{9}{4-3z}$

b) $\frac{4}{x+5} = \frac{1}{x-1}$ d) $\frac{3}{x-4} = \frac{15}{x+1}$ f) $\frac{2}{4y-1} = \frac{-3}{2y+5}$ h) $\frac{7}{2z+1} = \frac{1}{1-z}$

8. Wo steckt der Fehler? Berichtige, wenn nötig.

a) $\frac{3x-1}{x-2} = \frac{5}{x-2}$ $|\cdot (x-2)$
    $3x - 1 = 5$ $|+1$
      $3x = 6$ $|:3$
       $x = 2$
    $L = \{2\}$

b) $\frac{2}{x+2} = 1$ $|\cdot (x+2)$
    $2 = x + 2$ $|-2$
    $4 = x$
    $L = \{4\}$

c) $\frac{x}{x^2-3x} = \frac{2}{2x-6}$
    $x(2x-6) = 2(x^2-3x)$
    $2x^2 - 6x = 2x^2 - 6x$ (wahr)
    $L = \mathbb{Q}$

9. Stelle zu dem Zahlenrätsel eine Gleichung auf und löse sie.
Gib auch die Definitionsmenge an.
Mache die Probe anhand des Zahlenrätsels.

a) Gegeben ist der Bruch $\frac{3}{4}$. Addiert man zum Nenner eine Zahl, so erhält man $\frac{1}{2}$.

b) Gegeben ist der Bruch $\frac{2}{5}$. Subtrahiert man vom Zähler und vom Nenner jeweils dieselbe Zahl, so erhält man 2.

c) Addiert man bei dem Bruch $\frac{2}{3}$ den Zähler mit einer Zahl und multipliziert den Nenner mit derselben Zahl, so erhält man $\frac{3}{7}$.

d) Gegeben ist der Bruch $\frac{7}{25}$. Multipliziert man den Zähler mit einer Zahl und den Nenner mit dem Doppelten der Zahl, so erhält man 0,14.

10. Eine Rotationsmaschine benötigt zum Ausdrucken einer Zeitung (48 000 Exemplare) 40 Minuten, eine andere 30 Minuten.

(1) Wie viel Minuten werden zum Ausdrucken der Zeitung benötigt, wenn beide gleichzeitig arbeiten?

(2) Wie viele Exemplare hat dann jede Maschine gedruckt?

VERHÄLTNISGLEICHUNGEN

Unterschied und Verhältnis als Hilfsmittel beim Vergleich zweier Größen – Verhältnisgleichung

EINSTIEG

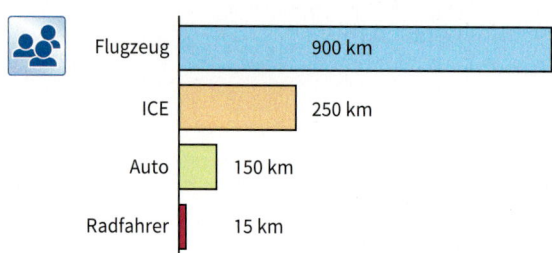

Links sind Entfernungen angegeben, die in einer Stunde zurückgelegt werden können.

» Vergleicht die Angaben auf unterschiedliche Weise.
» Präsentiert eure Ergebnisse.

AUFGABE

> In Deutschland wurde nicht immer mit dem Euro bezahlt. Vor 2002 war das offizielle Zahlungsmittel die Deutsche Mark (DM).

1. Im Jahre 1960 kostete eine Eintrittskarte in einem bestimmten Kino umgerechnet 0,80 €, das waren ca. 1,56 DM.
Im Jahre 2019 musste man an derselben Kinokasse 6,80 € für eine Eintrittskarte bezahlen. Vergleiche die Preise.

Lösung

1. Möglichkeit
Wir berechnen den Preisunterschied (die Preisdifferenz):
6,80 € − 0,80 € = 6,00 €

Ergebnis: Der Preis erhöhte sich um 6 €.

2. Möglichkeit
Wir berechnen, in welchem Verhältnis die Preise zueinander stehen.
Wir schätzen: Der Preis hat sich ungefähr verachtfacht.
Das kann man genauer berechnen:
$x = \frac{6,80\,€}{0,80\,€} = \frac{680}{80} = \frac{17}{2} = 8\frac{1}{2}$

Ergebnis: Der Preis im Jahre 2019 ist das $8\frac{1}{2}$-Fache des Preises von 1960.

Man sagt auch:
„Das Verhältnis des Preises von 2019 zum Preis von 1960 ist $8\frac{1}{2}$ bzw. $\frac{17}{2}$." *oder*
„Der Preis von 2019 verhält sich zum Preis von 1960 wie 17 zu 2."

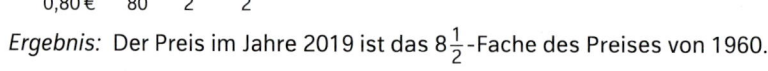

Man schreibt: Preis von 2019 : Preis von 1960 = 17 : 2   oder $\frac{\text{Preis von 2019}}{\text{Preis von 1960}} = \frac{17}{2}$

INFORMATION

(1) Verhältnis zweier Größen bzw. Zahlen
Beim Vergleich zweier Größen a und b bezeichnet man den Quotienten a : b bzw. den Bruch $\frac{a}{b}$ auch als **Verhältnis**.
Den Term a : b bzw. $\frac{a}{b}$ liest man dann *a zu b*.

Bruchterme und Bruchgleichungen **117**

(2) Verhältnisgleichung

Beim Lösen der Aufgabe 1 auf Seite 116 (2. Möglichkeit) erhalten wir zwei gleich große Verhältnisse, nämlich $\frac{6{,}80\,€}{0{,}80\,€}$ und $\frac{17}{2}$ (bzw. 6,80 € zu 0,80 € und 17 zu 2).

Es gilt: $\frac{6{,}80\,€}{0{,}80\,€} = \frac{17}{2}$.

Eine solche Gleichung der Form $\frac{a}{b} = \frac{c}{d}$ heißt **Verhältnisgleichung**.

Eine Verhältnisgleichung ist eine besondere Bruchgleichung.
Man schreibt auch: a : b = c : d und liest: *a verhält sich zu b wie c zu d.*

FESTIGEN UND WEITERARBEITEN

2. a) Mark rechnet das Verhältnis der Preise einer Kinokarte aus Aufgabe 1 von Seite 116 auf folgende Weise aus:

Das Achtfache des Preises von 1960 ergibt 6,40 €. Es bleiben 0,40 € Differenz zu 6,80 €. 0,40 € ist die Hälfte von 0,80 €.

Das ergibt zusammen: 6,80 € ist das $8\frac{1}{2}$-Fache von 0,80 €.
Vergleiche und bewerte die Lösungswege aus Aufgabe 1 und Aufgabe 2.

b) Im Jahre 1963 kostete 1 Liter Diesel an einer bestimmten Tankstelle umgerechnet 0,22 €. Im Jahr 2018 zahlte man an dieser Tankstelle für 1 Liter Diesel 1,51 €.
(1) Vergleiche die Preise auf zwei unterschiedliche Arten.
(2) Gib den Preisunterschied in Prozent der Preise von 1963 an.
(3) Gib das Verhältnis der Preise von 2018 und 1963 in Prozent an.

3. Welche der Verhältnisgleichungen sind wahre Aussagen?
Korrigiere gegebenenfalls die rechte Seite der Gleichung.

(1) $\frac{60\text{ Cent}}{80\text{ Cent}} = \frac{3}{4}$ (2) $\frac{120\text{ km}}{720\text{ km}} = \frac{1}{6}$ (3) $\frac{2}{7} = \frac{120\text{ kg}}{300\text{ kg}}$ (4) $\frac{7}{5} = \frac{126}{85}$ (5) $\frac{4}{3} = \frac{5}{4}$

ÜBEN

4. Vergleiche den Anstieg der Geldwerte auf zwei Weisen.

a) Durchschnittlicher Bruttostundenlohn eines Arbeiters

1960	1,48 €
2018	18,21 €

c) 1 Liter Vollmilch

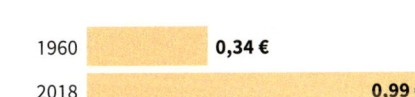

b) 1 Liter Super

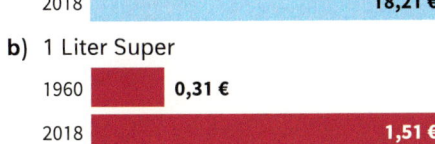

d) 1 Kilogramm Roggenbrot

5. a) An einer Bergstraße steht das links abgebildete Verkehrsschild. Um wie viel Höhenmeter steigt die Straße pro 100 m an?

b) Eine Straße steigt auf 75 m waagerecht um 5,70 m an (s. Abbildung rechts). Welche Angabe muss auf dem Verkehrsschild stehen?

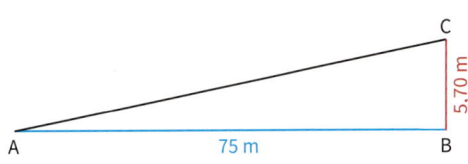

Anwenden von Verhältnissen und Verhältnisgleichungen

EINSTIEG

Lara hat einen Roller. Sie braucht dafür ein Gemisch 1:50 (Öl- zu Benzinvolumen).

» Sie tankt 3,4 ℓ Benzin.
Wie viel Öl muss zugegeben werden?
» Ein anderes Mal kauft sie eine Dose mit 60 mℓ Öl.
Wie viel ℓ Benzin muss sie tanken?

AUFGABE

1. Zwei Nachbarn, Andreas und Bernd, spielen gemeinsam Lotto. Andreas zahlt 3 €, Bernd 5 € ein. Sie gewinnen zusammen 720 €.
Wie viel erhält jeder, wenn der Gewinn im Verhältnis der Einsätze verteilt wird?
Rechne auf zwei Wegen.

Lösung

1. Weg

Weil Andreas 3 € und Bernd 5 € eingezahlt haben, muss der Gewinn im Verhältnis 3:5 verteilt werden.
Andreas erhält also 3 Teile, Bernd 5 Teile des Gewinns. Das sind zusammen 8 Teile, die verteilt werden müssen.

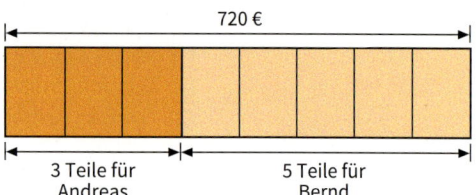

Auf jeden Teil entfallen: 720 € : 8 = 90 €
Andreas erhält: 90 € · 3 = 270 €
Bernd erhält: 90 € · 5 = 450 €

2. Weg

(1) *Aufstellen einer Verhältnisgleichung*
Andreas, der 3 € eingezahlt hat, erhält x €.
Dann erhält Bernd (720 – x) €.

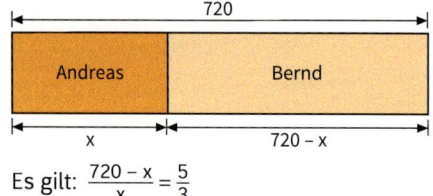

Es gilt: $\frac{720 - x}{x} = \frac{5}{3}$

(2) *Bestimmen der Lösung*
Einschränkende Bedingung: $x \neq 0$
Wir formen um für $x \neq 0$:

$$\frac{720 - x}{x} = \frac{5}{3} \quad | \cdot x \quad | \cdot 3$$
$$(720 - x) \cdot 3 = 5 \cdot x$$
$$2160 - 3x = 5x$$
$$-8x = -2160$$
$$x = 270$$

> 0 musst du für x ausschließen, da du sonst durch 0 dividieren würdest.

Bernd erhält dann: (720 – 270) € = 450 €

(3) *Ergebnis:* Andreas erhält 270 €, Bernd 450 €.

FESTIGEN UND WEITERARBEITEN

2. a) Zwei Personen A und B teilen sich einen Gewinn von 1 200 € im Verhältnis 2:3.
Wie viel Euro erhält jede Person?
b) Eine Erbschaft von 1 800 € wird unter zwei Geschwistern im Verhältnis 5:7 verteilt.
Wie viel Euro erhält jeder von der Erbschaft?

ÜBEN

Vergiss die Probe nicht.

3. Bestimme die Lösung. Gib auch die Definitionsmenge an.

a) $\frac{3}{2} = \frac{x}{4}$ c) $\frac{16}{7} = \frac{8}{x}$ e) $\frac{x-9}{8} = \frac{5}{2}$ g) $\frac{12x}{9} = \frac{28-x}{12}$

b) $\frac{2}{x} = \frac{5}{11}$ d) $\frac{x+2}{4} = \frac{3}{5}$ f) $\frac{6}{x+2} = \frac{4}{9}$ h) $\frac{2}{5} = \frac{4x}{6+x}$

4. Die Kosten für einen Zivilprozess betragen 665 €. Sie werden von den streitenden Parteien im Verhältnis 4 : 3 getragen. Wie viel Euro hat jede Partei zu zahlen?

5. In einem Zweifamilienhaus betrugen in einem Jahr die Kosten für die gemeinsame Ölheizung 1 026 €. Die Heizkosten der Familien werden nach der Größe der Wohnungen (80 m^2 bzw. 110 m^2) berechnet. Wie viel Euro muss jede Familie für die Heizung bezahlen?

6. Die Flüssigkeit für die Scheibenwaschanlage eines Pkw besteht aus einem Frostschutzmittel und Wasser.
Die nebenstehende Tabelle gibt das Verhältnis der Volumina des Frostschutzmittels und des Wassers an.

Frostsicherheit	Frostschutzmittelvolumen zu Wasservolumen
–20 °C	1 : 2
–27 °C	2 : 3
–40 °C	1 : 1

a) Wie viel ℓ Wasser muss man zu
(1) 1,5 ℓ,   (2) 3,6 ℓ   Frostschutzmittel geben, um die jeweiligen Frostsicherheiten zu gewährleisten?

b) Wie viel ℓ Frostschutzmittel muss man in den drei Fällen zu 4,8 ℓ Wasser geben?

c) Die Scheibenwaschanlage des Autos fasst   (1) 6 ℓ,   (2) 5,4 ℓ.
Wie viel ℓ Wasser und wie viel ℓ Frostschutzmittel muss man bei den einzelnen Frostsicherheiten einfüllen?

7. *Verhältnis von drei bzw. vier Größen*

a) Ein Gewinn von 13 500 € wird unter drei Personen A, B, C im Verhältnis 4 : 3 : 2 verteilt.
Wie viele Teile erhält jeder?
Welche Anteile am Gewinn sind das?
Wie viel Euro erhält jeder?

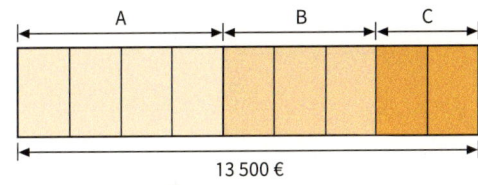

b) Ein Gewinn von 8 700 € wird im Verhältnis 1 : 2 : 3 : 4 verteilt.

8.

Durch Anzupfen einer Saite kann man einen Ton erzeugen. Verkürzt man die Saite (z. B. durch Fingerdruck), so erhält man einen höheren Ton. Grundton und höhere Töne bilden zusammen ein Tonintervall. Bestimmte Tonintervalle haben eigene Namen:
Sekunde (10 : 9), Terz (5 : 4), Quarte (4 : 3), Quinte (3 : 2), Sexte (5 : 3), Septime (15 : 8), Oktave (2 : 1) usw.
In Klammern steht jeweils das Längenverhältnis der langen zur verkürzten Saite.

a) Eine Saite ist 60 cm lang. Wie lang muss jeweils die verkürzte Saite sein, damit man die einzelnen Intervalle erhält?

b) Die verkürzte Saite ist 36 cm lang. Wie lang muss die längere Saite sein, damit man die angegebenen Intervalle erhält?

VERMISCHTE UND KOMPLEXE ÜBUNGEN

1. Löse das Zahlenrätsel durch eine Gleichung.

a) Dividiert man 3 durch das 6-Fache der Zahl, so erhält man 5.

b) Dividiert man 2 durch die um 1 verkleinerte Zahl, so erhält man 1.

c) Addiert man 4 zu der Zahl und dividiert das Ergebnis durch die um 1 verminderte Zahl, so erhält man dasselbe, als wenn man die Zahl um 6 vermehrt und das Ergebnis durch die Zahl dividiert.

2. Bestimme die Definitionsmenge des Bruchterms.

a) $\dfrac{5}{6x}$ b) $\dfrac{18x}{19-\frac{1}{2}x}$ c) $\dfrac{x-4}{12x+24}$ d) $\dfrac{x^2}{35-7x}$ e) $\dfrac{6(x+3)}{7(x-3)}$ f) $\dfrac{x}{x^2-25}$

3. Berechne den Wert des Terms.

a) $\dfrac{8}{a+5}$ für $a = 11$

b) $\dfrac{-7}{2b-4}$ für $b = 16$

c) $\dfrac{4b+3c}{3c-3b}$ für $b = 1$ und $c = -2$

d) $\dfrac{7x+4y}{5x-3y}$ für $x = -4{,}2$ und $y = 2{,}8$

e) $\dfrac{-6x-7y}{3x+2y}$ für $x = 0{,}2$ und $y = 4{,}3$

f) $\dfrac{3x^2-3y^2}{9x^2-9y^2}$ für $x = -5$ und $y = 8$

4. Bestimme die Lösungsmenge. Gib vorher die Definitionsmenge an.

a) $\dfrac{4}{x-1} = \dfrac{2}{x-2}$

b) $\dfrac{4}{x+5} = \dfrac{1}{x-1}$

c) $\dfrac{8}{x+4} = \dfrac{12}{1-x}$

d) $\dfrac{3}{x-4} = \dfrac{15}{x+1}$

e) $\dfrac{8}{3x+1} = \dfrac{5}{x-1}$

f) $\dfrac{2}{4x-1} = \dfrac{-3}{2x+5}$

g) $\dfrac{8}{6-2x} = \dfrac{9}{4-3x}$

h) $\dfrac{7}{2x+1} = \dfrac{1}{1-x}$

5. a) Eine bestimmte Messingsorte besteht aus 56 Gewichtsteilen Kupfer und 44 Gewichtsteilen Zink. Wie viel Kupfer bzw. Zink enthält ein Messingstück von 8 400 g?

b) Mischt man eine Schmelze von Kupfer und Zink im Verhältnis 7 : 3, so erhält man eine andere Messingsorte.
  (1) Wie viel kg Kupfer und wie viel kg Zink sind in einer 5 kg schweren Messingplatte enthalten?
  (2) Aus 6 kg Zink soll Messing hergestellt werden. Wie viel kg Kupfer benötigt man dazu noch?

6. Ein Schwimmbecken kann durch zwei Rohre gefüllt werden. Wenn nur das eine Rohr in Betrieb ist, dauert das Füllen 6 Tage, wenn nur das andere in Betrieb ist, dauert es 7 Tage. Wie lange dauert es, wenn das Bad durch beide Rohre gefüllt wird?
Anleitung: x sei die Anzahl der Tage, die zum Füllen durch beide Rohre benötigt werden. Dann wird an einem Tag $\frac{1}{x}$ des Bades gefüllt. An einem Tag wird durch das 1. Rohr $\frac{1}{6}$ und durch das 2. Rohr $\frac{1}{7}$ des Bades gefüllt, durch beide zusammen also $\frac{1}{6} + \frac{1}{7}$ des Bades.

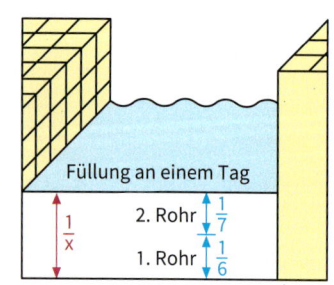

Füllung an einem Tag

Bruchterme und Bruchgleichungen **121**

WAS DU GELERNT HAST

Bruchterme
Terme wie $\frac{5}{x}$ oder $\frac{x+2}{x(x+1)}$ heißen **Bruchterme**.
Zur Bestimmung der **Definitionsmenge** D eines Bruchterms betrachtet man zunächst alle rationalen Zahlen; dann schließt man die Zahlen aus, für die der Nenner 0 wird.

$\frac{2x}{x-3}$ $D = \mathbb{Q}\setminus\{3\}$

Bruchgleichungen
Bei **Bruchgleichungen** kommt die Variable im Nenner vor.
Die **Definitionsmenge** einer Bruchgleichung enthält alle Zahlen, für die man den Termwert berechnen kann. Hierzu schließt man die Zahlen aus, für die der Nenner 0 wird.
Um die **Lösungsmenge** von Bruchgleichungen zu bestimmen, beseitigt man zunächst die Brüche.

$\frac{6}{x-1} = \frac{9}{x}$ $D = \mathbb{Q}\setminus\{0; 1\}$

$$\frac{6}{x-1} = \frac{9}{x} \quad |\cdot(x-1)$$
$$6 = \frac{9(x-1)}{x} \quad |\cdot x$$
$$6x = 9(x-1)$$
$$6x = 9x - 9 \quad |-9x$$
$$-3x = -9 \quad |:(-3)$$
$$x = 3$$
$$L = \{3\}$$

> Man kann auch „über Kreuz multiplizieren":
> $\frac{6}{x-1} = \frac{9}{x}$ $|\cdot(x-1)\cdot x$
> $6x = 9(x-1)$

Verhältnisgleichungen
Eine Gleichung der Form $\frac{a}{b} = \frac{c}{d}$ heißt **Verhältnisgleichung**.
Verhältnisgleichungen sind spezielle Bruchgleichungen.
Man schreibt auch $a:b = c:d$,
gelesen: *a verhält sich zu b wie c zu d*

BIST DU FIT?

1. Bestimme die Lösungsmenge.
   a) $\frac{x}{6} = \frac{1}{12}$ b) $\frac{2}{3}x + \frac{1}{2}x = 14$ c) $\frac{1}{8}x + 7 = 5$ d) $\frac{1}{3}(x-3) = 1$ e) $-\frac{1}{2}(y+11) = -21$

2. Gib die Definitionsmenge des Bruchterms an.
   a) $\frac{x+4}{x-1}$ b) $\frac{2x+3}{x}$ c) $\frac{2x}{3x-6}$ d) $\frac{x-4}{6x+36}$ e) $\frac{27y-13}{24+y}$ f) $\frac{27}{2y-3y}$

3. Bestimme die Definitionsmenge und die Lösungsmenge.
   a) $\frac{35}{x} = 7$ c) $\frac{4}{x-1} = 2$ e) $\frac{2}{y-1} = \frac{1}{y-2}$
   b) $\frac{24}{3x} = -1$ d) $\frac{10}{9x-7} = 5$ f) $\frac{1}{2z-5} = \frac{4}{4z-4}$

4. Bestimme die Definitionsmenge und die Lösungsmenge.
   a) $\frac{2}{1} = \frac{x}{4}$ b) $\frac{15}{12} = \frac{5}{x}$ c) $\frac{x+1}{2} = \frac{3}{5}$ d) $\frac{2}{5} = \frac{4y}{6+y}$ e) $\frac{17}{24} = \frac{49+z}{36z}$

5. a) Erika und Hedwig teilen sich einen Lottogewinn von 120 000 € im Verhältnis 3:5. Wie viel Euro erhält jeder?
   b) Ein Frostschutzmittel soll im Verhältnis 2:3 mit Wasser gemischt werden. Die Scheibenwaschanlage eines Autos fasst 8 Liter. Wie viel Frostschutzmittel ist erforderlich?

KAPITEL 6
FUNKTIONEN

Benzin (ℓ)	Kosten (€)
28	43,68
26	42,12
32	50,56
35	56,35

Benzinpreise

Viele Autofahrer notieren sich, wie viel Benzin sie tanken und wie teuer die jeweilige Tankfüllung ist.
In der Tabelle sind einige Werte notiert.

» Der Preis für Benzin ändert sich häufig. Wie kannst du herausfinden, ob der Benzinpreis gestiegen oder gesunken ist? Berechne für die Tabelle jeweils den Preis für einen Liter Benzin.
» Sicherlich hast du schon einmal gehört, dass jemand sagt: „Der Benzinpreis ist mir egal. Ich tanke immer für 40 Euro".
Berechne für die verschiedenen Literpreise aus der Tabelle den Preis für 40 Liter Benzin. Vergleiche.

Eindeutigkeiten

Weltweit steigt die Zahl der Internetseiten und internetfähigen Geräte rasant an. Um alle diese Seiten und Geräte über das Internet eindeutig ansprechen zu können, wurde im Juni 2012 der neue Internetstandard IPv6 eingeführt.
Mit dem bisherigen Standard IPv4 konnten nur ca. 4,3 Milliarden Adressen angesprochen werden.

» Informiert euch, z. B. im Internet, über den IPv6-Standard.
» Beschreibt mögliche Folgen, wenn Internetadressen nicht eindeutig vergeben werden.
» Notiert weitere Zuordnungen, bei denen es wichtig ist, dass Bezeichnungen, Adressen oder Nummern eindeutig vergeben werden. Diskutiert auch, welche Auswirkungen es haben könnte, wenn diese Zuordnungen nicht eindeutig sind.

Steigungen – steil bergauf und steil bergab

Auf eine starke Steigung oder ein großes Gefälle wird mit einem Verkehrsschild hingewiesen.
Die Angabe auf dem Schild bedeutet, dass auf einer waagerechten Entfernung von 100 m die Straße um 10 m ansteigt.
Die Zeichnung veranschaulicht diese Steigung:

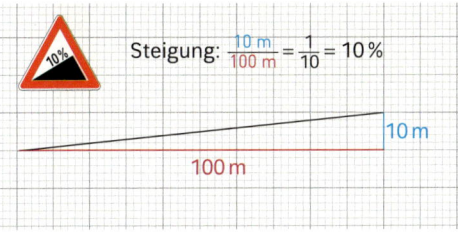

» Die abgebildete Zugspitzbahn von Garmisch-Partenkirchen zur Zugspitze hat eine Steigung von bis zu 25 %. Veranschauliche diese Steigung mithilfe einer Zeichnung.
» Die steilste Standseilbahn in der Schweiz hat sogar eine Steigung von fast 110 %.

IN DIESEM KAPITEL LERNST DU ...

... *spezielle Zuordnungen kennen, die man Funktionen nennt.*
... *wie man mit Funktionen Abhängigkeiten zwischen Größen beschreibt und Werte berechnet.*
... *was Funktionen sind.*

FUNKTIONEN ALS EINDEUTIGE ZUORDNUNGEN

Eindeutige Zuordnungen

EINSTIEG

Beim Aufstieg eines Wetterballons wird mit zunehmender Höhe jeweils die Temperatur gemessen.
Die Abbildung rechts zeigt den Zusammenhang zwischen der Höhe über dem Erdboden und der gemessenen Temperatur.

» Welche Auskunft gibt euch die Abbildung?
» Beschreibt, wie sich die Temperatur mit zunehmender Höhe verändert.
» Lest für verschiedene Höhen die Temperaturen ab. Lest umgekehrt für verschiedene Temperaturen die Höhen ab.
» Entscheidet, ob sich die Größen einander jeweils eindeutig zuordnen lassen.

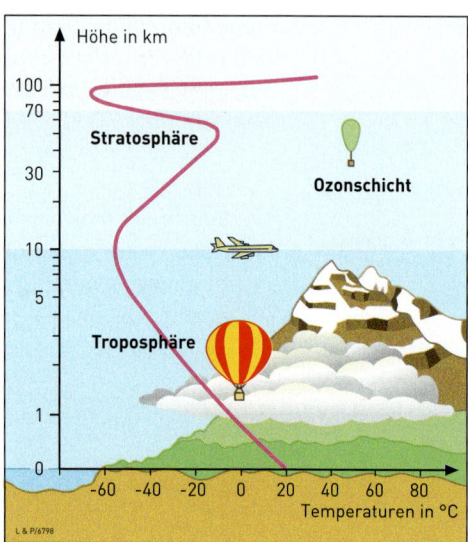

AUFGABE

1. Zum Schutz der wertvollen Bilder und Ausstellungsstücke wird in den Räumen eines Museums regelmäßig die Feuchtigkeit der Luft überprüft.
Die Messwerte der Luftfeuchtigkeit werden auf einem Papierstreifen aufgezeichnet. Die Abbildungen zeigen die Daten von zwei verschiedenen Messgeräten.

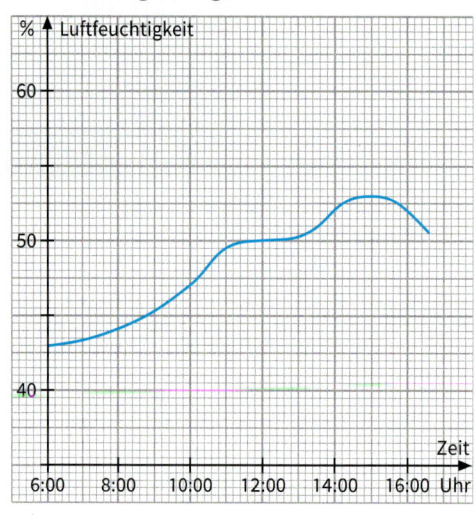 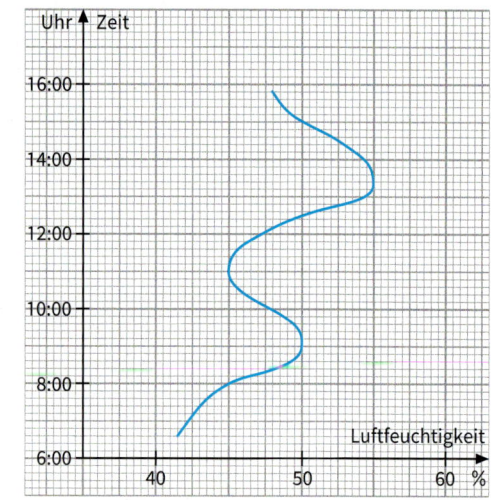

a) Lies aus der Abbildung links für die Zuordnung *Zeitpunkt → Luftfeuchtigkeit (in %)* ab, wie hoch die Luftfeuchtigkeit um   (1) 10:00 Uhr;   (2) 12:00 Uhr;   (3) 14:00 Uhr   war.
b) Lies aus der Abbildung rechts für die Zuordnung *Luftfeuchtigkeit (in %) → Zeitpunkt* ab, wann die Luftfeuchtigkeit   (1) 45 %;   (2) 50 %;   (3) 55 %   betrug.
c) Vergleiche die beiden Zuordnungen.

Lösung

a) Aus dem Graphen lesen wir ab: (1) Um 10:00 Uhr betrug die Luftfeuchtigkeit 47 %; (2) um 12:00 Uhr 50 % und (3) um 14:00 Uhr wurde eine Luftfeuchtigkeit von 52 % gemessen.

b) (1) Eine Luftfeuchtigkeit von 45 % wurde um 8:00 Uhr und um 11:00 Uhr gemessen.
(2) Um 9:00 Uhr, um 12:30 Uhr und um 15:00 Uhr betrug die Luftfeuchtigkeit 50 %
(3) Eine Luftfeuchtigkeit von 55 % wurde nur um ca. 13:30 Uhr gemessen.

c) Bei der Zuordnung *Zeitpunkt → Luftfeuchtigkeit (in %)* können wir zu jedem Zeitpunkt eindeutig die gemessene Luftfeuchtigkeit angeben. Bei der Zuordnung *Luftfeuchtigkeit (in %) → Zeitpunkt* gibt es nicht immer eine eindeutige Antwort, da z. B. eine Luftfeuchtigkeit von 50 % zu verschiedenen Zeitpunkten gemessen wurde.

INFORMATION

Eindeutige Zuordnungen – Funktionen
Bei einer **eindeutigen Zuordnung** wird *jeder* Ausgangsgröße (Ausgangszahl) *genau eine* Größe (Zahl) zugeordnet.
Eine solche eindeutige Zuordnung heißt **Funktion**.

Beispiele:
Die Zuordnung *Zeitpunkt → Luftfeuchtigkeit (in %)* aus der Aufgabe 1 ist eine eindeutige Zuordnung, also eine Funktion.

Die Zuordnung *Luftfeuchtigkeit (in %) → Zeitpunkt* ist nicht eindeutig, da z. B. eine Luftfeuchtigkeit von 50 % zu verschiedenen Zeitpunkten gemessen wurde. Diese Zuordnung ist also keine Funktion.

FESTIGEN UND WEITERARBEITEN

2. Ein Bildfahrplan dient der Darstellung von Zugbewegungen. Aus der Darstellung kann man die Uhrzeit oder die Zeitspanne ablesen, zu der sich ein Zug an einer bestimmten Stelle seiner Fahrstrecke befindet.

a) Beschreibe anhand des grafischen Fahrplans den Weg des Zuges.
b) Marko behauptet, dass der Zug im B-Hbf seine Fahrtrichtung geändert habe. Erläutere.
c) Ist die Zuordnung *Entfernung von A-Hbf → Zeit* eine Funktion? Begründe.
d) Wie kannst du am Graphen der Zuordnung erkennen, dass diese Zuordnung nicht eindeutig ist?

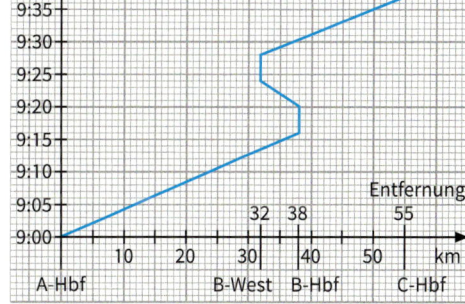

3. An dem Graphen kann man die Gebühren für verschiedene Parkzeiten ablesen.
  a) Übertrage die Wertetabelle in dein Heft und vervollständige sie.

Parkdauer	Gebühr
bis 1 h	1,00 €
über 1 h bis 2 h	€
über 2 h bis 3 h	€
über 3 h bis 4 h	€

  b) Ist die Zuordnung
  (1) *Parkdauer → Gebühr*
  (2) *Gebühr → Parkdauer*
  eine Funktion? Begründe.

4. Entscheide, ob die Zuordnung eindeutig oder nicht eindeutig ist. Begründe.
  (1) *Person → Name*
  (2) *Sänger → Lied*
  (3) *Wohnung → Hausnummer*
  (4) *Kind → Mutter*
  (5) *Schüler deiner Schule → Klasse*
  (6) *Uhrzeit → Außentemperatur*
  (7) *Außentemperatur → Uhrzeit*
  (8) *Personalausweisnummer → Person*

ÜBEN

5. In der Abbildung rechts findest du die Ankunfts- und Abfahrtszeiten für die Fahrt eines ICE von Passau nach Würzburg. Stelle eine Wertetabelle für die Zuordnung *Uhrzeit → Entfernung von Passau (in km)* auf. Zeichne den Graphen der Zuordnung. Ist diese Zuordnung eine Funktion?

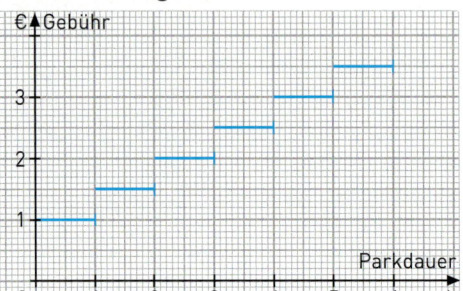

6. Durch Ebbe und Flut an der Nordsee ändert sich der Wasserstand in einem Seehafen ständig. Für den Verlauf eines Tages wurde der Wasserstand aufgezeichnet.

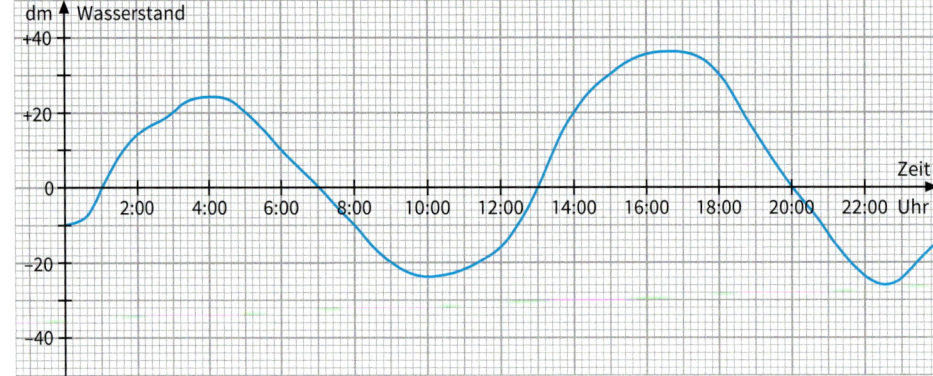

  a) Was kannst du dem Diagramm entnehmen? Beschreibe die Veränderungen des Wasserstandes. Achte auch auf starke und weniger starke Änderungen.
  Zu welchen Zeiten werden die höchsten bzw. niedrigsten Werte erreicht?
  b) Lies die Höhe des Wasserstands um 3:00 Uhr; 5:00 Uhr; 8:00 Uhr; 10:00 Uhr; 14:00 Uhr; 18:00 Uhr; 20:00 Uhr; 24:00 Uhr ab. Notiere in Form einer Wertetabelle.
  c) Zu welchen Zeitpunkten beträgt der Wasserstand +20 dm; 0 dm; –20 dm?
  d) (1) Ist die Zuordnung *Zeitpunkt → Wasserstand* eindeutig, also eine Funktion?
  (2) Ist die Zuordnung *Wasserstand → Zeitpunkt* eindeutig, also eine Funktion?
  Begründe jeweils deine Antwort.

Angabe einer Funktion durch Funktionsgleichung und Definitionsmenge

EINSTIEG

Herr Luig fährt mit dem Auto von München nach Berlin. Bei einer Durchschnittsgeschwindigkeit von 100 $\frac{km}{h}$ braucht er sechs Stunden.

>> Wie lange braucht er bei einer Durchschnittsgeschwindigkeit von 80 $\frac{km}{h}$?
>> Zeichne den Graphen der Funktion *Durchschnittsgeschwindigkeit x $\left(in \frac{km}{h}\right)$ → Fahrzeit y (in h)*.
>> Stelle für diese Funktion eine Gleichung auf.
>> Welche Einsetzungen für die Ausgangsgröße x sind deiner Meinung nach sinnvoll? Begründe.

AUFGABE

1. a)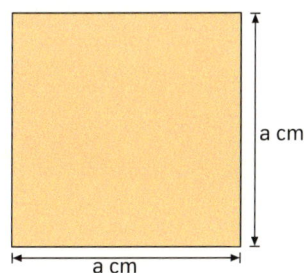

Berechne den Flächeninhalt für ein Quadrat mit den Seitenlängen 0,5 cm; 1 cm; 1,5 cm; 2 cm. Notiere eine Gleichung, mit der du den Flächeninhalt A (in cm²) aus der Seitenlänge a (in cm) berechnen kannst.
Stelle die Ergebnisse in einer Wertetabelle zusammen.
Zeichne mithilfe der Tabelle den Graphen der Funktion
Seitenlänge a (in cm) → Flächeninhalt A (in cm²).
Welche Zahlen darfst du hier für a einsetzen?

b) Ordne jeder Zahl x das Quadrat dieser Zahl zu.
Setze für x auch negative Zahlen ein. Stelle eine Wertetabelle auf und zeichne den Graphen.

Lösung

a) Für den Flächeninhalt A (in cm²) eines Quadrates mit der Seitenlänge a (in cm) gilt: $A = a^2$

Wertetabelle

Seitenlänge a (in cm)	Flächeninhalt A (in cm²)
0,5	0,25
1,0	1,00
1,5	2,25
2,0	4,00
2,5	6,25

Für die Länge a sind nur *positive rationale* Zahlen sinnvoll.

Graph

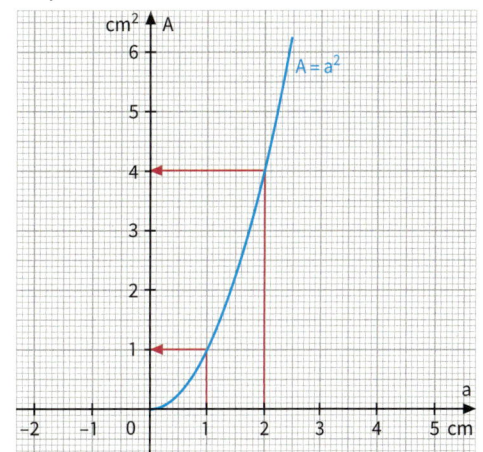

b) Jeder Zahl x wird das Quadrat y dieser Zahl zugeordnet. Dann gilt: $y = x^2$

Wertetabelle *Graph*

Zahl x	Quadrat der Zahl y
−2	4
−1	1
0	0
1	1
2	4

Für x sind alle *rationalen* Zahlen zugelassen.

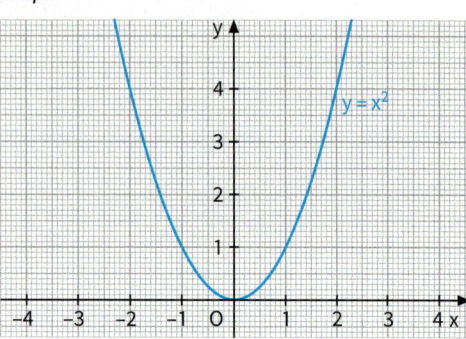

INFORMATION

(1) Angabe einer Funktion

Eine Funktion kann angegeben werden durch
- eine Funktionsgleichung: $y = x^2$;
- eine Wertetabelle;
- eine verbale Beschreibung: „Ordne jeder Zahl ihr Quadrat zu";
- einen Graphen.

x	x^2
−2	4
−1	1
0	0
1	1
2	4

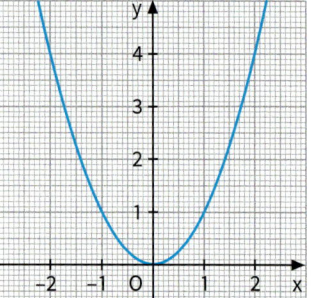

Meist geben wir Funktionen durch Gleichungen an, da wir mithilfe der Funktionsgleichung zu jeder Zahl x die zugeordnete Zahl y berechnen können.

(2) Stelle, Funktionswert, Definitionsmenge, Wertemenge

Die Zahlen für x nennen wir **Stellen**, die Zahlen für y **Funktionswerte**.
Die Menge der für x zugelassenen Zahlen heißt **Definitionsmenge D**.
Die Menge aller Funktionswerte heißt **Wertemenge W**.

(3) Bezeichnung von Funktionen, Funktionsterm

Funktionen werden häufig mit kleinen Buchstaben, z. B. f, bezeichnet.
Statt der Gleichung $y = x^2$ schreibt man auch $f(x) = x^2$ (gelesen „f von x").
$f(x)$ bzw. x^2 heißt **Funktionsterm**.

FESTIGEN UND WEITERARBEITEN

2. a) Berechne den Funktionswert für die Funktion mit $y = x^2 + 1$ für die Stellen 0,5; 1,2; −1,2; 3; −3,5.
b) Für welche Stellen x hat die Funktion mit $y = x^2$ den Wert 4; 2,25; 0,64; 1,96?
c) Berechne für die Funktion $f(x) = x^2 − 4$ den Wert $f(1)$; $f(2)$; $f(−3)$; $f(0,5)$.

3. Eine Funktion ist gegeben durch:
a) $y = 5 − 2x$ **b)** $y = x^2 − 1$.
Bei den folgenden Punkten fehlt jeweils eine Koordinate. Bestimme sie so, dass der Punkt auf dem Graphen liegt. Gib, falls möglich, mehrere Lösungen an.
A(7 | ■); B(−3 | ■); C(−2,5 | ■); D(■ | −1); E(■ | 3)

4. Gegeben ist die Funktion mit dem Term
(1) f(x) = 2x + 3;   (2) f(x) = x² + 2.
Bestimme die Funktionswerte
f(1); f(0); f(−1); f(3); f(1,5); f(−2,5)

> f(x) = 3x + 2
> f(1) = 3 · 1 + 2 = 5

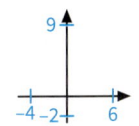

5. Eine Funktion hat die Funktionsgleichung y = 5 − x.
   a) Wähle als Definitionsmenge $\mathbb{Q}_0^+$, die positiven rationalen Zahlen einschließlich 0.
      Lege eine Wertetabelle an und zeichne den Graphen. Gib die Wertemenge W an.
   b) Wähle nun die Definitionsmenge D = $\mathbb{Q}$. Wie ändert sich der Graph? Wie verändert sich die Wertemenge W?

6. Berechne wie im Beispiel den x-Wert für den die Funktion den Funktionswert 0 annimmt.
   a) y = 3x + 6   c) y = 10 − 4x
   b) y = −3x   d) y = 0,5x − 2,5

> y = 2x − 5
> 2x − 5 = 0 | +5
> 2x = 5 | : 2
> x = 2,5

INFORMATION

Nullstelle
Den x-Wert, für den eine Funktion den Funktionswert 0 annimmt, nennen wir **Nullstelle** der Funktion.

AUFGABEN

7. Zeichne mithilfe einer Wertetabelle den Graphen der Funktion.
Welche der Punkte liegen auf dem Graphen?
$P_1(8|0)$, $P_2(0|0)$, $P_3(-5|11)$, $P_4(-2|5)$, $P_5(0|1)$, $P_6(2|3)$ und $P_7(-1|-3)$
   a) y = 2x − 1   b) y = 1 − 2x   c) y = −$\frac{2}{5}$x   d) y = x² + 1   e) y = 9 − x²

8. Eine Funktion hat die Gleichung:
   a) y = x − 3   b) y = −x + 5   c) y = −$\frac{1}{4}$x   d) y = $\frac{1}{2}$x − 3   e) y = (x − 2)²
Die Punkte $P_1(3|\blacksquare)$, $P_2(0,5|\blacksquare)$, $P_3(1,5|\blacksquare)$, $P_4(-1|\blacksquare)$, $P_5(\blacksquare|1)$ und $P_6(\blacksquare|4)$ gehören zum Graphen. Berechne jeweils die fehlende Koordinate.
Berechne die Nullstelle der Funktion.

9. a) Gib zu der verbalen Beschreibung die Funktionsgleichung an. Jeder Zahl wird
      (1) das Dreifache der Zahl;   (2) die Hälfte der Zahl vermindert um 5   zugeordnet.
   b) Beschreibe die Funktion mit Worten: (1) y = 2x + 3   (2) y = $\frac{x}{3}$ (3) y = $\frac{1}{x}$

10. a) Jeder Würfel hat ein ganz bestimmtes Volumen und einen ganz bestimmten Oberflächeninhalt. Notiere die Gleichung für die Funktion
      (1) *Kantenlänge (in cm)* → *Volumen (in cm³)*;
      (2) *Kantenlänge (in cm)* → *Oberflächeninhalt (in cm²)*.
   b) Wähle für dieselbe Funktionsgleichung wie in (1) und in (2) rationale Zahlen für x (auch negative). Zeichne mithilfe einer Wertetabelle den Graphen dieser Funktion.
   c) Bestimme die Funktionswerte: f(5); f(−4); f(0,5); f(−5); f(0,2).

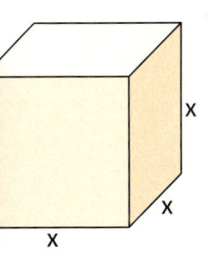

11. Eine Funktion hat die Gleichung: a) y = $\frac{1}{2}$x + 1   b) y = $\frac{1}{2}$x²   c) y = 1 + |x|
Zeichne den Graphen. Nimm als Definitionsmenge D = $\mathbb{Q}$ an.
Gib auch die Wertemenge W an.

|3| = 3
|−2| = 2

FUNKTIONEN MIT DER GLEICHUNG $y = m \cdot x$

Gleichung und Graph

EINSTIEG

Auf einer Teststrecke benötigt ein ICE bei konstanter Geschwindigkeit 15 min für 45 km.

» Notiere für die Zuordnung *Fahrzeit x (in min) → Streckenlänge y (in km)* eine Zuordnungsvorschrift.
» Berechne mit der Zuordnungsvorschrift
  (1) die Streckenlänge bei einer Fahrzeit von 7 min,
  (2) die Fahrzeit für eine Streckenlänge von 24 km.
» Zeichne den Graphen der Zuordnung und beschreibe ihn. Um was für eine Zuordnung handelt es sich? Begründe.

AUFGABE

1. Erstelle eine Wertetabelle für die Funktion $y = 3{,}6 \cdot x$. Zeichne den Graphen und beschreibe den Verlauf des Graphen. Wie ändert sich der Funktionswert, wenn man die Zahl für x verdoppelt, verdreifacht, …?

Lösung

Wertetabelle

x	$3{,}6 \cdot x$
⋮	⋮
−3	−10,8
−2	−7,2
−1	−3,6
0	0
1	3,6
2	7,2
3	10,8
⋮	⋮

Graph

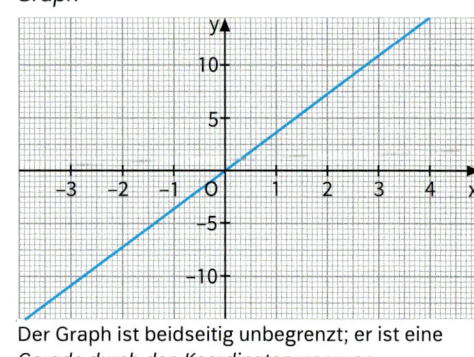

Der Graph ist beidseitig unbegrenzt; er ist eine *Gerade durch den Koordinatenursprung*.

Wenn man die Zahl für x verdoppelt, verdreifacht, vervierfacht, …, wird auch der Funktionswert verdoppelt, verdreifacht, vervierfacht, …. Es liegt eine direkte Proportionalität vor.

INFORMATION

Eine Funktion mit der Funktionsgleichung $y = m \cdot x$ hat die größtmögliche Definitionsmenge $\mathbb{Q}$.
Der Graph einer Funktion mit der Gleichung $y = m \cdot x$ und $D = \mathbb{Q}$ ist eine Gerade durch den Ursprung des Koordinatensystems *(Ursprungsgerade)*.

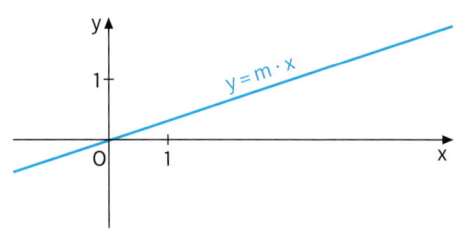

Funktionen **131**

2. Zeichne den Graphen der Funktion. Wähle ℚ als Definitionsmenge. Überlege, wie viele Punkte du dazu mindestens benötigst.
   a) $y = 3x$
   b) $y = 2,5x$
   c) $y = m \cdot x$ mit $m = \frac{3}{4}$

3. Funktionen $y = m \cdot x$ mit negativen Werten für m.
   a) $y = -3x$
   b) $y = -1,25x$
   c) $y = m \cdot x$ mit $m = -\frac{1}{2}$
   Gilt auch hier: Verdoppelt man x, so verdoppelt sich auch der Funktionswert y? Prüfe.

4. Biobauer Sasse bietet im Straßenverkauf Weißkohl für 1,45 € pro kg an.
   a) Stelle für die Funktion *Masse (in kg) → Preis (in €)* eine Wertetabelle auf und zeichne den Graphen der Funktion. Notiere die Funktionsgleichung.
   b) Wähle für die Funktion aus Teilaufgabe a) als Definitionsmenge ℚ. Zeichne den Graphen.

5. Die Funktion hat die Gleichung:
   a) $y = 2,5x$
   b) $y = -4x$
   c) $y = \frac{2}{5}x$
   d) $y = -0,6x$
   e) $y = \frac{x}{10}$

   (1) Zeichne die zugehörige Gerade.
   (2) Welcher der Punkte $P_1\left(-1\big|\frac{3}{5}\right)$, $P_2(10|4)$, $P_3(-2|-5)$, $P_4(10|1)$, $P_5\left(-\frac{1}{2}\big|2\right)$ liegt auf der Geraden?
   (3) Die Punkte $P_1(2|\blacksquare)$; $P_2(-1|\blacksquare)$; $P_3(\blacksquare|6)$; $P_4(\blacksquare|-3)$ liegen auf der Geraden. Bestimme jeweils die fehlende Koordinate.
   (4) An welchen Stellen nimmt die Funktion den Funktionswert 100; –10; 0,1; $-\frac{1}{2}$ an?

6. Ein leeres Becken wird mit Wasser gefüllt. In jeder Minute fließen
   (1) 3 Liter, (2) 1,2 Liter Wasser in das Becken.
   Lege für die Funktion *Zeit t (in min) → Wasservolumen V (in ℓ)* eine Wertetabelle an und zeichne den Graphen.
   Gib die Funktionsgleichung an; benutze die Variablen t und V.

7. a) Berechne:
   (1) Wie viel Liter Farbe werden für 52 m² gebraucht?
   (2) Für wie viel m² reichen 7 ℓ Farbe?
   b) Bestimme für die Funktion *Größe der Wand (in m²) → Volumen der Farbe (in ℓ)* die Funktionsgleichung und rechne damit:
   (1) Wie viel Liter Farbe werden für 86 m² gebraucht?
   (2) Für wie viel m² reichen 5 ℓ Farbe?
   c) Zeichne den Graphen der Funktion.

8. a) Woran erkennst du, dass die Funktion rechts eine Funktion der Form $y = m \cdot x$ ist?
   b) Gib eine Funktionsgleichung mit den Variablen t und s an und berechne:
   (1) die Streckenlänge bei einer Fahrzeit von $\frac{3}{4}$ h,
   (2) die Fahrzeit (in Minuten) für eine Streckenlänge von 32 km.
   c) Beschreibe, wie sich der Graph bei einer Geschwindigkeit von 50 $\frac{km}{h}$ ändert.

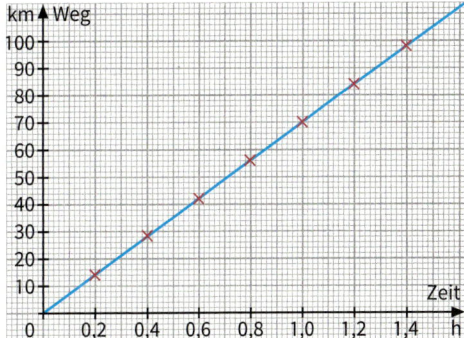

Steigung und Steigungsdreieck

INFORMATION

Das Verkehrsschild informiert über die Steigung einer Straße. Auf dem Bild kannst du erkennen, was eine Steigung von 8 % bedeutet: Auf einer horizontalen Entfernung von 100 m steigt die gerade Straße um 8 m an, auf 200 m um 16 m.

Die **Steigung** ist das Streckenverhältnis
$\frac{8\,\text{m}}{100\,\text{m}} = \frac{8}{100} = 0{,}08 = 8\,\%$ bzw. $\frac{16\,\text{m}}{200\,\text{m}} = 8\,\%$

Die zugehörigen Dreiecke in dem Bild nennen wir **Steigungsdreiecke**.

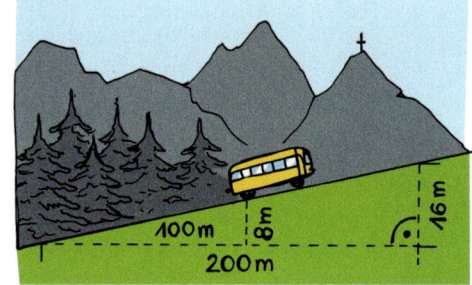

Ebenso wollen wir die Steigung einer Geraden im Koordinatensystem beschreiben.

EINSTIEG

Aus den Planungsunterlagen einer neu gebauten Straße:

> Auf einem geraden Teilstück steigt die Straße auf einer horizontalen Entfernung von 250 m um 15 m an. Im weiteren Verlauf fällt sie auf einer horizontalen Entfernung von 300 m um 27 m ab.

» Welche Verkehrsschilder müssen aufgestellt werden?

AUFGABE

1. Zeichne die Geraden zu den Funktionen mit:
  a) (1) $y = 2x$ (2) $y = \frac{1}{2}x$ b) (1) $y = -2x$ (2) $y = -\frac{1}{2}x$

Wie ändert sich jeweils der Funktionswert, wenn man x um 1 erhöht?
Zeichne bei jeder Geraden zwei Steigungsdreiecke mit der waagerechten Seitenlänge 1.

Lösung

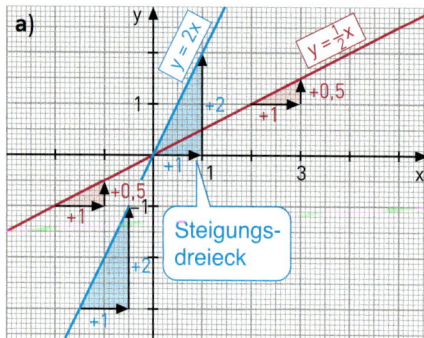

Du erkennst an jedem Steigungsdreieck:

(1) Wenn man x um 1 erhöht, ändert sich der Funktionswert y um $+2$.
  Steigung $m = \frac{+2}{+1} = +2$

(2) Wenn man x um 1 erhöht, ändert sich der Funktionswert y um $+0{,}5$.
  Steigung $m = \frac{+0{,}5}{+1} = +\frac{1}{2}$

Die Steigung m ist positiv, die Gerade steigt (von links nach rechts).

(1) Wenn man x um 1 erhöht, ändert sich der Funktionswert y um -2.
  Steigung $m = \frac{-2}{+1} = -2$

(2) Wenn man x um 1 erhöht, ändert sich der Funktionswert y um $-0{,}5$.
  Steigung $m = \frac{-0{,}5}{+1} = -\frac{1}{2}$

Die Steigung m ist negativ, die Gerade fällt (von links nach rechts).

INFORMATION

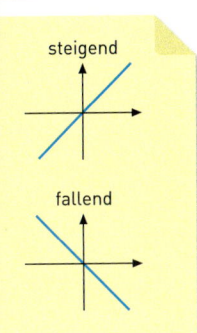

Für eine Funktion mit der Gleichung $y = m \cdot x$ gilt:
Wenn man x um 1 erhöht, erhöht sich der Funktionswert um m.
Der Faktor m gibt die **Steigung** der Geraden an.

Ist die Steigung m positiv, so *steigt* die Gerade an (von links nach rechts).

Ist die Steigung m negativ, so *fällt* die Gerade (von links nach rechts).

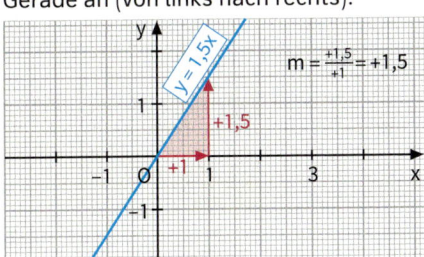
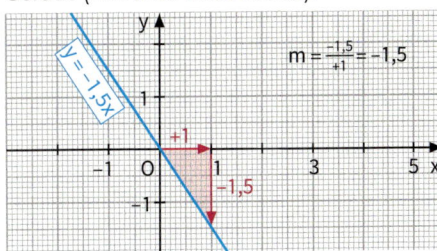

FESTIGEN UND WEITERARBEITEN

2. Zeichne die Gerade zu der Funktion. Gehe dabei vom Ursprung
 a) 1 LE nach rechts, 2,5 LE nach oben;   b) 1 LE nach rechts, 3 LE nach unten.
 Notiere die Steigung m der Geraden und die Funktionsgleichung.

3. Zeichne in ein gemeinsames Koordinatensystem (1 LE ≙ 1 cm) mithilfe von Steigungsdreiecken die Geraden zu den Funktionen mit der Gleichung $y = m \cdot x$ und der Steigung
 (1) $m = 4$;   (2) $m = 0{,}5$;   (3) $m = -3$;   (4) $m = -2{,}5$.
 Notiere die Funktionsgleichung. Verläuft die Gerade steigend oder fallend?

$m = \frac{3}{4}$
4 nach rechts,
3 nach oben

4. *Geeignete Steigungsdreiecke*
 Rechts wurde der Graph der Funktion mit der Gleichung $y = \frac{3}{4} \cdot x$ gezeichnet.
 a) Lies aus der Zeichnung ab: Wie ändert sich der Funktionswert y, wenn du vom Ursprung 4 Längeneinheiten nach rechts gehst?
 b) Zeichne den Graphen der Funktion mit der Gleichung
 $y = -\frac{3}{2} x$. Gehe dazu vom Ursprung 2 Längeneinheiten nach rechts. Wie viele Längeneinheiten musst du nach unten gehen?

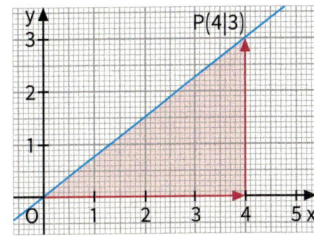

5. Zeichne in ein Koordinatensystem die Gerade g_1 zu der Funktion $y = 3x$. Zeichne durch den Koordinatenursprung eine dazu senkrechte Gerade g_2. Notiere die Funktionsgleichung zur Gerade g_2. Welche Zahl erhältst du, wenn du beide Steigungen multiplizierst?

INFORMATION

Zueinander senkrechte (orthogonale) Geraden
Die beiden Geraden zu den Funktionen
$g_1: y = m_1 \cdot x$ und $g_2: y = m_2 \cdot x$ sind **senkrecht** zueinander,
wenn für ihre Steigungen gilt: $m_1 \cdot m_2 = -1$.
Statt senkrecht sagt man auch **orthogonal**.
Beispiel: $g_1: y = -\frac{1}{2}x$ $g_2: y = 2x$ $m_1 \cdot m_2 = -\frac{1}{2} \cdot 2 = -1$
Die beiden Geraden g_1 und g_2 sind senkrecht zueinander.

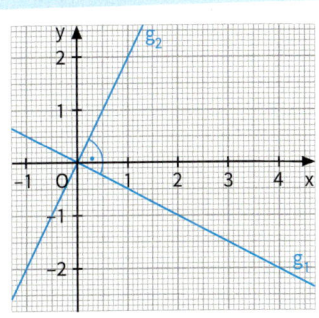

ÜBEN

6. Wie ändert sich der Wert von y, wenn man den zugehörigen x-Wert um 1 erhöht? Gib die Gleichung der Funktion an.

a) 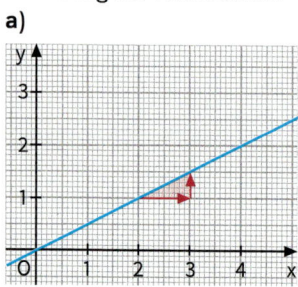   b) 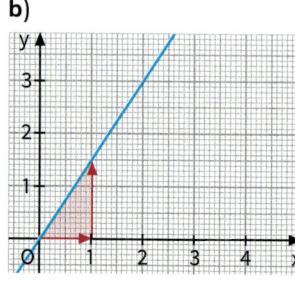   c)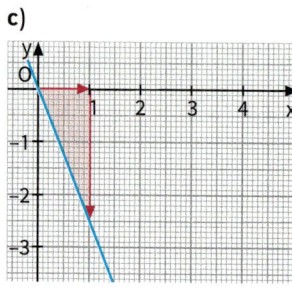

7. Zeichne die Gerade zu der Funktion. Gehe dabei vom Ursprung
  a) 1 LE nach rechts, 1,5 LE nach unten;
  b) 1 LE nach rechts, 3,5 LE nach oben;
  c) 2 LE nach rechts, 5 LE nach unten;
  d) 4 LE nach rechts, 3 LE nach oben.
Gib die Steigung m der Geraden und die Funktionsgleichung an.

8. Zeichne mithilfe eines Steigungsdreiecks die Gerade zu der Funktion, ohne eine Wertetabelle anzulegen. Gib an, ob die Gerade steigt oder fällt.
  a) $y = 5x$
  b) $y = -4x$
  c) $y = 1,5x$
  d) $y = 2,5x$
  e) $y = 3,5x$
  f) $y = -0,5x$
  g) $y = -\frac{1}{5}x$
  h) $y = \frac{5}{4}x$

9. Die Gerade zu einer Funktion mit $y = m \cdot x$ geht durch den Punkt
  a) $P(1|5)$;
  b) $P(1|-3)$;
  c) $P(1|-0,5)$;
  d) $P(2|3,5)$;
  e) $P(3|-1)$.
Notiere die Steigung m der Geraden und die Funktionsgleichung.

10. Zeichne die Gerade zu der Funktion. Bestimme die Funktionsgleichung der Geraden, die durch den Ursprung und senkrecht zur ersten Geraden verläuft.
  a) $y = \frac{1}{3}x$
  b) $y = -\frac{5}{4}x$
  c) $y = \frac{6}{5}x$
  d) $y = -0,1 \cdot x$
  e) $y = 0,2 \cdot x$

11. Notiere zu jeder Geraden die Steigung. Lege dazu ein günstiges Steigungsdreieck fest. Gib dann die Gleichung der Funktion an.

a) 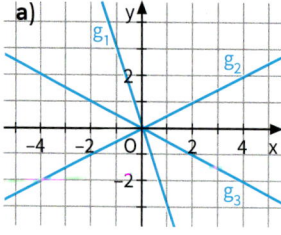   b) 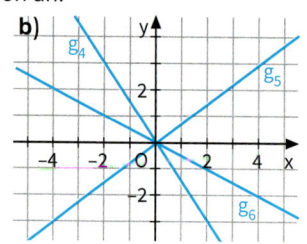   c)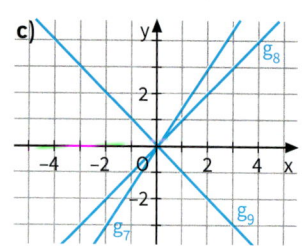

12. Rechts siehst du Fabians Hausaufgaben. Kontrolliere sie.

13. Ein Baumarkt bietet Gartenschläuche als „Meterware" an. Herr Grün bezahlt für 12 m Schlauch 16,80 €.
  a) Berechne jeweils den Preis für einen Schlauch der Länge 3 m; 5 m; 9 m; 10 m.
  b) Stelle für die Funktion *Länge (in m) → Preis (in €)* eine Funktionsgleichung auf. Was gibt die Steigung an?
  c) Erstelle je ein Tabellenblatt für die Zuordnungen:
    (1) *Schlauchlänge → Preis*   (2) *Preis → Schlauchlänge*

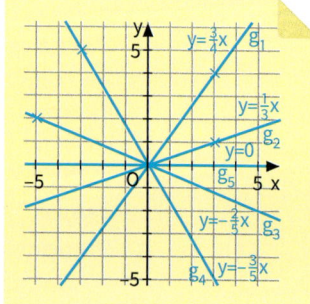

WAS DU GELERNT HAST

Funktionen

Eine Funktion ist eine eindeutige Zuordnung. Jeder Ausgangsgröße (Zahl) x wird *genau eine* Größe (Zahl) y zugeordnet.

Gleichung:
$y = x^2 + 2$
oder $f(x) = x^2 + 2$
Wertetabelle:

x	−1	0	1	2
y	3	2	3	6

Graph:

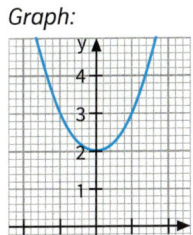

Funktionen mit der Gleichung y = m · x

Der Graph einer Funktion mit der Gleichung $y = m \cdot x$ ist eine Gerade durch den Koordinatenursprung O.
Der Faktor m gibt die Steigung der Geraden mit der Funktionsgleichung $y = \frac{2}{3} \cdot x$ an.
Die Gerade kann man zeichnen, indem man von O aus ein geeignetes Steigungsdreieck zeichnet.

Steigung: $m = \frac{2}{3}$

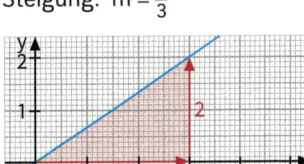

$m = \frac{2}{3}$
3 nach rechts,
2 nach oben

BIST DU FIT?

1. Lege eine Wertetabelle an. Zeichne dann den Graphen.   **a)** $y = 2x − 3$ **b)** $y = 4 − x^2$

2. Berechne die Nullstelle der Funktion: **a)** $y = 3x + 9$ **b)** $y = 5 − 2x$

3. Gib zu jeder Geraden aus der Zeichnung die Funktionsgleichung an.

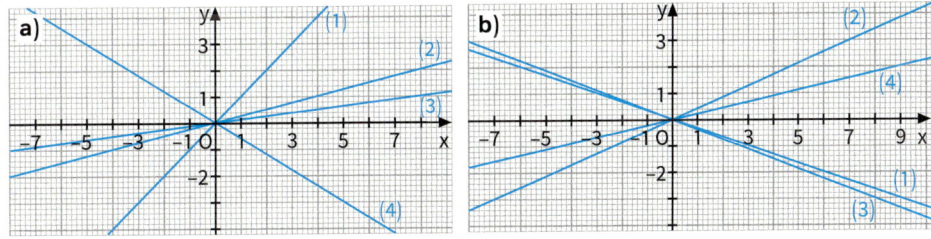

4. Welche der Punkte $P_1(1|−1)$; $P_2(9|−3)$; $P_3(−1|−5)$; $P_4(2,5|4)$ gehören zum Graphen der Funktion mit der angegebenen Gleichung?
   a) $y = x − 2$ **b)** $y = 2x − 1$ **c)** $y = \frac{1}{3}x − 6$ **d)** $f(x) = \frac{3}{x} − 2$

5. Zeichne den Graphen der Funktion ohne eine Wertetabelle anzulegen.
Bestimme zu jeder Geraden die Funktionsgleichung der dazu senkrecht durch den Koordinatenursprung O verlaufenden Geraden.
   a) g_1: $y = 1{,}5x$ **b)** g_2: $y = −2{,}5x$ **c)** g_3: $y = −\frac{1}{4}x$ **d)** g_4: $y = 0{,}2x$

KAPITEL 7
DATEN UND ZUFALL

Glücksspiele

» Welches Spiel ist auf dem Bild zu erkennen? Beschreibe den Spielstand. Welche Farbe wird voraussichtlich gewinnen?
» Maik hat schon fünfmal keine Sechs gewürfelt.
„Jetzt muss aber endlich die Sechs kommen", behauptet er.
» Lena hat dreimal hintereinander eine Sechs gewürfelt und meint:
„Das ist einfach Können."
» Nenne Spiele, bei denen es vom Zufall abhängt, ob man gewinnt oder verliert.
» Kennst du auch Spiele, bei denen Zufall *und* Können eine Rolle spielen?

Der Zufall entscheidet

Zu allen Zeiten haben Vorgänge, deren Ergebnisse nicht vorhersehbar waren, die Menschen fasziniert. Mit Spielen versuchten Menschen, ihr Schicksal vorherzusehen oder eine göttliche Weisung zu erhalten. Die Strategie einer Schlacht konnte z. B. vom Ausgang eines Spiels abhängen.

Astragale und Würfel

Achilles und Ajax beim Würfelspiel

>> Was kannst du auf den Bildern erkennen? Erkundige dich, was Astragale sind.
>> Nenne und beschreibe Beispiele, bei denen man auch heute noch den Zufall entscheiden lässt.

Platzwahl beim Fußball

>> Welche Gewinnchancen vermutet ihr bei der Platzwahl mithilfe einer Ein-Euro-Münze?
>> Teilt eure Klasse in Zweiergruppen und führt den Versuch jeweils 50-mal durch. Notiert eure Ergebnisse in einer Tabelle.
>> Vergleicht eure Ergebnisse. Welches Ergebnis kam insgesamt häufiger vor?

SPORTMAGAZIN
AKTUELL
EURO-Münzen für Schiedsrichterentscheidung ungeeignet

Fußballer kennen das Spiel vor dem Spiel: Der Münzwurf des Schiedsrichters, Zahl oder Adler, entscheidet die Seitenwahl und darüber, welche Mannschaft Anstoß hat. Seit mehr als 100 Jahren ist das so, ohne dass es damit Probleme gab – bis zur Einführung der Euro-Münzen: Bundesadler kommt zu oft – sagt der DFB.

IN DIESEM KAPITEL LERNST DU ...

... was Zufallsexperimente sind.
... wie man die Ergebnisse von Zufallsexperimenten darstellen und bewerten kann.

Kapitel 7

ZUFALLSVERSEXPERIMENTE

EINSTIEG

Jannik und Lucas spielen *Mensch ärgere Dich nicht*. Der blaue Spielstein von Jannik ist kurz vor dem Ziel. Davor steht noch der rote Spielstein von Lucas.
Jannik ist mit Würfeln dran.

» Welche Würfelergebnisse sind möglich? Welche davon sind günstig für Jannik?
» Wie groß ist die Chance, dass Jannik seinen Spielstein beim nächsten Wurf ins „Häuschen" bringt?
» Wie groß ist Janniks Chance, den Stein von Lucas beim nächsten Wurf zu schlagen?

AUFGABE

1. Anna und Sarah streiten sich, wer den Abwasch übernehmen soll.
   Können sich die beiden
   (1) mit einer Münze,
   (2) mit einem Würfel,
   (3) mit dem Spielstein einigen?

Münze   Würfel   Spielstein

Lösung

Anna und Sarah überlassen die Entscheidung darüber, wer den Abwasch übernimmt, dem Zufall.

(1) *Werfen einer Münze:*
Die möglichen Ergebnisse sind Wappen oder Zahl. Keines der beiden Ergebnisse ist beim Werfen bevorzugt. Man sagt: Beide Ergebnisse haben die gleiche Chance.
Anna und Sarah könnten sich z. B. so einigen: „Bei Wappen wäscht Sarah ab, bei Zahl Anna."

(2) *Werfen eines Würfels:*
Die möglichen Ergebnisse sind die Augenzahlen 1, 2, 3, 4, 5, 6. Bei einem *guten* Würfel hat jede Augenzahl die gleiche Chance.
Anna und Sarah könnten sich z. B. so einigen: „Bei den geraden Augenzahlen 2, 4 und 6 wäscht Sarah ab, bei den ungeraden Augenzahlen Anna."

(3) *Werfen eines Spielsteines:*
Die möglichen Ergebnisse sind: *Seitenlage* oder *Kopf nach oben*.
Angenommen die beiden Mädchen würden vereinbaren: „Bei *Seitenlage* wäscht Sarah ab, bei *Kopf nach oben* Anna." Dann wäre Anna bevorzugt. Der

Spielstein fällt nämlich sehr viel häufiger auf die Seitenlage als mit dem Kopf nach oben. Daher haben die beiden Ergebnisse nicht die gleiche Chance.
Der Zufall würde auch hier entscheiden, aber es wäre keine faire Entscheidung. Die *Chance,* dass Anna nicht abwaschen müsste, wäre viel größer.

Daten und Zufall   **139**

INFORMATION

> Häufig wird der Ergebnisraum auch mit Ω (Omega) bezeichnet

Zufallsexperimente
Das Werfen einer Münze, eines Spielsteins, eines Würfels oder das Drehen eines Glücksrads sind *Zufallsexperimente*:
- Man kann nicht vorhersagen, welches **Ergebnis** eintritt; es hängt vom Zufall ab.
- Aber schon vor dem Versuch kann man alle **möglichen Ergebnisse** angeben. Man fasst sie zu dem **Ergebnisraum S** des Zufallsexperiments zusammen.

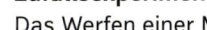

Beispiele:

(1) *Werfen einer Münze:*
Mögliche Ergebnisse: Zahl, Wappen
Ergebnisraum S: S = {Zahl, Wappen}

(2) *Werfen eines Würfels:*
Mögliche Ergebnisse: 1, 2, 3, 4, 5, 6
Ergebnisraum S: S = {1, 2, 3, 4, 5, 6}

- Ein Zufallsexperiment kann unter gleichen Bedingungen beliebig oft wiederholt werden.

Ereignis
Man kann Ergebnisse eines Zufallsexperiments zu einem **Ereignis E** zusammenfassen.

Beispiel:
Ereignis E: Die Augenzahl beim Werfen eines Würfels ist größer als 2.
Mengenschreibweise: E = {3, 4, 5, 6}

> In der Menge stehen die günstigen Ergebnisse.

Gewinnchancen
Die Ergebnisse eines Zufallsexperiments können gleiche oder unterschiedliche **Gewinnchancen** haben.

Beispiele:

(1) Würfel

Keine der sechs Würfelflächen ist bevorzugt. Die sechs Augenzahlen haben jeweils die gleiche Gewinnchance.

(2) Glücksrad

Die rote Fläche ist größer als die blaue. Rot hat also eine größere Gewinnchance.

FESTIGEN UND WEITERARBEITEN

2. Gib jeweils die möglichen Ergebnisse an. Entscheide, ob alle Ergebnisse die gleiche Chance haben.
(1) Prüfen einer LED-Lampe
(2) Werfen einer Münze
(3) Werfen eines Legosteins
(4) Schießen auf eine Torwand

3. Ein Würfel wird geworfen.
Entscheide, welches Ereignis die größere Gewinnchance hat. Begründe.
a) Das Ergebnis ist *Vielfaches von 2* oder *Vielfaches von 3*.
b) Das Ergebnis ist *ungerade Zahl* oder *größer als 4*.
c) Das Ergebnis ist *Primzahl* oder *gerade Zahl*.

ÜBEN

4. Gib für jedes Zufallsexperiment den Ergebnisraum S an.
Entscheide, ob die Ergebnisse die gleiche Chance des Eintreffens haben. Begründe.
(1) Werfen eines Kronkorkens
(2) Werfen eines Bierdeckels
(3) Werfen einer Streichholzschachtel
(4) Werfen eines Knopfes
(5) Werfen eines Reißnagels
(6) Drehen eines Glücksrades

5. Zufall oder nicht? Begründe.
(1) Julias Vater hat im Lotto gewonnen.
(2) Wasser siedet bei 100 °C.
(3) Der Zug fährt um 8:47 Uhr ab.
(4) Daniel wirft eine Münze. Sie zeigt Zahl.

6. Ein Skatblatt besteht aus 8 Karo-Karten, 8 Herz-Karten, 8 Pik-Karten und 8 Kreuz-Karten. Aus dem Skatblatt wird zufällig eine Karte gezogen.
  a) Gib zu den folgenden Ereignissen die günstigen Ergebnisse in der Mengenschreibweise an.
  Die gezogene Karte ist
  A: ein Ass,
  B: eine Kreuz-Karte,
  C: eine rote Bildkarte,
  D: ein schwarzer Bube,
  E: eine schwarze Zahlenkarte.
  b) Welches Ereignis aus Teilaufgabe a) hat die größte Gewinnchance? Begründe.

7.

Maria: Aus dem Gefäß habe ich dreimal hintereinander verdeckt eine rote Kugel gezogen, wobei ich jedes Mal die gezogene Kugel vor dem nächsten Zug wieder zurückgelegt habe.

Paul: Das kann nicht sein. Es sind doch doppelt so viele blaue Kugeln im Behälter.

Was meinst du?

8. Louis hat das abgebildete Glücksrad gebaut.
  a) Begründe, warum nicht alle Ergebnisse die gleiche Chance haben.
  b) Welche Zahlen haben die gleiche Chance? Begründe.
  c) Ist die Chance für eine gerade Zahl oder für eine ungerade Zahl größer?
  d) Ist die Chance für eine Primzahl oder keine Primzahl größer?

9. Bei einem Fußballspiel kennt man den Ausgang vor dem Beginn nicht. Es kann die Heimmannschaft gewinnen oder die Auswärtsmannschaft oder das Spiel endet mit einem Unentschieden.
Ist es sinnvoll, ein Fußballspiel als Zufallsexperiment zu betrachten?
Begründe deine Ansicht.

Daten und Zufall **141**

DARSTELLEN VON ZWEISTUFIGEN ZUFALLSEXPERI- MENTEN – BAUMDIAGRAMM UND VIERFELDERTAFEL

EINSTIEG

Eine Münze und ein Würfel werden gleichzeitig geworfen. Das Ergebnis (Z|5) bedeutet, dass mit der Münze *Zahl* und mit dem Würfel eine *Fünf* geworfen wurde.

» Welche möglichen Ergebnisse hat dieses *zweistufige Zufallsexperiment*?
Schreibe die Ergebnisse möglichst systematisch auf.

AUFGABE

1. Bei einem Schulfest kann man an einem Stand mit den beiden Glücksrädern spielen. Gewinner ist, wer für beide Glücksräder richtig vorhersagt, auf welchen Feldern die Zeiger stehen bleiben.

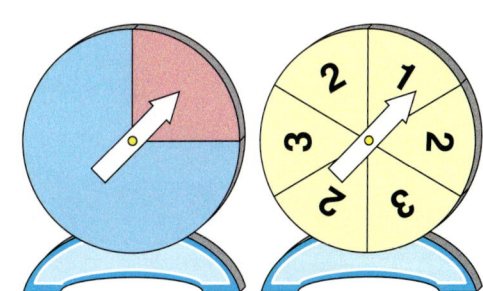

a) Welche Ergebnisse sind bei diesem *zweistufigen Zufallsexperiment* möglich?
Stelle sie systematisch dar.
b) Auf welches Ergebnis würdest du setzen? Begründe.

Lösung

a) Bleibt das linke Glücksrad z. B. auf **Blau** stehen und das rechte Rad auf **1**, so kürzen wir dies mit (**B**|**1**) ab.
Für das linke Glücksrad gibt es zwei Möglichkeiten, **Rot** oder **Blau**.
Bleibt es auf **Rot** stehen, so sind beim rechten Glücksrad drei Ergebnisse möglich: **1**, **2** oder **3**. Ebenso sind beim rechten Rad drei Ergebnisse möglich, wenn das linke auf **Blau** stehen bleibt.
Diese Überlegungen kann man durch ein *Baumdiagramm* oder eine *Tabelle* veranschaulichen.

Baumdiagramm:

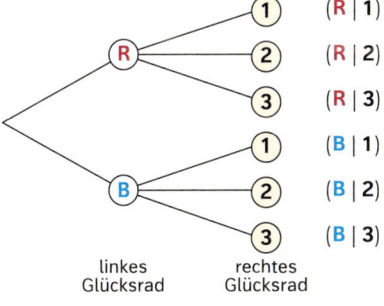

Tabelle:

	1	2	3
R	(R|1)	(R|2)	(R|3)
B	(B|1)	(B|2)	(B|3)

Ergebnis: Insgesamt sind somit folgende sechs Ergebnisse möglich:
S = {(**R**|**1**); (**R**|**2**); (**R**|**3**); (**B**|**1**); (**B**|**2**); (**B**|**3**)}.

b) Bei diesem zweistufigen Zufallsexperiment sind die Gewinnchancen nicht gleich groß.
Beim linken Glücksrad wird am häufigsten **Blau** und beim rechten Rad am häufigsten **2** auftreten.
Man sollte also auf das Ergebnis (**B**|**2**) setzen.

INFORMATION

Ein Zufallsexperiment, das in zwei Schritten durchgeführt wird, heißt **zweistufiges Zufallsexperiment**. Die Ergebnisse eines solchen Zufallsexperiments können übersichtlich in einer Tabelle oder einem **Baumdiagramm** dargestellt werden.

Beispiel:
Eine Münze wird geworfen (Wappen W oder Zahl Z) und danach ein Glücksrad mit den Farben Rot (R), Blau (B) und Gelb (G) gedreht.

Tabelle:

	R	B	G
W	(W|R)	(W|B)	(W|G)
Z	(Z|R)	(Z|B)	(Z|G)

Baumdiagramm:

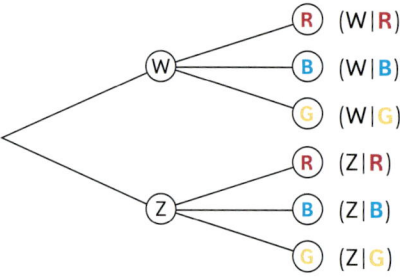

FESTIGEN UND WEITERARBEITEN

2. Bei der Aufgabe 1 (Seite 141) ist nicht beschrieben, ob zunächst das linke und dann das rechte Glücksrad gedreht wird. Deshalb ist es auch möglich, das Zufallsexperiment durch ein Baumdiagramm zu beschreiben, bei dem zunächst die möglichen Ergebnisse des rechten Glücksrades und dann die des linken Glücksrades erfasst werden.
Zeichne ein solches Baumdiagramm.

3. Eine Münze wird dreimal nacheinander geworfen. Bei jedem Wurf erhältst du entweder W (Wappen) oder Z (Zahl). Rechts findest du zwei mögliche Ergebnisse dieses *dreistufigen* Zufallsexperiments.
  a) Stelle die möglichen Ergebnisse in einem Baumdiagramm dar und schreibe den Ergebnisraum S auf.
  b) Kannst du die Ergebnisse auch in einer Tabelle wie in Aufgabe 1 a) (Seite 141) darstellen? Begründe.

(W|W|Z)

(W|Z|Z)

4. Eine Münze und ein Reißnagel werden geworfen. Übertrage die Tabelle, eine so genannte *Vierfeldertafel*, in dein Heft und trage die möglichen Ergebnisse des Zufallsexperiments in die vier Felder ein.

	Wappen W	Zahl Z
Kopflage		
Seitenlage		

5. Keramikschüsseln werden in einer Qualitätskontrolle bezüglich ihrer Form (gleichmäßig oder ungleichmäßig) und ihrer Farbe (gut oder fehlerhaft) überprüft.
Stelle die möglichen Ergebnisse der Kontrolle in einer Tabelle dar.

Daten und Zufall **143**

INFORMATION

Zweistufige Zufallsexperimente, die auf jeder Stufe zwei mögliche Ergebnisse haben (vgl. Seite 142 Aufgabe 4) oder statistische Daten, die sich in zwei Merkmalen unterscheiden (vgl. Seite 142 Aufgabe 5), können übersichtlich in einer **Vierfeldertafel** dargestellt werden.

Beispiel:
Frauen und Männer werden befragt, ob sie Flugangst haben.
Die Befragten können in vier Gruppen aufgeteilt werden.

	Fluganst A	**keine Flugangst K**
Frau F	(F|A)	(F|K)
Mann M	(M|A)	(M|K)

AUFGABEN

6. Eine Münze wird zweimal geworfen.
   a) Stelle die Ergebnisse in einer Vierfeldertafel dar.
   b) Überlege, ob alle Ergebnisse die gleiche Gewinnchance haben.

7. Das Glücksrad rechts wird zweimal nacheinander gedreht.
   a) Stelle die möglichen Ergebnisse dieses zweistufigen Zufallsexperiments dar
      (1) durch ein Baumdiagramm;
      (2) in einer Tabelle.
   b) Welches Ergebnis hat die größte Gewinnchance? Begründe.

8. a) Das Glücksrad aus Aufgabe 7 wird gedreht und danach ein Tetraeder geworfen. Zeichne ein Baumdiagramm.
   b) Nun wird zuerst das Tetraeder geworfen und dann das Glücksrad gedreht. Zeichne wiederum ein Baumdiagramm und vergleiche.

Tetraeder

9. a) Zwei Glücksräder werden gedreht. Stelle das Zufallsexperiment in einem Baumdiagramm dar.
   b) Welche der Ergebnisse gehören zum Ereignis *Zweimal dieselbe Farbe*?

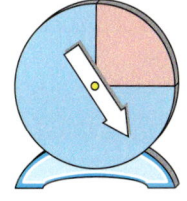

Glücksrad A   Glücksrad B

10. Ein Tetraeder wird zweimal geworfen. Stelle die möglichen Ergebnisse dar
   (1) in einer Tabelle;
   (2) in einem Baumdiagramm.

11. Die Schülerinnen und Schüler einer Jahrgangsstufe 8 werden befragt, ob sie ein Musikinstrument spielen. Die Ergebnisse der Befragung sollen getrennt nach Jungen und Mädchen aufgeschrieben werden.
Stelle die möglichen Schülergruppen in einer geeigneten Tabelle dar.

12. In einem Gefäß sind zwei rote und zwei grüne Kugeln. Es werden nacheinander verdeckt drei Kugeln gezogen, ohne die vorher gezogene Kugel wieder zurückzulegen.
Stelle die möglichen Ergebnisse in einem Baumdiagramm dar und gib den Ergebnisraum S an.

DURCHFÜHREN UND AUSWERTEN VON ZUFALLSEXPERIMENTEN

EINSTIEG

Ein roter und ein blauer Würfel werden gleichzeitig geworfen. Als Ergebnis nehmen wir die Summe der beiden Augenzahlen. Der Versuch soll 900-mal wiederholt werden.

Augensumme 5

» Notiert alle möglichen Ergebnisse.
» Gebt begründete Prognosen ab, wie oft ihr die verschiedenen Augensummen erwartet.
» Führt den Versuch 900-mal durch.
Teilt dazu eure Klasse z. B. in 9 kleine Gruppen ein und tragt die Listen nachher zusammen. So muss jede Gruppe nur 100 Versuche durchführen.
» Zeichnet ein Säulendiagramm und erklärt eure Ergebnisse. Vergleicht die Gewinnchancen der einzelnen Augensummen.

Blauer Würfel

Roter Würfel	⚀	⚁	⚂	⚃	⚄	⚅
⚀	2	3	4	5		
⚁	3	4				
⚂						
⚃						
⚄						
⚅						

AUFGABE

1. Die Schülerinnen und Schüler einer Realschule werfen beim Sommerfest auf einen Basketballkorb. Die Anzahlen stehen in der Vierfeldertafel. In den Randfeldern werden dann die jeweiligen Summen eingetragen.

	Jungen	Mädchen	gesamt
Treffer	85	92	
Kein Treffer	158	205	
gesamt			

a) Übertrage die Tabelle in dein Heft und fülle die Randfelder aus.
b) Berechne, wie viel Prozent der Schülerinnen und Schüler den Korb getroffen haben. Runde auf eine Nachkommastelle.
c) Haben insgesamt die Jungen oder die Mädchen besser in den Korb getroffen? Begründe.

Lösung

a)

	Jungen	Mädchen	gesamt
Treffer	85	92	177
Kein Treffer	158	205	363
gesamt	243	297	540

b) Insgesamt haben 177 von 540 Schülerinnen und Schülern in den Korb getroffen. Das sind $\frac{177}{540} = 0{,}3277\ldots \approx 32{,}8\,\%$.

c) 92 Mädchen haben den Ball in den Korb getroffen, aber nur 85 Jungen. Da aber ja auch viel mehr Mädchen mitgemacht haben, ist dieser direkte Vergleich nicht fair. Anstatt die *absoluten Häufigkeiten* zu vergleichen, ist es besser, den prozentualen Anteil der Treffer, also die *relativen Häufigkeiten*, zu vergleichen:
85 von 243 Jungen haben den Ball versenkt. Das sind $\frac{85}{243} \cdot 100\,\% \approx 35{,}0\,\%$.
Bei den Mädchen haben 92 von 297 in den Korb getroffen. Das sind $\frac{92}{297} \cdot 100\,\% \approx 31{,}0\,\%$.

Ergebnis: Insgesamt haben also die Jungen besser getroffen als die Mädchen.

INFORMATION

Strichliste:
Gewinn ЖЖ I
Miete ЖЖ ЖЖ IIII

Absolute Häufigkeit
Wie häufig ein Ergebnis vorkommt, können wir z. B. in einer *Strichliste* protokollieren.
Die dort angegebenen Anzahlen sind die **absoluten Häufigkeiten.**

> Wir fragen: „Wie viele ...?"

Relative Häufigkeit
Die **relative Häufigkeit** gibt den Anteil eines Ergebnisses im Verhältnis zur Gesamtzahl an.

$$\text{relative Häufigkeit} = \frac{\text{absolute Häufigkeit}}{\text{Gesamtzahl}}$$

> Wir fragen: Welcher Anteil ...?"

FESTIGEN UND WEITERARBEITEN

2. Sarah und Anna wollen untersuchen, welches Ergebnis beim Werfen eines Kronkorkens die größere Gewinnchance hat.

ЖЖ ЖЖ ЖЖ ЖЖ IIII	ЖЖ ЖЖ ЖЖ I

Sie haben dazu 40-mal einen Kronkorken geworfen. Das Ergebnis siehst du in der Tabelle.
a) Berechne die relativen Häufigkeiten und stelle sie in einem Diagramm dar. Welches Ergebnis hat deiner Meinung nach die größere Chance?
b) Führe den Versuch selbst (1) 40-mal, (2) 100-mal durch und vergleiche deine Ergebnisse mit den relativen Häufigkeiten aus Teilaufgabe a).

AUFGABEN

3. Katharina und Philipp haben jeweils ein Glücksrad gebaut. Um die Gewinnchancen der einzelnen Zahlen zu prüfen, haben sie jedes Rad 100-mal gedreht und eine Strichliste angelegt.
a) Vergleiche die Glücksräder.
b) Welche Vermutung hast du, wie die zwei Glücksräder eingeteilt sind?

Katharina		Philipp	
Ergebnis	Häufigkeit	Ergebnis	Häufigkeit
1	ЖЖ IIII	1	ЖЖ I
2	ЖЖ III	2	ЖЖ I
3	ЖЖ ЖЖ	3	ЖЖ II
4	ЖЖ ЖЖ II	4	ЖЖ
5	ЖЖ ЖЖ I	5	ЖЖ ЖЖ ЖЖ ЖЖ ЖЖ II
6	ЖЖ ЖЖ	6	ЖЖ ЖЖ ЖЖ ЖЖ IIII
7	ЖЖ III	7	ЖЖ II
8	ЖЖ ЖЖ III	8	ЖЖ III
9	ЖЖ IIII	9	ЖЖ
10	ЖЖ ЖЖ	10	ЖЖ

4. Ein Reißnagel und ein Kronkorken wurden mehrmals gleichzeitig geworfen und die Anzahl der Ergebnisse in einer Vierfeldertafel notiert.

			gesamt
Kopf	ЖЖ ЖЖ ЖЖ ЖЖ ЖЖ ЖЖ IIII	ЖЖ ЖЖ ЖЖ ЖЖ II	
Seite	ЖЖ ЖЖ ЖЖ ЖЖ III	ЖЖ ЖЖ ЖЖ I	
gesamt			

a) Welches Ergebnis hat deiner Meinung nach die größte Gewinnchance? Begründe.
b) Übertrage die Tabelle mit den absoluten Häufigkeiten in dein Heft und fülle die Randfelder aus.
c) Ist deiner Meinung nach die Gewinnchance für *Reißnagel auf der Seite* oder für *Kronkorken mit Zacken unten* größer? Begründe.

7 PUNKTE SAMMELN

★★

Aus dem Behälter wird verdeckt eine Kugel gezogen. Welche Kugelfarbe hat die größte Gewinnchance? Begründe.

★★★

Es werden nacheinander verdeckt zwei Kugeln aus dem Behälter gezogen, wobei die zuerst gezogene Kugel vor dem zweiten Ziehen wieder in den Behälter zurückgelegt wird.
Stelle die möglichen Ergebnisse in einem Baumdiagramm dar.

★★★★

Es werden nacheinander verdeckt zwei Kugeln aus dem Behälter gezogen, wobei die zuerst gezogene Kugel vor dem zweiten Ziehen nicht wieder in den Behälter zurückgelegt wird.
Stelle die möglichen Ergebnisse in einem Baumdiagramm dar.

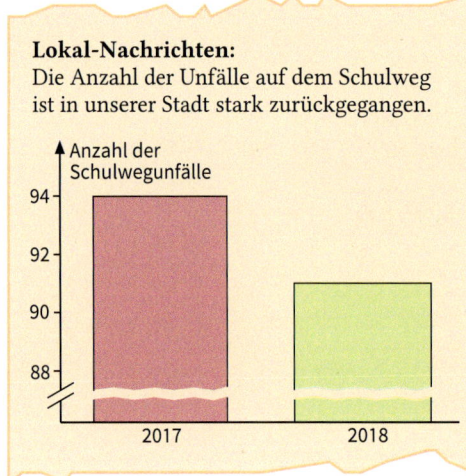

Lokal-Nachrichten:
Die Anzahl der Unfälle auf dem Schulweg ist in unserer Stadt stark zurückgegangen.

Eine genauere Aufschlüsselung der Daten ergibt folgendes Bild, wobei keiner in einem Jahr zweimal verunglückt ist.

2017	Schulwegunfall	ohne Schulwegunfall
Jungen	61	2 520
Mädchen	33	2 473

2018	Schulwegunfall	ohne Schulwegunfall
Jungen	55	2 448
Mädchen	36	2 395

★★

Was meinst du zu der Lokal-Nachricht? Begründe deine Antwort mit einer Rechnung.

★★★

Vergleiche die Unfallraten von Jungen und Mädchen in beiden Jahren.

★★★★

Um wie viel Prozent hat die Unfallrate für alle Schülerinnen und Schüler von 2017 auf 2018 abgenommen?

VERMISCHTE UND KOMPLEXE ÜBUNGEN

1. Das Glücksrad ist in 12 gleiche Ausschnitte geteilt.
   a) Würdest du eher auf 2 oder auf 6 setzen?
   b) Grün ist deine Lieblingsfarbe. Hättest du größere Chancen auf einen Gewinn als bei Weiß?
   c) Stelle selbst eine Aufgabe.

2. In einem Gefäß links sind vier rote, zwei blaue und drei grüne Kugeln.
   Eine Kugel wird verdeckt gezogen.
   a) Welche Farbe hat die größte, welche die kleinste Gewinnchance?
   b) Wie viele grüne Kugeln muss man mindestens zusätzlich in das Gefäß legen, damit die Chance, eine grüne Kugel zu ziehen, größer ist, als keine grüne Kugel zu ziehen?

3. Welche Lage hat beim Werfen eines Reißnagels die größere Gewinnchance?
   Zehn Reißnägel werden in eine große Dose gelegt. Dann wird sie geschlossen und kräftig geschüttelt. Anschließend wird die Dose geöffnet und gezählt, wie viele Reißnägel in der Lage *Kopf* 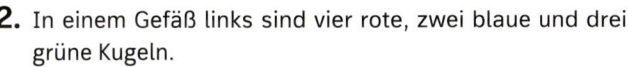 liegen.
   Die Tabelle zeigt dir die absoluten Häufigkeiten nach 10 Versuchen.

Lage Kopf	Lage Seite
58	42

   a) Bestimme die relativen Häufigkeiten und stelle sie in einem Kreisdiagramm dar.
   b) Führt ein entsprechendes Experiment selber durch.

4. Ein Kreisel mit 5 gleich großen Sektoren wurde 140-mal gedreht. Man erhielt die Urliste rechts.
   a) Bestimme die relative Häufigkeit für die einzelnen Zahlen.
   b) Was meinst du, haben alle Zahlen die gleiche Gewinnchance? Begründe.

   ```
   1 4 1 3 5 2 3 2 3 4 3 1 1 5 5 2 5 3 1 1
   4 3 5 1 2 1 2 1 4 2 2 4 5 3 2 5 3 5 4 1
   4 5 2 3 1 3 1 2 2 1 3 2 5 1 2 4 2 3 2 4
   2 5 5 4 3 3 4 4 3 4 1 5 3 4 1 2 2 5 1 2
   1 5 1 5 4 3 3 3 4 5 5 2 5 5 4 5 2 3 2 1
   2 3 3 4 5 3 5 1 3 1 4 1 1 1 2 2 5 3 5 3
   1 4 1 4 5 2 4 1 3 2 1 2 3 3 2 2 2 4 4 4
   ```

5. Das Glücksrad (Bild rechts) wird zweimal gedreht.
   a) Zeichne ein Baumdiagramm und gib den Ergebnisraum S an.
   b) Gib für folgende Ereignisse jeweils die günstigen Ergebnisse in der Mengenschreibweise an.
      (1) *zweimal die gleiche Farbe;*
      (2) *verschiedene Farben aber kein Grün.*

6. Die Jahrgangsstufen 8 bis 10 einer Schule besuchen 152 Schülerinnen und Schüler. 26 Schüler besitzen einen Mofa-Führerschein. 54 der insgesamt 73 Schülerinnen besitzen keinen Mofa-Führerschein.
   a) Erstelle eine Vierfeldertafel.
   b) Wie viel Prozent der Schülerinnen und Schüler besitzen einen Mofa-Führerschein?
   c) Bestimme weitere Anteile und vergleiche.

WAS DU GELERNT HAST

Zufallsexperiment
Ein Zufallsexperiment kann beliebig oft wiederholt werden. Man kennt die möglichen Ergebnisse, kann aber nicht vorhersagen, welches Ergebnis eintreten wird.

Werfen eines Würfels oder einer Münze

Ergebnis – Ergebnisraum
Alle möglichen Ergebnisse eines Zufallsexperiments fasst man in dem Ergebnisraum **S** zusammen.

Werfen eines Würfels:
S = {1; 2; 3; 4; 5; 6}   *Mögliche Ergebnisse*

Ereignis
Man kann Ergebnisse zu einem Ereignis **E** zusammenfassen.

Ereignis E: *Augenzahl ist kleiner als 5*.
Mengenschreibweise: E = {1; 2; 3; 4}   *Günstige Ergebni...*

Gewinnchancen
Bei Zufallsexperimenten können die Ergebnisse gleiche oder unterschiedliche Gewinnchancen haben.
Gegebenenfalls kann man mithilfe der relativen Häufigkeit abschätzen, welche Gewinnchance größer ist.

(1) Beim Werfen eines Würfels haben alle Augenzahlen die gleiche Gewinnchance.
(2) Beim Werfen eines Reißnagels kommt häufiger die Seitenlage ⚲ vor. Ihre Gewinnchance ist also größer.

absolute Häufigkeit
Wir fragen:
„Wie viele ...?"

relative Häufigkeit
Wir fragen:
„Welcher Anteil ...?"

relative Häufigkeit
= $\dfrac{\text{absolute Häufigkeit}}{\text{Gesamtzahl}}$

Darstellen von zweistufigen Zufallsexperimenten
Die Ergebnisse von zweistufigen Zufallsexperimenten können übersichtlich in
- **Tabellen** und
- **Baumdiagrammen**

dargestellt werden.

Tabelle:

	Rot R	Blau B	Gelb G
Wappen W	(W|R)	(W|B)	(W|G)
Zahl Z	(Z|R)	(Z|B)	(Z|G)

Beispiel:
Eine Münze wird geworfen und danach eine farbige Kugel verdeckt aus einem Behälter gezogen.

Baumdiagramm:

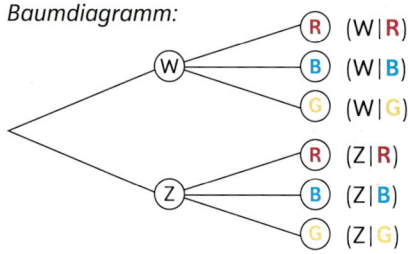

Hat das zweistufige Zufallsexperiment auf jeder Stufe nur zwei mögliche Entscheidungsmerkmale, so eignet sich zur Darstellung eine **Vierfeldertafel.**

Beispiel:
Eine Münze und eine Heftzwecke werden geworfen.

Vierfeldertafel:

	Wappen W	Zahl Z
Kopf ⚲	(⚲|W)	(⚲|Z)
Seite ⚫	(⚫|W)	(⚫|Z)

Angabe von Daten mit einer Vierfeldertafel
Mit einer Vierfeldertafel kann man in bestimmten Fällen erhobene Daten übersichtlich in Gruppen aufteilen.

	Jungen	Mädchen	gesamt
Sportverein	14	12	26
kein Sportverein	18	21	39
gesamt	32	33	65

BIST DU FIT?

1. In einer Lostrommel sind 50 Lose mit den dreistelligen Nummern 101 bis 150.
Es wird zufällig ein Los gezogen.
Gib für folgende Ereignisse jeweils die günstigen Ergebnisse in der Mengenschreibweise an.
(1) *Die Zahl ist durch 5 teilbar.* (4) *Die Zahl ist durch 9 teilbar.*
(2) *Die Zahl endet auf 2.* (5) *Alle Ziffern der Zahl sind verschieden.*
(3) *Die Zahl ist durch 2 und 3 teilbar.* (6) *Die Zahl ist weder durch 5 noch durch 2 teilbar.*

2. Geschick, Zufall oder beides? Begründe.
(1) Janina zieht ein Glückslos.
(2) Tim hat dreimal hintereinander eine 6 gewürfelt.
(3) Christoph gewinnt beim Skatspiel.
(4) Niklas trifft eine Dose bei einer Wurfbude.

3. In einem Gefäß sind sechs Kugeln mit den Farben rot, gelb oder blau. Es wird eine Kugel verdeckt gezogen und wieder zurückgelegt. Der Versuch wird 40-mal durchgeführt.
a) Berechne die relativen Häufigkeiten.
b) Zeichne ein Säulen- und ein Kreisdiagramm.
c) Stelle eine Vermutung auf, wie viele Kugeln von jeder Farbe in dem Gefäß sind. Begründe. Kannst du sicher sein?

rot	gelb	blau
IIII IIII IIII III	IIII III	IIII IIII IIII

(1)
(2)

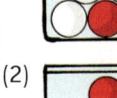

4. Ein Dieb wurde auf frischer Tat ertappt. Das Opfer ist jedoch freundlich und will dem Dieb noch eine Chance lassen. Er stellt ihm zwei Urnen mit roten und weißen Kugeln hin. Der Dieb darf sich eine Urne auswählen und dann mit geschlossenen Augen eine Kugel daraus ziehen. Ist diese rot, so kommt er mit einer Ermahnung davon.
a) Welche Urne würdest du wählen?
b) Das Opfer gestattet den Austausch zweier Kugeln. Welche Kugeln würdest du austauschen, um deine Chancen zu vergrößern? Gibt es mehrere Möglichkeiten?

5. Tim hat ein Paar braune und ein Paar schwarze Schuhe im Schrank. Da er meist nicht aufräumt, stehen die Schuhe unsortiert nebeneinander.
Tim greift nacheinander im Dunkeln zwei Schuhe heraus.
a) Zeichne ein Baumdiagramm.
b) Welches Ereignis hat die größere Chance? Begründe.
(1) *ein linker und ein rechter Schuh*
(2) *zwei rechte oder zwei linke Schuhe*

6. 192 von 480 Mitgliedern eines Sportvereins sind weiblich. Davon spielen 38 Fußball. Insgesamt gehören 165 Mitglieder zur Fußballabteilung.
a) Erstelle eine Vierfeldertafel.
b) Wie viel Prozent der männlichen Vereinsmitglieder gehören zur Fußballabteilung?
c) Wie viel Prozent aller Mitglieder der Fußballabteilung sind männlich?

BIST DU TOPFIT?

Auch in diesem Schuljahr hast du viele grundlegende Fähigkeiten und Fertigkeiten sowie neues mathematisches Wissen erworben.

DU KANNST JETZT …

… Dreiecke konstruieren und die Kongruenzsätze anwenden, um Aussagen über die Kongruenz von Dreiecken und die Eindeutigkeit der Konstruktion von Dreiecken zu treffen.
… Vierecke aufgrund ihrer Eigenschaften voneinander unterscheiden und diese Eigenschaften bei der Lösung geometrischer Aufgaben nutzen.
… Vierecke aus gegebenen Größen konstruieren und diese aufgrund ihrer Symmetrieeigenschaften systematisch einteilen.
… Schrägbilder von Prismen und Pyramiden zeichnen und daraus Strecken und Winkel in wahrer Größe ermitteln.
… komplexere Terme vereinfachen und diese Fertigkeiten bei der schrittweisen und systematischen Lösung linearer Gleichungen nutzen.
… quadratische Terme mithilfe binomischer Formeln zur Bestimmung der Extremwerte umformen.
… einfache Bruchgleichungen (Verhältnisgleichungen) mit einer Variablen lösen.
… funktionale Zusammenhänge beschreiben und diese in verschiedenen Formen darstellen.
… Ursprungsgeraden zeichnen und die Bedeutung der Steigung erläutern.
… Ergebnisse von Zufallsexperimenten systematisch darstellen und dabei absolute und relative Häufigkeiten ermitteln, um beispielsweise Gewinnchancen richtig einzuschätzen.

Auf den folgenden Seiten „BIST DU TOPFIT?" findest du Übungsaufgaben, um dein Können noch einmal zu wiederholen. Wenn du bei einer Aufgabe Schwierigkeiten hast, dann schlage bei „WAS DU GELERNT HAST" nach.

DREIECKE UND VIERECKE – RAUMGEOMETRIE

1. 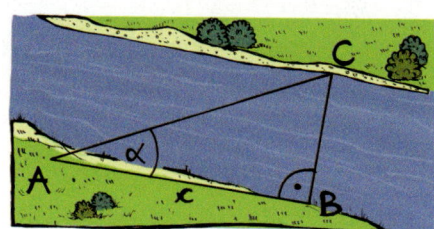 Zum Ausbau des Radwegenetzes soll über den Fluss eine Brücke gebaut werden (siehe Bild). Schüler einer 8. Klasse hatten die Idee, die Flussbreite $|\overline{BC}|$ zu bestimmen, ohne den Fluss zu überqueren.
Sie haben c = 47,0 m, α = 22° und β = 90° gemessen.

2. Aus welchem der Kongruenzsätze folgt, dass das Dreieck ABC mit den angegebenen Maßen eindeutig konstruierbar ist?
Konstruiere anschließend das Dreieck ABC und miss in deiner Zeichnung die fehlenden Seitenlängen und Winkelmaße.
a) a = 3,5 cm; b = 5 cm; $|\overline{AB}|$ = 6 cm
b) $|\overline{AC}|$ = 6 cm; $|\overline{BC}|$ = 4 cm; ∡ACB = 110°
c) a = 6 cm; ∡BAC = 100°; c = 4 cm
d) c = 6 cm; α = 100°; γ = 50°

3. Ein Apfelbaum, ein Birnenbaum, ein Quittenbaum und ein Pflaumenbaum bilden ein Viereck ABQP. In diesem Viereck wurden die Entfernung zwischen den Punkten A und B mit 740 m sowie die Maße der Winkel α = 57°, α′ = 43°, β = 58° und β′ = 39° gemessen.
Bestimme die Entfernung des Pflaumenbaumes vom Quittenbaum.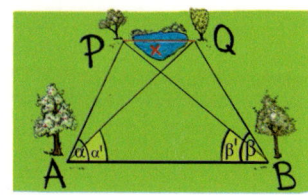

 4. Konstruiere das Viereck. Zeichne zunächst eine Planfigur. Du kannst auch mit einer dynamischen Geometrie-Software arbeiten.
a) Allgemeines Viereck mit a = 6 cm, b = 3,5 cm, e = 8,5 cm, ∡CAD = 35°, ∡DCA = 30°.
b) Parallelogramm mit $|\overline{CD}|$ = 5 cm, ∡BAD = 135°, d(A; CD) = 2 cm.
c) Trapez mit a = 7 cm, b = 3,5 cm, c = 4,5 cm, ∡CBA = 60°, a ∥ c.
d) Drachenviereck mit der Symmetrieachse AC und $|\overline{AD}|$ = 2,5 cm, $|\overline{CD}|$ = 6 cm, ∡ADC = 120°.
e) Raute mit e = 7 cm, f = 3 cm.

5. Zeichne ein Schrägbild (q = 0,5 und ω = 45°) des Körpers mit der Raute ABCD als Grundfläche, wobei gilt: e = 8 cm und f = 6 cm. $\overline{AC}$ liegt auf der Schrägbildachse.
(1) Der Körper ist eine Pyramide. Die Spitze S liegt senkrecht zur Grundfläche über dem Schnittpunkt M der Diagonalen e und f. Außerdem gilt: $|\overline{MS}|$ = 6 cm.
(2) Der Körper ist ein Prisma ABCDEFGH mit der Körperhöhe h = 4 cm.

6. Zeichne das Dreieck ABC in wahrer Größe.
a)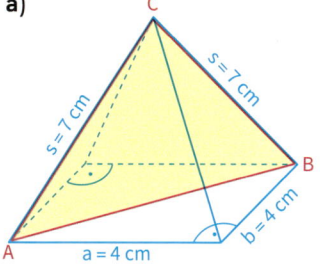
b)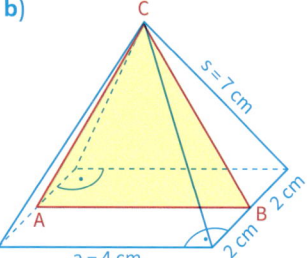
c)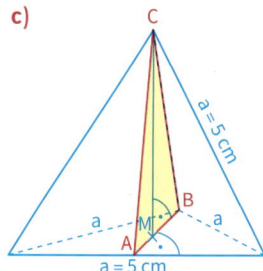

BIST DU TOPFIT?

TERME UND GLEICHUNGEN

1. Wende eine binomische Formel an.
- a) $(a+b)^2$
- b) $(c-d)^2$
- c) $(e+f)(e-f)$
- d) $(x-2y)^2$
- e) $(5b-c)^2$
- f) $(9k+l)(9k-l)$
- g) $(11g+15h)^2$
- h) $(0{,}5p-2{,}5q)^2$
- i) $(0{,}6v-0{,}3w)(0{,}6v+0{,}3w)$

2. Welche Zettel gehören zusammen?

$(3x-4y)^2$ $(36+12y+y^2)$ $(0{,}5-x)(0{,}5+x)$ $(9x^2-24xy+16y^2)$

$(0{,}09x^2-0{,}24xy+0{,}16y^2)$ $0{,}25-x^2$ $(6+y)^2$ $(0{,}3x-0{,}4y)^2$

3. Übertrage in dein Heft und fülle die Lücken aus.
- a) $(\boxed{} - 15y)^2 = 144x^2 - \boxed{} + \boxed{}$
- b) $\boxed{} + 1{,}12pq + 0{,}49q^2 = (\boxed{} + \boxed{})^2$
- c) $b^2 - \boxed{} = (\boxed{} + 9)(\boxed{} - 9)$
- d) $(5r^2 + \boxed{}) = \boxed{} + \boxed{} + 9q^6$

4. Löse zuerst die Klammer auf; vereinfache dann soweit wie möglich.
- a) $(12x^3-1)\cdot 15y^2$
- b) $(12x^2+3y)\cdot 7x^3$
- c) $15(1-x^2-y)$
- d) $(a-b+c)\cdot 4$
- e) $(5x+8y)^2$
- f) $(-3s-5t)^2$
- g) $a-(b-c)$
- h) $x-(5-3a)$
- i) $-(-3p+5q)^2$
- j) $(-u+2v)(-u-2v)$
- k) $(x^2+y)^2$
- l) $\left(\frac{4}{7}a-\frac{7}{8}b\right)^2$
- m) $14(x^3+y^2)+9(x^3-y^2)$
- n) $5(c-d^2)+4(c+d^2)$
- o) $(a^3+b^3)-(a^3-b^3)$
- p) $(p-q)-(p-q)$
- q) $(1-6x^2)^2+(6-x^2)^2$
- r) $(4x-3y)(x+5y)-(2x+y)^2$

5. Wandle den Term in ein Produkt um. Findest du mehr Möglichkeiten?
- (1) $1{,}5x^2-3xy+1{,}5y^2$
- (2) $0{,}9u^2-0{,}9v^2w^2$
- (3) $25a^2-50ab+25b^2$
- (4) $49r^2+98rs+49s^2$
- (5) $45-27ab+36x^2$
- (6) $44r^4+33r^3+22r^2$
- (7) $8r^3s^4-6r^2s^5+5r^4s^3$
- (8) $-4x^2y^3-8xy^2+5x^3y^3$
- (9) $-2\cdot\frac{x}{2}+\frac{2x}{4}-\frac{1}{2}x^2$
- (10) $\frac{3}{4}x^2+\frac{3}{2}xy+\frac{3}{4}y^2$
- (11) $\frac{5}{36}u^2-\frac{5}{18}u+\frac{5}{36}$

6. Bestimme die Lösungsmenge mithilfe von Term- und Äquivalenzumformungen.
- a) $4(7x+5)-2x=-84$
- b) $(6z-1)\cdot 6+9z=39$
- c) $3-(2x+7)\cdot 2=37$
- d) $9x+(2-6x)-4=13$
- e) $(x-4)(7-x)=11x+16-x^2$
- f) $(3-x)(5-x)=3-2x+x^2$
- g) $12(x+3)(x-1)-12=(15x-3)(2x-1)-(6x+3)(3x-5)$
- h) $(14y-4)(22y-2)=(4y+2)^2+4(3y+1)^2+(16y-6)^2$
- i) $(x-1)^2-(x-2)^2=(x-4)^2-(x-3)^2+2$
- j) $\left(\frac{x}{3}-7\right)\left(\frac{x}{4}-5\right)+\left(\frac{x}{6}-3\right)\left(\frac{x}{8}-2\right)-\left(\frac{x}{2}-11\right)^2+\left(1-\frac{x}{12}\right)^2+\frac{5}{36}x^2=82$

7. Überprüfe, ob Tine zu den quadratischen Termen den Extremwert und den zugehörigen x-Wert richtig angegeben hat. Korrigiere gegebenenfalls.

$T_1(x) = -x^2 - 8x - 9{,}25$	$T_{max} = -9{,}25$ für $x = 0$
$T_2(x) = -2x^2 + 6x$	$T_{min} = 4{,}5$ für $x = 1{,}5$
$T_3(x) = \frac{1}{3}x^2 + 8$	$T_{min} = -8$ für $x = \frac{1}{3}$
$T_4(x) = -2x^2 + 5x - 2$	$T_{max} = 1{,}125$ für $x = 1{,}25$

8. Für welchen Wert von x nimmt der Term T(x) einen Extremwert an? Gib auch den Wert und die Art des Extremwerts an.
a) $T(x) = 4x^2 - 20x + 25$
b) $T(x) = -x^2 + 8x - 5{,}5$
c) $T(x) = 3x^2 + 39x - 10{,}5$
d) $T(x) = x^2 - 7{,}2x + 4$

9. Ein Rechteck besitzt die Seitenlängen 7,0 cm und 4,5 cm. Es entstehen neue Rechtecke, indem man die längere Seite um x cm verkürzt und gleichzeitig die kürzere um 1,5 x cm verlängert.
a) Zeichne das ursprüngliche Rechteck und das neue Rechteck für x = 1.
b) Gib an, welche Werte für x sinnvoll sind.
c) Zeige durch Rechnung, dass für den Flächeninhalt der Rechtecke in Abhängigkeit von x gilt: $A(x) = (-1{,}5x^2 + 6x + 31{,}5)$ cm².
d) Bestimme den größtmöglichen Flächeninhalt der neuen Rechtecke.
e) Stelle den Umfang der neuen Rechtecke in Abhängigkeit von x dar.

10. a) Einem gleichschenklig rechtwinkligen Dreieck ABC werden Rechtecke $P_nQ_nR_nS_n$ wie in der Abbildung rechts einbeschrieben.
Dabei gilt: $|\overline{AB}| = 12$ cm; $|\overline{AP_n}| = x$ cm.
Stelle zuerst den Flächeninhalt der Rechtecke $P_nQ_nR_nS_n$ in Abhängigkeit von x dar. Ermittle dann die Länge und Breite des Rechtecks $P_0Q_0R_0S_0$ mit dem größten Flächeninhalt.

Skizze:

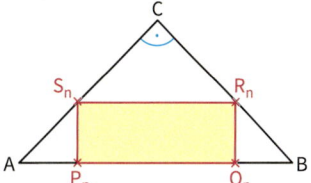

b) Gegeben ist ein Quadrat ABCD mit der Seitenlänge a = 10 cm. Dem Quadrat werden Dreiecke P_nQ_nC so einbeschrieben, dass gilt:
$P_n \in \overline{AD}$; $Q_n \in \overline{AB}$; $|\overline{AP_n}| = |\overline{AQ_n}| = x$ cm.
Stelle zuerst den Flächeninhalt der Dreiecke P_nQ_nC in Abhängigkeit von x dar. Gibt es ein Dreieck mit dem Flächeninhalt 55 cm²? Begründe durch Rechnung.

Skizze:

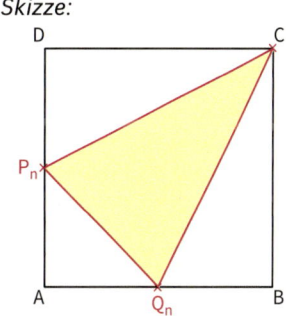

11. Bestimme zuerst die Definitionsmenge und dann die Lösungsmenge.
a) $\frac{1}{x} - 4 = 5$
b) $\frac{24}{3x-6} = \frac{2}{3}$
c) $\frac{39}{6x+10} = \frac{48}{10x-6}$
d) $\frac{8y}{10+6y} = \frac{10+16y}{12y}$

12. Bei Goldschmuck wird die Reinheit des Goldes mithilfe eines Stempeleindrucks angegeben. Die Prägung „750" bedeutet, dass das Metall von 1000 Gewichtsanteilen 750 Anteile reines Gold enthält. Der Rest besteht aus anderen Metallen wie z. B. Silber, Palladium oder Platin. Wie viel Gramm reines Gold enthält ein 8,5 g schwerer Goldring mit der Prägung 750?

BIST DU TOPFIT?

FUNKTIONEN – DATEN UND ZUFALL

1. Vervollständige die Zuordnungstabelle in deinem Heft.

Geschwindigkeit v (in $\frac{km}{h}$)	10	5	30	
Fahrzeit t (in h)	6			3

2. Bestimme jeweils die Funktionsgleichung der Funktionsgraphen in der Zeichnung rechts.

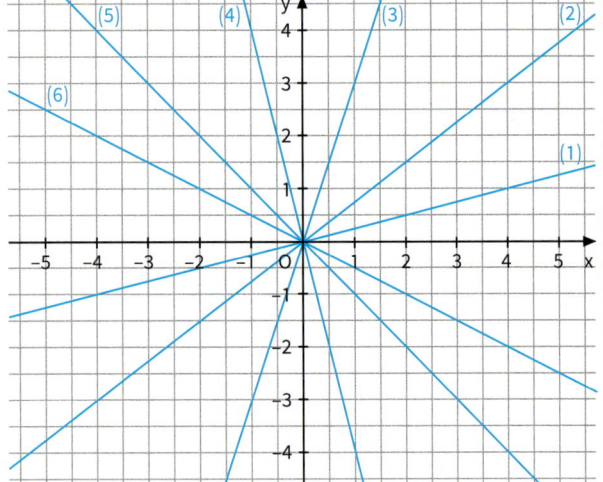

3. Zeichne die Graphen mit den angegebenen Funktionsgleichungen in ein Koordinatensystem.

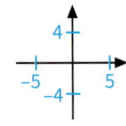

a) (1) $y = \frac{1}{2}x$; (3) $y = -x$;

(2) $y = \frac{1}{3}x$; (4) $y = -3x$

b) (1) $y = 4x$; (3) $y = -\frac{1}{4}x$;

(2) $y = \frac{3}{5}x$; (4) $y = -1\frac{1}{3}x$

4. a) Überprüfe, welche der Ursprungsgeraden orthogonal zueinander sind.

(1) $y = \frac{2}{3}x$ (2) $y = -1{,}5x$ (3) $y = \frac{3}{2}x$

b) Gib die Funktionsgleichung der zu

(1) $y = -0{,}25x$ (2) $y = 3x$ (3) $y = -2\frac{1}{3}x$

orthogonalen Ursprungsgeraden an.

5. Beim Schulfest hat Lara ein Glücksrad mit unterschiedlichen Farben und den Zahlen von 1 bis 50 aufgestellt.

a) Gib die günstigen Ergebnisse für folgende Ereignisse in Mengenschreibweise an.

(1) *Ein Vielfaches von 6 treffen*.

(2) *Eine Zahl mit der Quersumme 4 treffen*.

b) Vergleiche die Gewinnchance für die verschiedenen Farben.

c) Das Rad wird 200-mal gedreht. Wie oft erwartest du (1) rot; (2) blau?

6. Ein Würfel und ein Tetraeder werden gleichzeitig geworfen.

a) Stelle die möglichen Ergebnisse dieses Zufallsexperiments in einer Tabelle dar.

b) Gib die günstigen Ergebnisse zum Ereignis

(1) *die Augensumme ist größer als sechs*,

(2) *die Augensumme ist gerade*   in Mengenschreibweise an.

c) Welches der beiden Ereignisse aus Teilaufgabe b) hat die größere Gewinnchance? Begründe.

AUF DEM WOCHENMARKT

1. Johanna kauft auf dem Wochenmarkt Äpfel ein. Für 2,850 kg Cox Orange bezahlt sie 3,42 €.
   a) Maria bezahlt 4,20 €.
      Wie viel kg Cox Orange hat sie gekauft?
   b) Thilo kauft $1\frac{3}{4}$ kg Äpfel von derselben Sorte. Er bezahlt mit einem 10-Euro-Schein.
      Wie viel Wechselgeld bekommt er zurück?
   c) Stelle die Funktion *Masse x (in kg)* → *Preis y (in €)* grafisch dar.
      Gib auch die Gleichung der Funktion an.
      Welche Bedeutung hat die Steigung des Graphen?
   d) Frau Reck kauft 15 kg Cox Orange. Sie erhält 5 % Mengenrabatt.
      Wie viel Euro muss sie bezahlen?

2. Jeder Händler muss wöchentlich an die Stadt für die Nutzung des Marktplatzes eine Gebühr entrichten. Diese enthält eine Grundgebühr von 8 €, hinzu kommen 1,20 € pro m² Stellfläche.
   a) Der Fischhändler Herr Otter hat einen Verkaufswagen mit einer rechteckigen Stellfläche von 2,2 m Breite und 7,5 m Länge. Berechne die wöchentliche Gebühr.
   b) Gib für die Funktion *Stellfläche x (in m²)* → *Gebühren y (in €)* die Funktionsgleichung an.

3. Die von Frau Mager auf einem Marktplatz gemietete Fläche für ihren Gemüsestand hat die Form eines Trapezes. An der längeren Seite der beiden Parallelen möchte sie ihren Lieferwagen abstellen. An der gegenüberliegenden kürzeren Seite soll die Verkaufstheke aufgebaut werden. Ermittle mithilfe einer Konstruktion in geeignetem Maßstab die Länge, die für die Theke zur Verfügung steht.

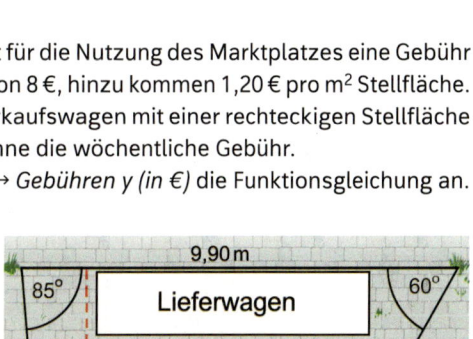

4. Herr Weber möchte auf seinen Süßwarenstand mit einer bunt beleuchteten Pyramide aufmerksam machen (s. Abbildung rechts). Ermittle mithilfe geeigneter Zeichnungen wie lang die Lichterketten jeweils sein müssen.

5. Steffi hat noch 750 g Gelierzucker zu Hause und möchte gerne Aprikosenkonfitüre herstellen. Auf der Verpackung steht, dass das Mischverhältnis von Obst zu Zucker 3 : 1 betragen soll. Wie viel kg Aprikosen muss Steffi kaufen, um den gesamten Zucker aufbrauchen zu können?

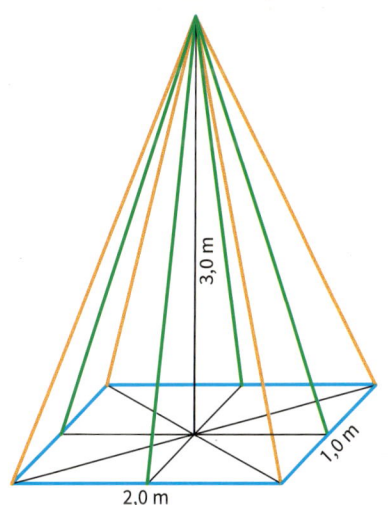

ANHANG

LÖSUNGEN

Bitte beachten: Der Großteil der Zeichnungen ist maßstäblich verkleinert dargestellt.

Bist du fit?

SEITE 25

1.

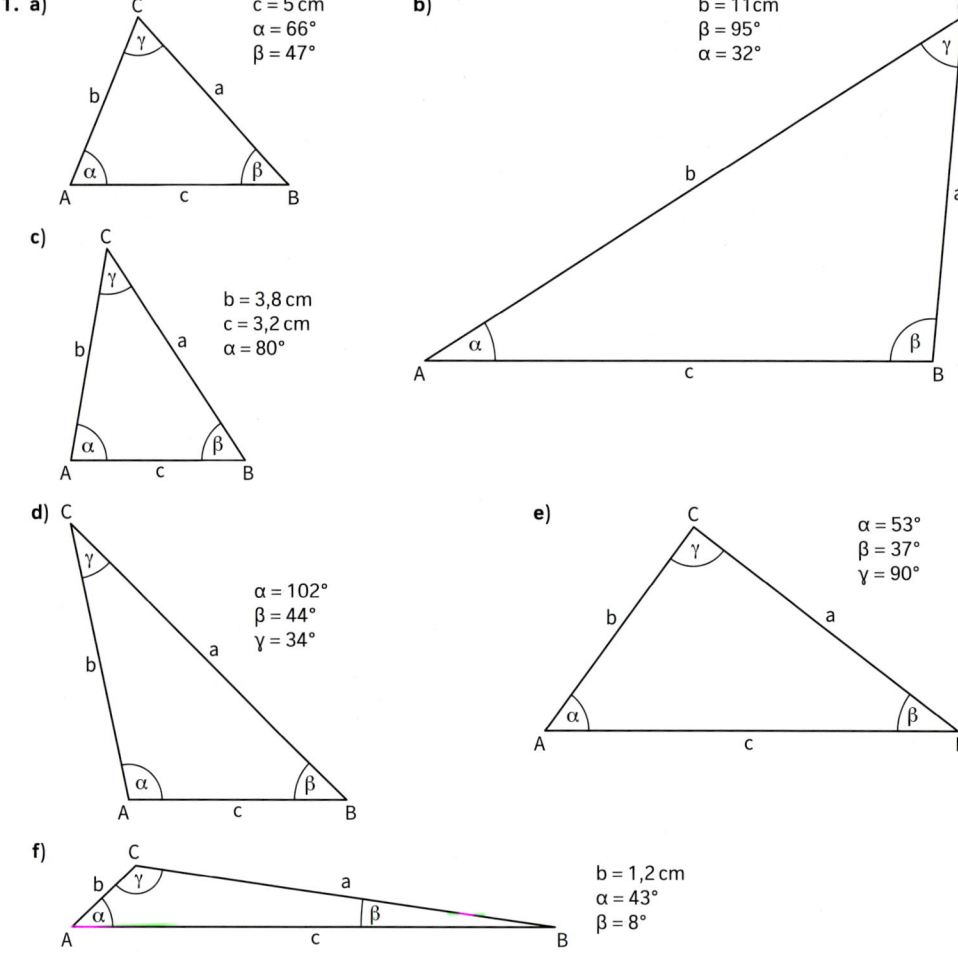

Lösungen – Bist du fit?

1. g)

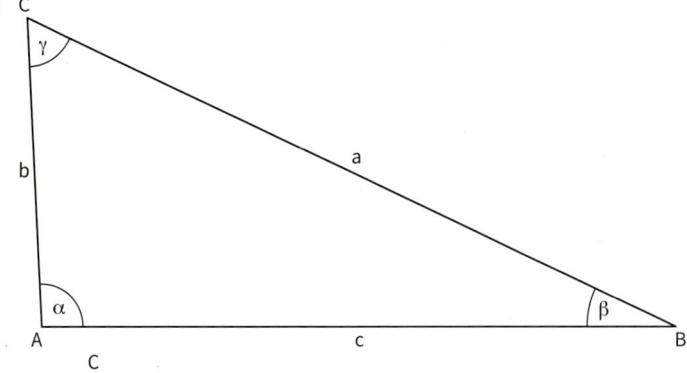

a = 15,0 cm
c = 13,0 cm
α = 93°

h)

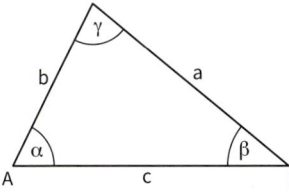

c = 5,0 cm
α = 63°
β = 39°

2. a)

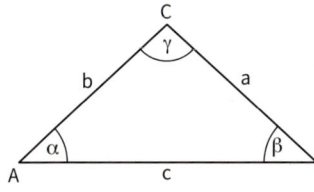

Zeichne die Strecke c = 5,4 cm.
Trage an $\overline{AB}$ in B den Winkel mit dem Maß β = 42° an, trage in A den Winkel mit dem Maß α = 42° an.
Bezeichne den gefundenen Schnittpunkt mit C.
γ = 180° − (42° + 42°) = 96°
(Innenwinkelsumme im Dreieck)

b)

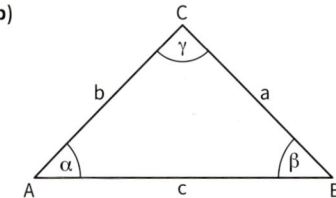

Zeichne die Strecke c = 4,9 cm.
Wegen γ = 90° gilt α = β = 45°.
Trage an $\overline{AB}$ in A den Winkel α und an B den Winkel β an.
Bezeichne den gefundenen Schnittpunkt mit C.

c)

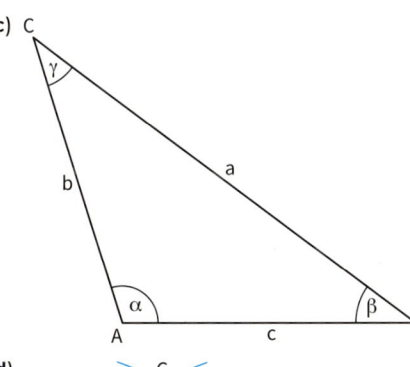

Zeichne die Strecke c = 5,3 cm.
Trage an $\overline{AB}$ in A den Winkel mit dem Maß α = 108° an.
Wegen α = 108° gilt $\beta = \gamma = \frac{(180° - 108°)}{2} = 36°$.
Trage an B den Winkel mit dem Maß β = 36° an.
Bezeichne den gefundenen Schnittpunkt mit C.

d)

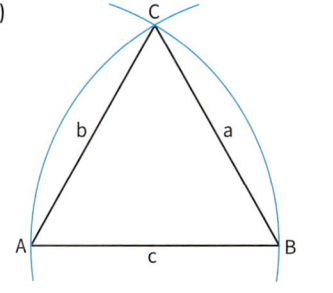

Zeichne die Strecke c = 4,5 cm.
Zeichne um A einen Kreis mit dem Radius 4,5 cm, zeichne auch um B einen Kreis mit dem Radius 4,5 cm. Du erhältst zwei Schnittpunkte.
Wähle den Schnittpunkt, der das Dreieck ABC ergibt, und bezeichne ihn mit C.
α = β = γ = 60°

SEITE 25

3. a)

Zeichne die Strecke c = 4,3 cm.
Trage an $\overline{AB}$ in A den rechten Winkel an.
Es gilt γ = 27° und α = 90°,
daher gilt β = 90° − 27° = 63°.
Trage in B den Winkel mit dem Maß β = 63° an.
Bezeichne den gefundenen Schnittpunkt mit C.

b) 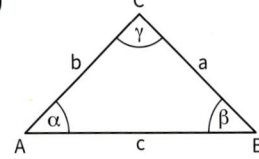 **c)** 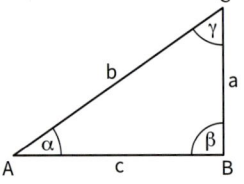 **d)**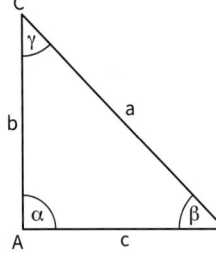

e) 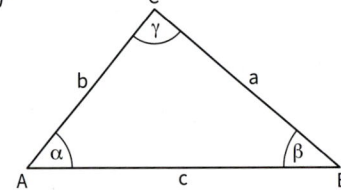 **f)**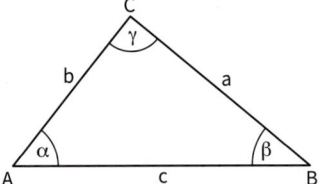

4. Höhe des Schulgebäudes ohne Dach: 11,64 m + 1,75 m = 13,39 m

5. Die Leiter reicht 3,40 m hoch.

6. Aussage (1) ist falsch. Gegenbeispiel:
Haben zwei gleichseitige Dreiecke den gleichen Winkel γ, so sind unterschiedliche Seitenlängen möglich.

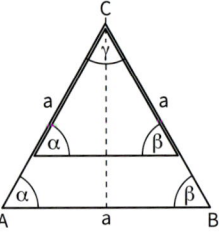

Aussage (2) ist wahr.
Beweis: Wenn zwei gleichschenklige Dreiecke im Winkelmaß γ übereinstimmen, so stimmen sie auch in den übrigen Winkeln überein und es gilt:
α = β = (180° − γ) : 2
Stimmen sie dann auch noch in der Basis überein, so sind beide Dreiecke nach dem Kongruenzsatz wsw kongruent.

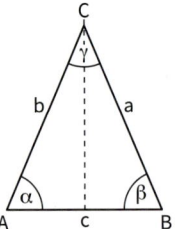

SEITE 25

6. Aussage (3) ist falsch. Gegenbeispiel:
Wenn zwei Dreiecke in zwei Winkeln und damit in allen drei Winkeln übereinstimmen, so sind unterschiedliche Längen möglich. Die Dreiecke sind somit nicht kongruent.

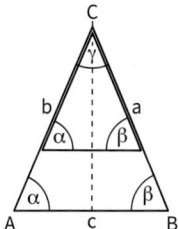

7. Die Dreiecke ABC und DBC stimmen in allen drei Winkeln überein. Da sie aber unterschiedliche Seitenlängen besitzen, sind sie nicht kongruent zueinander.

SEITE 41

1. a) (1); (2); (3); (4); (5); (6) **c)** (4); (6) **e)** –
b) (2); (3); (4); (6) **d)** (1); (4); (5); (6) **f)** (5)

2. (1) richtig (2) richtig (3) richtig

3. (1) Quadrat, Rechteck, gleichschenkliges Trapez
(2) Quadrat, Rechteck
(3) Quadrat, Raute

4. a) $\gamma = 360° - \alpha - \beta - \delta$, $\gamma = 134°$
b) $\delta = 180° - \alpha$, $\delta = 106°$; $\gamma = 180° - \beta$, $\gamma = 148°$
c) $\alpha = \beta = 78°$; $\delta = 180° - \alpha$, $\delta = 102°$; $\gamma = \delta = 102°$
d) $\delta = \beta = 135°$; $\alpha = 360° - \gamma - \beta - \delta$, $\alpha = 43°$
e) $\alpha = \gamma = 129°$; $\beta = \delta = 180° - 129° = 51°$
f) $\delta = \beta = 53°$; $\alpha = \gamma = 180° - 53° = 127°$

5. a) e einzeichnen; senkrecht auf e die Strecke f so zeichnen, dass sich e und f halbieren → Endpunkte der Strecken (Diagonalen) verbinden
b) e einzeichnen; senkrecht zu e die Strecke e so zeichnen, dass sich beide Strecken halbieren → Endpunkte der Strecken (Diagonalen) verbinden
c) c = a einzeichnen; $\gamma = 114°$ und $\delta = 180° - 114° = 66°$ abtragen; Kreis um D mit Radius r = f schneidet Schenkel von γ in B; Parallele zu c durch B
d) a einzeichnen; α abtragen und d einzeichnen; durch D die Strecke c parallel zu a einzeichnen; Endpunkt von c mit Endpunkt von a verbinden
e) $\overline{BD}$ einzeichnen; in B nach links und rechts $\frac{1}{2}\beta = 25°$ abtragen; Kreis um D mit Radius $r = |\overline{AD}|$ schneidet die Schenkel in A und C

6. a) Maßstab 1 : 10
Strecke $\overline{AB}$ mit der Länge 6 cm zeichnen; in A eine 7 cm lange Senkrechte und in B eine 10 cm lange Senkrechte zu $\overline{AB}$ zeichnen.
$|\overline{DC}| \approx 0{,}67$ m; $\gamma \approx 63°$; $\delta \approx 117°$
b) 216,49 €

7. $\alpha \approx 21°$; $\beta \approx 27°$; $d \approx 15$ cm

SEITE 65

1. a) 21ab + 15ac **b)** 72xy − 96xz **c)** $68x^2 + 170y^2$

2. a) $20x^2 + 8y^2$ **d)** $74x^2 − 70$
b) $−ac + b^2c$ **e)** $38x − 47xy^2$
c) x − y + z **f)** −2x + 14y

3. a) x(24y + 7z) **c)** 9x(3y + 8x) **e)** $−2a(a^2 + b^2)$
b) 10b(8a − 5c) **d)** 12a(4c − 3b) **f)** $−8a^2b^2(3a + 2b − 1)$

4. a) $4a^2 + 24ab + 36b^2$ **d)** $0{,}21x^2 + 0{,}46xy − 0{,}07y^2$
b) $6a^2 − 16ab − 6b^2$ **e)** $36\frac{1}{4}a^2 − 6ab + 4\frac{1}{9}b^2$
c) $3x^2 − 6xy − 10y^2$ **f)** $−192x^2 − 80xy − 3y^2$

SEITE 65

5.
a) $xy - 3x + 2y - 6$
b) $3xz + 6x - 4z - 8$
c) $108x - 144xy - 132 + 176y$
d) $40ab - 8a + 140b - 28$
e) $26xy - 144x^2 - y^2$
f) $-8x^2 + 10xy + 3y^2$
g) $17a - 13$
h) $23x + 5$
i) $7z - 24$

6.
a) $x^2 + 14x + 49$
b) $4x^2 - 12x + 9$
c) $4x^2 - 16$
d) $9x^2 - 16y^2$
e) $121a^2 + 330ab + 225b^2$
f) $100x^2 + 320xy + 256y^2$
g) $0{,}25x^2 + 1{,}5xy + 2{,}25y^2$
h) $\frac{1}{9}x^2 - \frac{4}{15}xy + \frac{4}{25}y^2$

7.
a) $35x - 90y + 120xy - 3$
b) $12x^2 + 36x - 47$
c) $34y - 12z - 56xy + 8x + 2$
d) $6a^2 - 9a - 18$

8.
a) $5x^2 - 5xy - y^2$
b) $8a^2 + 21ab - 14b^2$
c) $-35 - 12a + 36a^2 + 12x - x^2$
d) 0

9.
a) $x^2 - 6x + 9 = (x - 3)^2$
b) $x^2 + 10x + 25 = (x + 5)^2$
c) $x^2 + 5x + 6{,}25 = (x + 2{,}5)^2$
d) $x^2 - x + 0{,}25 = (x - 0{,}5)^2$
e) $a^2 + 8a + 16 = (a + 4)^2$
f) $36 - 12b + b^2 = (6 - b)^2$
g) $4x^2 - 12x + 9 = (2x - 3)^2$
h) $9x^2 + 30x + 25 = (3x + 5)^2$

10.
a) Der Term hat ein Minimum. Der Extremwert -3 ergibt sich für $x = 0$.
b) Der Term hat ein Maximum. Der Extremwert 5 ergibt sich für $x = 0$.
c) Der Term hat ein Maximum. Der Extremwert $-2{,}5$ ergibt sich für $x = 1$.
d) Der Term hat ein Minimum. Der Extremwert -1 ergibt sich für $x = -1{,}5$.
e) Der Term hat ein Minimum. Der Extremwert $0{,}25$ ergibt sich für $x = 1{,}7$.
f) Der Term hat ein Maximum. Der Extremwert $1{,}2$ ergibt sich für $x = -2{,}2$.

11.
a) $(x + 5)^2 - 6$; $T_{min} = -6$ für $x = -5$
b) $(x - 1)^2$; $T_{min} = 0$ für $x = 1$
c) $(x + 0{,}5)^2$; $T_{min} = 0$ für $x = -0{,}5$
d) $-3(x - 1)^2$; $T_{max} = 0$ für $x = 1$
e) $2(x + 1{,}5)^2 + 2{,}5$; $T_{min} = 2{,}5$ für $x = -1{,}5$
f) $2(x - 0{,}5)^2 - 5$; $T_{min} = -5$ für $x = 0{,}5$

12. $A = (x + 5)(10 - x) = -x^2 + 5x + 50 = -(x - 2{,}5)^2 + 56{,}25$; $T_{max} = 56{,}25$ für $x = 2{,}5$

SEITE 89

1.
a) $L = \{-5\}$
b) $L = \{-5\}$
c) $L = \{-4\}$
d) $L = \{-18\}$
e) $L = \{-1\}$
f) $L = \mathbb{Q}$
g) $L = \{-3\}$
h) $L = \{-\frac{1}{5}\}$
i) $L = \{-4\}$
j) $L = \{3\}$

2.
a) $3(x - 8) = 2x - 14$; $x = 10$
b) $(x - 1)^2 + 3 = x^2 + 1$; $x = 1{,}5$

3.
a) $4 \cdot 2x + 4 \cdot x + 4 \cdot (x + 3) = 16x + 12$
b) 76 cm
c) $x = 2{,}5$ cm

4.
a) (1) $8 \neq 9$, also keine Lösung   (2) $-12 = -12$, also unendlich viele Lösungen
b) (1) z. B. $3(x + 1) + 4 = 8 + 3x$ (2) z. B. $2(-4 + x) = 2x - 8$

5. untere Grundseite: 10 cm; obere Grundseite: 5 cm

6. a) $u = 44$ cm   b) $A = 64$ cm^2

7. Länge: 4 m; Breite: 3 m

8. Sie muss mit $120 \frac{km}{h}$ fahren.

9. Es müssten 2000 ℓ Saft gemischt werden.

Lösungen – Bist du fit? **161**

1. a) (1) $|\overline{BE}| = 5$ cm   (2) $|\overline{GB}| = 3{,}9$ cm   (3) $|\overline{AC}| = 4{,}7$ cm   (4) $|\overline{AG}| = 5{,}6$ cm   (5) $|\overline{MD}| = 3{,}8$ cm

b) (1) DF gegen EFD   (2) GC gegen ABD   (3) AFG gegen ABF

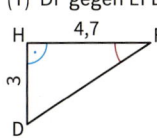
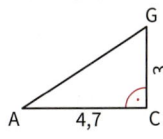
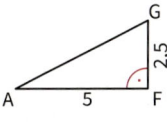

∢HFD = 33°   ∢GCA = 90°   ∢GFA = 90°

(4) ACF gegen ABC

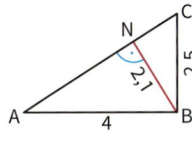
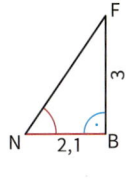

∢BNF = 55°

2. a) $|\overline{AS}| = 8{,}2$ cm; ∢MAS = 59°   **b)** $|\overline{FS}| = 7{,}6$ cm: ∢MFS = 67°

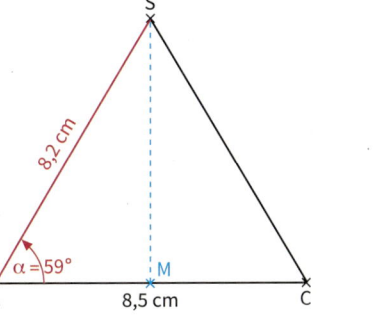
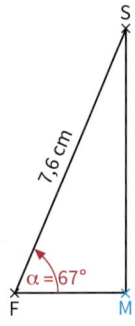

3. a)   **c)**

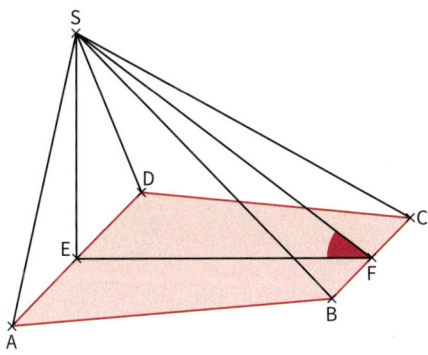
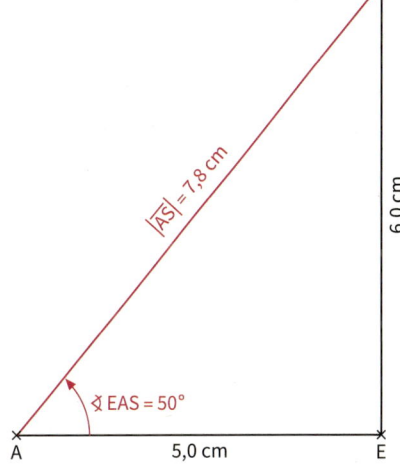

b) ∢SFE = 37°

SEITE 107

4. a)

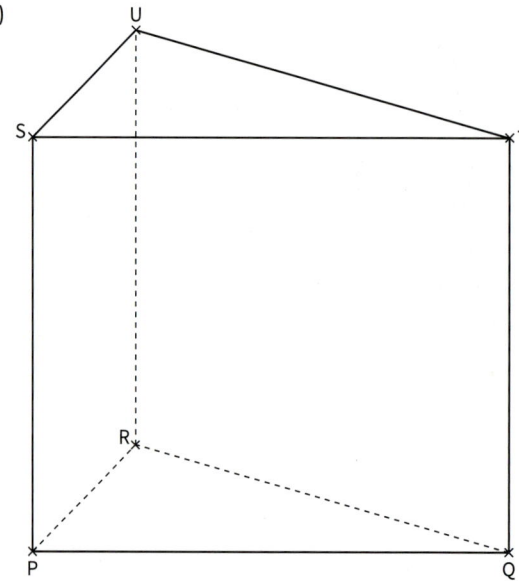

b) ∡UMR = 47°

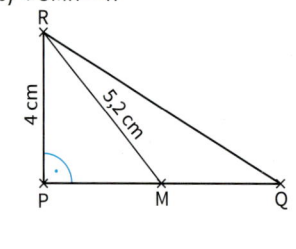

5. a)

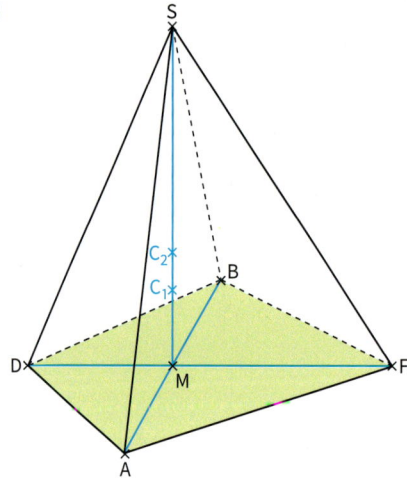

b) $|\overline{AC_1}| = |\overline{BC_1}| = 4{,}5$ cm; $|\overline{AC_2}| = |\overline{BC_2}| = 5$ cm; $|\overline{AB}| = 8$ cm

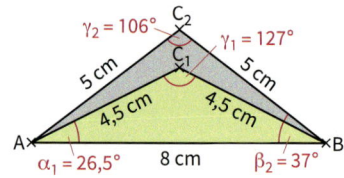

$\alpha_1 = \beta_1 = 26{,}5°$
$\alpha_2 = \beta_2 = 37°$

SEITE 107

5. c)

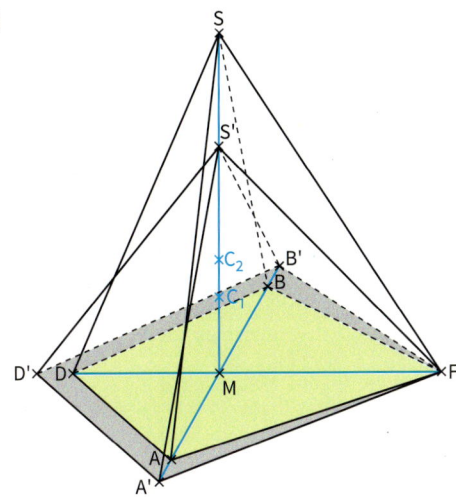

SEITE 121

1. a) $L = \{\frac{1}{2}\}$ b) $L = \{12\}$ c) $L = \{-16\}$ d) $L = \{6\}$ e) $L = \{31\}$

2. a) $D = \mathbb{Q}\setminus\{1\}$ c) $D = \mathbb{Q}\setminus\{2\}$ e) $D = \mathbb{Q}\setminus\{-24\}$
b) $D = \mathbb{Q}\setminus\{0\}$ d) $D = \mathbb{Q}\setminus\{-6\}$ f) $D = \mathbb{Q}\setminus\{0\}$

3. a) $D = \mathbb{Q}\setminus\{0\}$ $L = \{5\}$ c) $D = \mathbb{Q}\setminus\{1\}$ $L = \{3\}$ e) $D = \mathbb{Q}\setminus\{1; 2\}$ $L = \{3\}$
b) $D = \mathbb{Q}\setminus\{0\}$ $L = \{-8\}$ d) $D = \mathbb{Q}\setminus\{\frac{7}{9}\}$ $L = \{1\}$ f) $D = \mathbb{Q}\setminus\{1; 2\frac{1}{2}\}$ $L = \{4\}$

4. a) $D = \mathbb{Q}$ $L = \{8\}$ c) $D = \mathbb{Q}$ $L = \{\frac{1}{5}\}$ e) $D = \mathbb{Q}\setminus\{0\}$ $L = \{2\}$
b) $D = \mathbb{Q}\setminus\{0\}$ $L = \{4\}$ d) $D = \mathbb{Q}\setminus\{-6\}$ $L = \{\frac{2}{3}\}$

5. a) Erika erhält 45 000 €, Hedwig 75 000 €.
b) Man benötigt 3,2 ℓ Frostschutzmittel.

SEITE 135

1.

x	−3	−2	−1	−0,5	0	0,5	1	2	3
a) y	−9	−7	−5	−4	−3	−2	−1	1	3
b) y	−5	0	3	3,75	4	3,75	3	0	−5

2. a) $x = -3$ b) $x = 2,5$

3. a) (1) $y = x$ (3) $y = \frac{1}{8}x$
(2) $y = \frac{1}{4}x$ (4) $y = -\frac{3}{5}x$
b) (1) $y = -\frac{1}{3}x$ (3) $y = -\frac{3}{8}x$
(2) $y = \frac{3}{7}x$ (4) $y = \frac{2}{9}x$

4. a) $P_1(1|-1)$ c) $P_2(9|-3)$
b) $P_4(2,5|4)$ d) $P_3(-1|-5)$

5. a) $g_2\colon y = -\frac{2}{3}x$ c) $g_2\colon y = 4x$
b) $g_2\colon y = 0,4x$ d) $g_2\colon y = -5x$

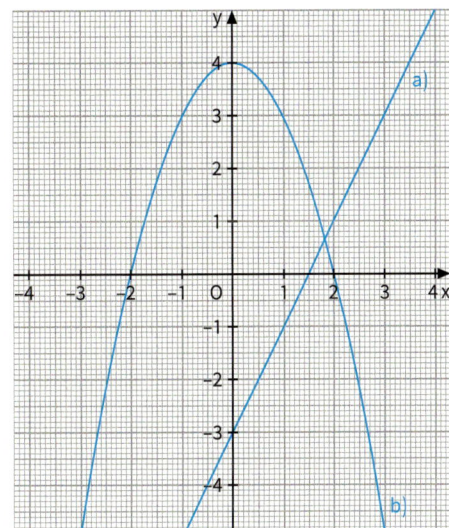

SEITE 149

1. (1) E = {105; 110; 115; 120; 125; 130; 135; 140; 145; 150}
(2) E = {102; 112; 122; 132; 142}
(3) E = {102; 108; 114; 120; 126; 132; 138; 144; 150}
(4) E = {108; 117; 126; 135; 144}
(5) E = {102; 103; 104; 105; 106; 107; 108; 109; 120; 123; 124; 125; 126; 127; 128; 129; 130; 132; 134; 135; 136; 137; 138; 139; 140; 142; 143; 145; 146; 147; 148; 149; 150}
(6) E = {101; 103; 107; 109; 111; 113; 117; 119; 121; 123; 127; 129; 131; 133; 137; 139; 141; 143; 147; 149}

2. (1) Zufall (2) Zufall (3) Geschick (4) könnte beides sein

3. a) rot: $\frac{18}{40}$ = 45 %; gelb: $\frac{8}{40}$ = 20 %; blau: $\frac{14}{40}$ = 35 %
b) Säulendiagramm: rot 4,5 cm; gelb 2,0 cm und blau 3,5 cm
Kreisdiagramm: rot 162°; gelb 72° und blau 126°
c) Vermutung: 3 rote Kugeln; 1 gelbe Kugel; 2 blaue Kugeln
Man kann sich nicht sicher sein, da das Ergebnis vom Zufall abhängt. Je häufiger man den Versuch durchführt, umso sicherer werden die Werte.

4. a) Urne (2), weil $\frac{2}{7} > \frac{1}{5}$
b) 1 rote aus (1) und 1 weiße aus (2) tauschen, $\frac{3}{7}$ = 42 %
1 weiße aus (1) und 1 rote aus (2) tauschen, $\frac{2}{5}$ = 40 %
Der erste Tausch ist besser.

5. a) Abkürzungen:
schwarzer linker Schuh: sl
schwarzer rechter Schuh: sr
brauner linker Schuh: bl
brauner rechter Schuh: br
b) Es gibt 8 Möglichkeiten einen linken und einen rechten Schuh zu ziehen, aber nur 4 Möglichkeiten zwei rechte oder zwei linke Schuhe zu ziehen.
Also hat das Ereignis (1) die größere Chance.

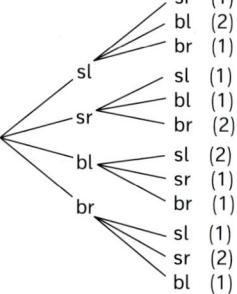

6. a)

	männlich	weiblich	gesamt
Fußball	127	38	165
kein Fußball	161	154	315
gesamt	288	192	480

b) 44,1 %
c) 77,0 %

Bist du topfit?

1. Die Breite des Flusses beträgt 19 m.

2. a) Kongruenzsatz: sss
α = 36°; β = 56°; γ = 88°

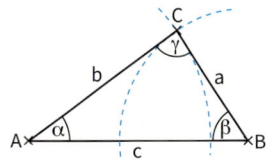

2. b) Kongruenzsatz: sws
c = 8,3 cm; α = 27°; β = 43°

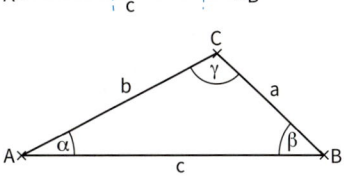

c) Kongruenzsatz: SsW
b = 3,8 cm; β = 39°; γ = 41°

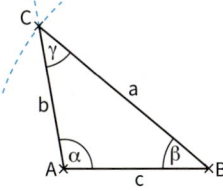

d) Kongruenzsatz: wsw
β = 180° − 100° − 50° = 30°; b = 3,9 cm; a = 7,7 cm

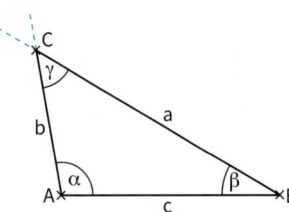

3. 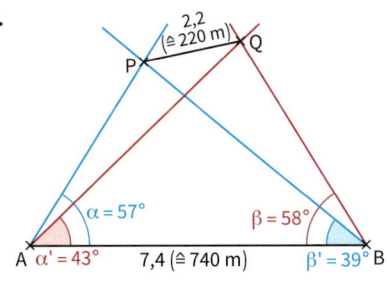 Die Entfernung beträgt etwa 220 m.

SEITE 151

4. a)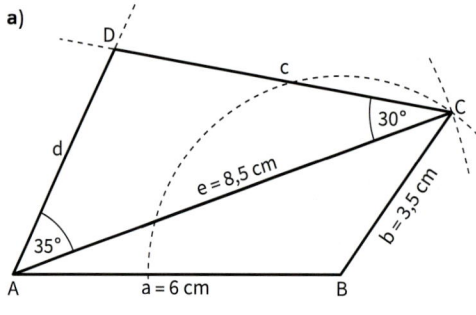

b)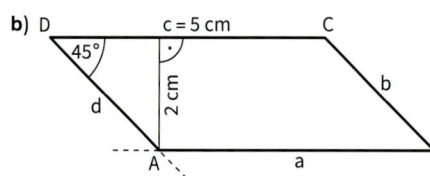

d)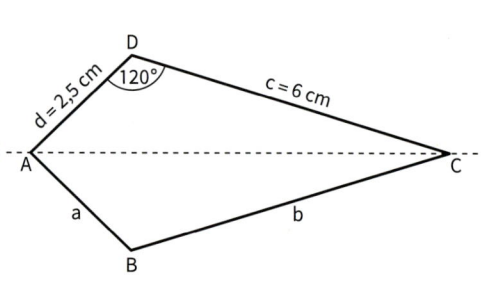

c)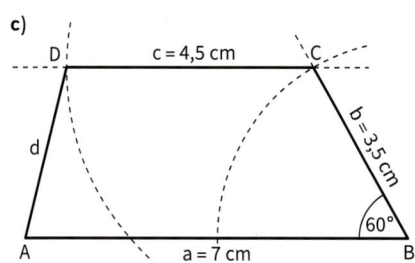

e)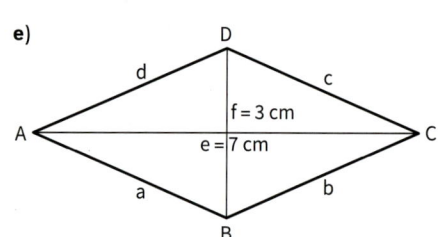

5. (1) 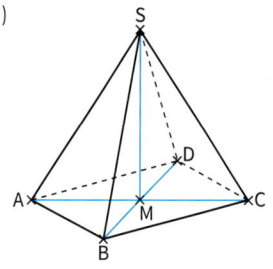   (2)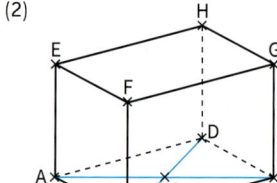

6. a)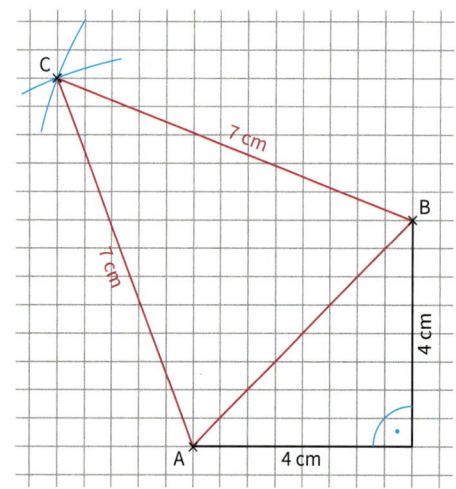

SEITE 151

6. b)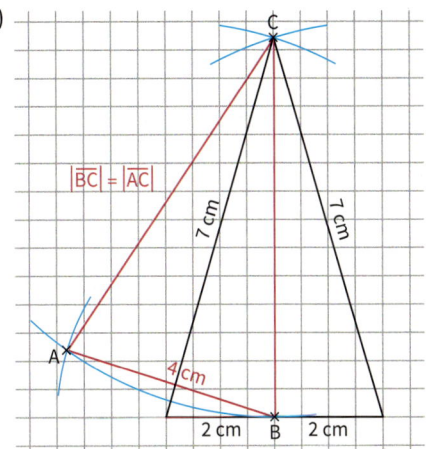

c)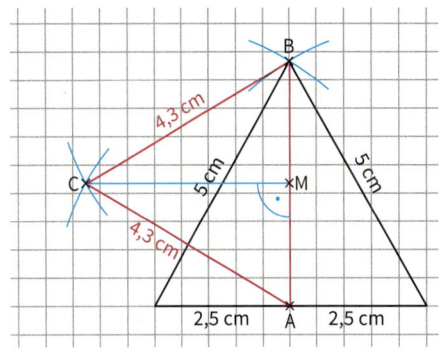

SEITE 152

1.
a) $(a+b)^2 = a^2 + 2ab + b^2$
b) $(c-d)^2 = c^2 - 2cd + d^2$
c) $(e+f)(e-f) = e^2 - f^2$
d) $(x-2y)^2 = x^2 - 4xy + 4y^2$
e) $(5b-c)^2 = 25b^2 - 10bc + c^2$
f) $(9k+l)(9k-l) = 81k^2 - l^2$
g) $(11g+15h)^2 = 121g^2 + 330gh + 225h^2$
h) $(0,5p-2,5q)^2 = 0,25p^2 - 2,5pq + 6,25q^2$
i) $(0,6v-0,3w)(0,6v+0,3w) = 0,36v^2 - 0,09w^2$

2.
$(3x-4y)^2$ und $(9x^2 - 24xy + 16y^2)$
$(36 + 12y + y^2)$ und $(6+y)^2$
$(0,5-x)(0,5+x)$ und $0,25 - x^2$
$(0,09x^2 - 0,24xy + 0,16y^2)$ und $(0,3x - 0,4y)^2$

3.
a) $(12x - 15y)^2 = 144x^2 - 360xy + 225y^2$
b) $0,64p^2 + 1,12pq + 0,49q^2 = (0,8p + 0,7q)^2$
c) $b^2 - 81 = (b+9)(b-9)$
d) $(5r^2 + 3q^3) = 25r^4 + 30r^2q^3 + 9q^6$

4.
a) $180x^3y^2 - 15y^2$
b) $84x^5 + 21x^3y$
c) $-15x^2 - 15y + 15$
d) $4a - 4b + 4c$
e) $25x^2 + 80xy + 64y^2$
f) $9s^2 + 30st + 25t^2$
g) $a - b + c$
h) $3a + x - 5$
i) $-9p^2 + 30pq - 25q^2$
j) $u^2 - 4v^2$
k) $x^4 + 2x^2y + y^2$
l) $\frac{16}{49}a^2 - ab + \frac{49}{64}b^2$
m) $23x^3 + 5y^2$
n) $9c - d^2$
o) $2b^3$
p) 0
q) $37x^4 - 24x^2 + 37$
r) $-16y^2 + 13xy$

5.
(1) $1,5(x^2 - 2xy + y^2) = 1,5(x-y)^2$
(2) $0,9(u^2 - v^2w^2) = 0,9(u - vw)(u + vw)$
(3) $25(a^2 - 2ab + b^2) = 25(a-b)^2$
(4) $49(r^2 + 2rs + s^2) = 49(r+s)^2$
(5) $9(5 - 3ab + 4x^2)$
(6) $11r^2(4r^2 + 3r + 2)$
(7) $r^2s^3(8rs - 6s^2 + 5r^2)$
(8) $xy^2(-4xy - 8 + 5x^2y)$
(9) $-\frac{1}{2}(x^2 + x) = -\frac{1}{2}x(x+1)$
(10) $3\left(\frac{1}{4}x^2 + \frac{1}{2}xy + \frac{1}{4}y^2\right) = 3\left(\frac{1}{2}x + \frac{1}{2}y\right)^2$
(11) $\frac{5}{9}\left(\frac{1}{4}u^2 - \frac{1}{2}u + \frac{1}{4}\right) = \frac{5}{9}\left(\frac{1}{2}u - \frac{1}{2}\right)^2$

6.
a) $L = \{-4\}$
b) $L = \{1\}$
c) $L = \{-12\}$
d) $L = \{5\}$
e) $L = \{\ \}$
f) $L = \{2\}$
g) $L = \{2,75\}$
h) $L = \{1\}$
i) $L = \{3\}$
j) $L = \{24\}$

SEITE 153

7. $T_1(x)$: $T_{max} = 6,75$ für $x = -4$
$T_2(x)$: $T_{max} = 4,5$ für $x = 1,5$
$T_3(x)$: $T_{min} = 8$ für $x = 0$
$T_4(x)$: $T_{max} = 1,125$ für $x = 1,25$

8.
a) $T_{min} = 0$ für $x = 2,5$
b) $T_{max} = 10,5$ für $x = 4$
c) $T_{min} = -137,25$ für $x = -6,5$
d) $T_{min} = -8,96$ für $x = 3,6$

SEITE 153

9. a)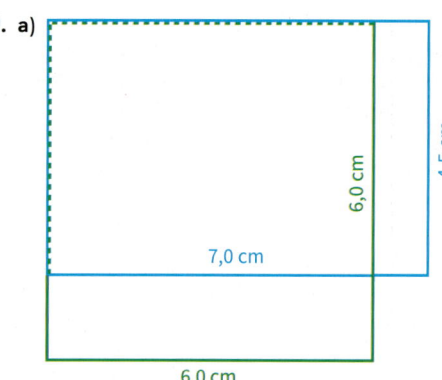

b) $0 < x < 7$ bzw. $x \in \,]0;\,7[$

c) $A(x) = (7-x)(4{,}5 + 1{,}5x)\,\text{cm}^2$
$= (-1{,}5x^2 + 6x + 31{,}5)\,\text{cm}^2$

d) $A_{max} = 37{,}5\,\text{cm}^2$ für $x = 2$

e) $u(x) = [2(7-x) + 2(4{,}5 + 1{,}5x)]\,\text{cm} = (x + 23)\,\text{cm}$

10. a) $A(x) = \overline{P_n Q_n} \cdot \overline{P_n S_n} = (12 - 2x)\cdot x\,\text{cm}^2 = (-2x^2 + 12x)\,\text{cm}^2$
$A_{max} = 18\,\text{cm}^2$ für $x = 3$
$\overline{P_0 Q_0} = 6\,\text{cm}$
$\overline{P_0 S_0} = 3\,\text{cm}$

b) $A(x) = \left[10^2 - \frac{1}{2}\cdot x \cdot x - 2 \cdot \frac{1}{2}\cdot 10 \cdot (10-x)\right]\,\text{cm}^2$
$A(x) = (-0{,}5x^2 + 10x)\,\text{cm}^2$
$A_{max} = 50\,\text{cm}^2$ für $x = 10$
Da $55\,\text{cm}^2 > 50\,\text{cm}^2$ ist, $50\,\text{cm}^2$ aber der maximale Flächeninhalt ist, gibt es kein solches Dreieck.

11. a) $L = \left\{\frac{1}{9}\right\}$ $D = \mathbb{Q}\setminus\{0\}$ **b)** $L = \{14\}$ $D = \mathbb{Q}\setminus\{2\}$ **c)** $L = \{7\}$ $D = \mathbb{Q}\setminus\left\{-1\frac{2}{3};\,\frac{3}{5}\right\}$ **d)** $L = \left\{-\frac{5}{11}\right\}$ $D = \mathbb{Q}\setminus\left\{-1\frac{2}{3};\,0\right\}$

12. $\frac{x}{8{,}5} = \frac{750}{1\,000}$
$x = 6{,}375$
Der Ring enthält 6,375 g reines Gold.

SEITE 154

1.

v (in $\frac{\text{km}}{\text{h}}$)	10	5	30	20
t (in h)	6	12	2	3

2. (1) $y = 0{,}25\,x$
(2) $y = 0{,}75\,x$
(3) $y = 3\,x$
(4) $y = -4\,x$
(5) $y = -x$
(6) $y = -0{,}5\,x$

SEITE 154

3. a)

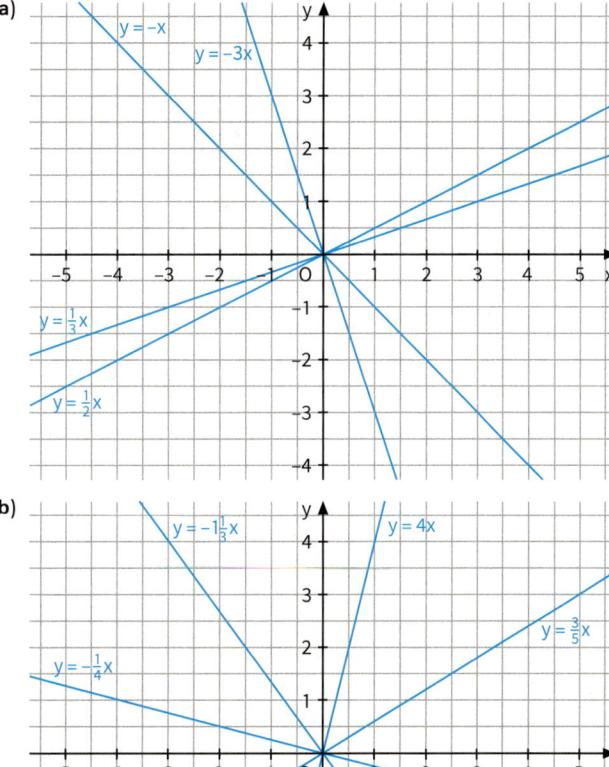

b)

4. a) (1) und (2) sind orthogonal, da $\frac{2}{3} \cdot (-1{,}5) = \frac{2}{3} \cdot \left(-\frac{3}{2}\right) = -1$

b) (1) $y = 4x$ (2) $y = -\frac{1}{3}x$ (3) $y = \frac{3}{7}x$

5. a) (1) $E = \{6; 12; 18; 24; 30; 36; 42; 48\}$ (2) $E = \{4; 13; 22; 31; 40\}$

b) blau: $\frac{1}{5}$; rot: $\frac{2}{5}$; lila: $\frac{1}{5}$; gelb: $\frac{1}{5}$
Die Gewinnchancen für blau, lila und gelb sind gleich.
Die Gewinnchance für rot ist doppelt so hoch wie für eine einzelne andere Farbe.

c) (1) 80-mal   (2) 40-mal

6. a)

Tetraeder \ Würfel	1	2	3	4	5	6
1	(1|1)	(1|2)	(1|3)	(1|4)	(1|5)	(1|6)
2	(2|1)	(2|2)	(2|3)	(2|4)	(2|5)	(2|6)
3	(3|1)	(3|2)	(3|3)	(3|4)	(3|5)	(3|6)
4	(4|1)	(4|2)	(4|3)	(4|4)	(4|5)	(4|6)

b) $E = \{(1|6); (2|5); (2|6); (3|4); (3|5); (3|6); (4|3); (4|4); (4|5); (4|6)\}$
$E = \{(1|1); (1|3); (1|5); (2|2); (2|4); (2|6); (3|1); (3|3); (3|5); (4|2); (4|4); (4|6)\}$

c) Das Ereignis „Die Augensumme ist gerade" hat die größere Gewinnchance, da hier die Anzahl der günstigen Ergebnisse größer ist.

Anhang

SEITE 155

1. a) 3,5 kg
  b) 7,90 €
  c) y = 1,2 x
  d) 17,10 €

2. a) 27,80 €
  b) y = 1,2 x + 8

c)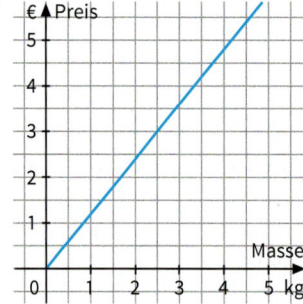

3. Die für die Theke zur Verfügung stehende Seite ist 7,1 m lang.

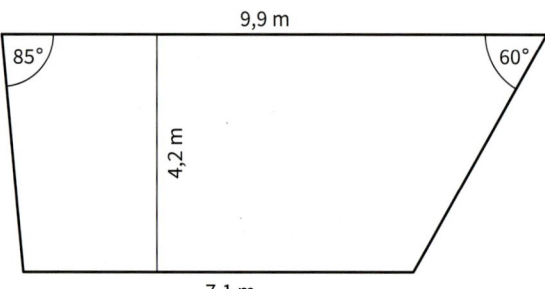

4. (1)

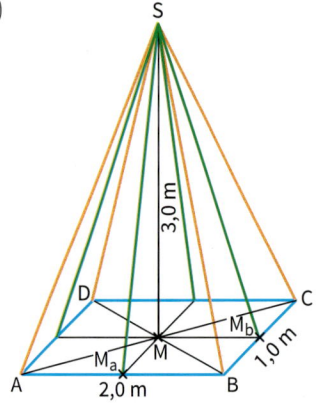

Blaue Lichterkette
Hinweis: Erstelle die Zeichnung in einem geeigneten Maßstab, z. B. 1 m ≙ 5 cm, damit die gesuchten Streckenlängen genau ermittelt werden können.
l = 2 m + 1 m + 2 m + 1 m = 6 m

(2)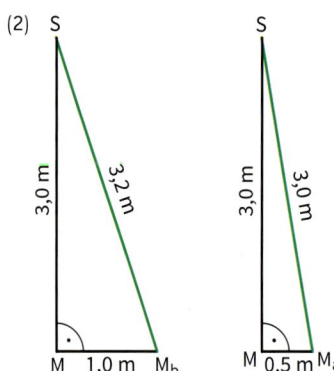

Grüne Lichterkette
Beachte, dass die Grundfläche ein Rechteck ist, also $|\overline{M_aS}| \neq |\overline{M_bS}|$.
l = 2 · 3,2 m + 2 · 3,0 m = 12,4 m

(3)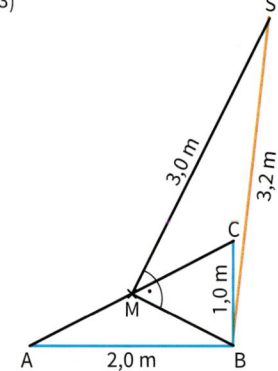

Orange Lichterkette
Hinweis: Zunächst muss die Länge der Diagonalen der Grundfläche zeichnerisch bestimmt werden, hier $|\overline{AC}|$. Dann kann die Höhe der Pyramide $\overline{MS}$ ergänzt werden, um schließlich die Länge der Seitenkante $|\overline{BS}|$ zu ermitteln.
l = 4 · 3,2 m = 12,8 m

5. Steffi muss 2,25 kg Aprikosen kaufen.

MAßEINHEITEN

Länge

1 cm = 10 mm
1 dm = 10 cm
1 m = 10 dm
Umwandlungszahl ist 10
Ausnahme: 1 km = 1 000 m

Fläche

1 cm² = 100 mm²
1 dm² = 100 cm²
1 m² = 100 dm²
Umwandlungszahl ist 100

1 a = 100 m²
1 ha = 100 a
1 km² = 100 ha

Volumen

1 m³ = 1 000 dm³
1 dm³ = 1 000 cm³
1 cm³ = 1 000 mm³
Umwandlungszahl ist 1000
1 dm³ = 1 ℓ
1 cm³ = 1 mℓ

MATHEMATISCHE ZEICHEN, ABKÜRZUNGEN UND GESETZE

Beziehungen zwischen Zahlen

=	gleich	<	kleiner als	≈	ungefähr gleich
≠	nicht gleich, ungleich	≤	kleiner oder gleich	−∞	minus unendlich
>	größer als	≙	entspricht	+∞	plus unendlich
≥	größer oder gleich	|a|	(absoluter) Betrag von a		

Verknüpfungen von Zahlen

a + b	Summe der Zahlen a und b bzw. a plus b	3 | 6	3 ist Teiler von 6
a − b	Differenz der Zahlen a und b bzw. a minus b	3 ∤ 7	3 ist nicht Teiler von 7
a · b	Produkt der Zahlen a und b bzw. a mal b oder a multipliziert mit b	ggT	größter gemeinsamer Teiler, z. B. ggT von 24 und 42 ist 6
a : b	Quotient der Zahlen a und b bzw. a geteilt durch b oder a dividiert durch b	kgV	kleinstes gemeinsames Vielfaches, z. B. kgV von 24 und 42 ist 168
a^n	Potenz aus Basis a und Exponent n, z. B. $5^3 = 5 \cdot 5 \cdot 5$	$\frac{x}{y} = k$	direkt proportional
		$x \cdot y = k$	indirekt proportional

Mengen

ℕ	Menge der natürlichen Zahlen	P	Menge aller Primzahlen: {2; 3; 5; 7; 11; 13; 17; ... }
$\mathbb{N}_0$	Menge ℕ einschließlich der Null		
ℤ	Menge der ganzen Zahlen	V_2	Menge aller geraden Zahlen: {2; 4; 6; 8; ... }
ℚ	Menge der rationalen Zahlen	V_3	Menge aller Vielfachen von 3: {3; 6; 9; ... }
{1; 2; 3}	aufzählende Form der Mengendarstellung: „Menge mit den Elementen 1; 2; 3"	T_6	Teilermenge der Zahl 6: {1; 2; 3; 6}
		G	Grundmenge
ø bzw. { }	leere Menge	L	Lösungsmenge
{x | ...}	beschreibende Form der Menge: „Menge aller x, für die gilt ..."	[a; b]	geschlossenes Intervall
		]a; b[	offenes Intervall
$M_1 \setminus M_2$	Restmenge „M_1 ohne M_2" z. B. L = G \ {2}	]a; b], [a; b[	halboffene Intervalle

Beziehungen bei Mengen

$\in$ ist Element von $\cap$ geschnitten mit

$\notin$ ist nicht Element von $\cup$ vereinigt mit

Rechengesetze

Kommutativgesetz (Vertauschungsgesetz)
$a + b = b + a$ $a \cdot b = b \cdot a$
$10 + 7 = 7 + 10$ $10 \cdot 7 = 7 \cdot 10$

Assoziativgesetz (Verbindungsgesetz)
$(a + b) + c = a + (b + c)$ $(a \cdot b) \cdot c = a \cdot (b \cdot c)$
$(5 + 4) + 8 = 5 + (4 + 8)$ $(5 \cdot 4) \cdot 8 = 5 \cdot (4 \cdot 8)$

Distributivgesetz (Verteilungsgesetz)
$(b + c) \cdot a = a \cdot b + a \cdot c$ $(b - c) \cdot a = a \cdot b - a \cdot c$
$(3 + 4) \cdot 5 = 5 \cdot 3 + 5 \cdot 4$ $(10 - 5) \cdot 3 = 3 \cdot 10 - 3 \cdot 5$
$(a + b) : c = a : c + b : c$ $(a - b) : c = a : c - b : c$
$(8 + 6) : 2 = 8 : 2 + 6 : 2$ $(8 - 6) : 2 = 8 : 2 - 6 : 2$

Potenzgesetze
$a^m \cdot a^n = a^{m+n}$ $\dfrac{a^m}{a^n} = a^{m-n}$ $a^m : a^n = a^{m-n}$

$(a^m)^n = a^{m \cdot n}$

$a^n \cdot b^n = (a \cdot b)^n$ $\dfrac{a^n}{b^n} = \left(\dfrac{a}{b}\right)^n$ $a^n : b^n = (a : b)^n$

$a^{-n} = \dfrac{1}{a^n}$ $a^0 = 1$; 0^0 ist nicht definiert

$a^1 = a$

Zweireihige Determinante
$\begin{vmatrix} a & c \\ b & d \end{vmatrix} = a \cdot d - c \cdot b$

Terme, Gleichungen und Ungleichungen

Multiplikation von Summen
$(a + b) \cdot (c + d) = ac + ad + bc + bd$
$(a - b) \cdot (c - d) = ac - ad - bc + bd$

Quadratische Terme $T(x) = a(x - d)^2 + e$
$a > 0$: Minimum e für $x = d$
$a < 0$: Maximum e für $x = d$

Binomische Formeln
$(a + b)^2 = a^2 + 2ab + b^2$
$(a - b)^2 = a^2 - 2ab + b^2$
$(a + b) \cdot (a - b) = a^2 - b^2$

Inversionsgesetz bei Ungleichungen
$-a > 6 \quad | : (-1)$ $-2x < 4 \quad | : (-2)$
$a < -6$ $x > -2$

Brüche und Prozente

Bruch	$\dfrac{\text{Zähler}}{\text{Nenner}} = \text{Zähler} : \text{Nenner}$	Kürzen von Brüchen		$\dfrac{Z}{N} = \dfrac{Z : a}{N : a}$
Addition und Subtraktion	$\dfrac{Z_1}{N_1} \pm \dfrac{Z_2}{N_2} = \dfrac{Z_1 \cdot N_2 \pm Z_2 \cdot N_1}{N_1 \cdot N_2}$	p	Prozentsatz $\left(p\% = \dfrac{p}{100}\right)$	$p = \dfrac{PW}{GW} \cdot 100$
Multiplikation	$\dfrac{Z_1}{N_1} \cdot \dfrac{Z_2}{N_2} = \dfrac{Z_1 \cdot Z_2}{N_1 \cdot N_2}$	GW	Grundwert	$GW = \dfrac{PW}{p} \cdot 100$
Division	$\dfrac{Z_1}{N_1} : \dfrac{Z_2}{N_2} = \dfrac{Z_1 \cdot N_2}{N_1 \cdot Z_2}$	PW	Prozentwert	$PW = GW \cdot \dfrac{p}{100}$
Erweitern von Brüchen	$\dfrac{Z}{N} = \dfrac{Z \cdot a}{N \cdot a}$			

Bruchterme

Bei Bruchtermen steht die Variable auch im Nenner.
Die Definitionsmenge enthält alle Variablenwerte für die der Nenner nicht den Wert Null annimmt.
Beispiel: $\dfrac{x}{x-2}$; $D = G \setminus \{2\}$

Verhältnisgleichung

$\frac{a}{b} = \frac{c}{d}$ $a \cdot d = c \cdot b$ $b \neq 0; \; d \neq 0$ Beispiel: $\frac{3}{x} = \frac{5}{7}$ $3 \cdot 7 = 5 \cdot x$

Funktionen

f, g   Bezeichnungen von Funktionen
f(x)   Funktionsterm
Funktion $y = mx$, Ursprungsgerade mit dem Steigungsfaktor m
Beispiel: $y = \frac{2}{3}x$, Gerade durch O(0|0) mit dem Steigungsfaktor $m = \frac{2}{3}$
orthogonale Geraden: $g_1 \perp g_2 \Leftrightarrow m_1 \cdot m_2 = -1$

Geometrie

A, B, P, ...	Punkte	$m_{\overline{AB}}$	Mittelsenkrechte der Strecke $\overline{AB}$
O	Koordinatenursprung	w_α	Winkelhalbierende des Winkels α
P(x|y)	Punkt im Koordinatensystem mit den Koordinaten x und y	s_a	Seitenhalbierende der Seite a
		m_p	Mittelparallele
	Angabe der erforderlichen Größe des Koordinatensystems. Wenn nicht anders angegeben, gilt 1 LE ≙ 1 cm.	p_1, p_2	Parallelenpaar
		k(M; r)	Kreislinie mit dem Mittelpunkt M und dem Radius r
$\vec{v}$	Vektor	∢BAC	Winkel mit dem Scheitelpunkt A und den Schenkeln [AB und [AC (auch Maß dieses Winkels)
$\overrightarrow{PQ} = \binom{x}{y}$	Pfeil (Repräsentant eines Vektors) mit den Koordinaten x und y	α, β, γ, ...	Maße von Winkeln
$\vec{a} \oplus \vec{b}$	Summe der Vektoren $\vec{a}$ und $\vec{b}$	⊥	senkrecht auf, rechtwinklig zu oder orthogonal zu
g, h, ...	Bezeichnungen von Geraden	∟	zwei Geraden schneiden sich unter einem rechten Winkel
PQ	Gerade durch die Punkte P und Q		
[AB	Halbgerade durch B mit dem Anfangspunkt A	≅	kongruent
$\overline{AB}$	Strecke mit den Endpunkten A und B	∥	parallel zu
$|\overline{AB}|$	Länge der Strecke $\overline{AB}$	A	Flächeninhalt
$\overset{\frown}{AB}$	positiv orientierter Kreisbogen vom Punkt A zum Punkt B	V	Hohlmaß, Rauminhalt, Volumen
		LE	Längeneinheit
d(P; g)	Abstand des Punktes P von der Geraden g	FE	Flächeneinheit
		VE	Volumeneinheit

Beziehungen in der Geometrie

$\alpha + \beta + \gamma = 180°$ — Innenwinkelsumme im Dreieck
$\alpha + \beta + \gamma + \delta = 360°$ — Innenwinkelsumme im Viereck
$a = b;\ \alpha = \beta$ — gleichschenkliges Dreieck mit der Basis c
$a = b = c;\ \alpha = \beta = \gamma = 60°$ — gleichseitiges Dreieck

Vierecke

Eigenschaften besonderer Vierecke

Viereck	Seiten	Winkel
Quadrat	$a = b = c = d$	$\alpha = \beta = \gamma = \delta = 90°$
Rechteck	$a = c;\ b = d$	$\alpha = \beta = \gamma = \delta = 90°$
Parallelogramm	$a = c;\ b = d$	$\alpha = \gamma;\ \beta = \delta$
Raute	$a = b = c = d$	$\alpha = \gamma;\ \beta = \delta$
Trapez mit den parallelen Seiten $\overline{AB}$ und $\overline{CD}$	$a \parallel c$	$\alpha + \delta = \beta + \gamma = 180°$
Drachenviereck mit der Symmetrieachse AC	$a = d;\ b = c$	$\beta = \delta$

Fläche A, Umfang u, Oberfläche O und Volumen V

Dreieck	$A = \frac{1}{2} \cdot g \cdot h$		Raute	$A = \frac{1}{2} \cdot e \cdot f$
	$u = a + b + c$			$u = 4 \cdot a$
Parallelogramm	$A = g \cdot h$		Trapez	$A = \frac{1}{2} \cdot (a + c) \cdot h$
	$u = 2 \cdot a + 2 \cdot b$			$u = a + b + c + d$
Rechteck	$A = a \cdot b$		Quader	$V = a \cdot b \cdot c$
	$u = 2 \cdot a + 2 \cdot b$			$O = 2 \cdot (a \cdot b + a \cdot c + b \cdot c)$
Drachenviereck	$A = \frac{1}{2} \cdot e \cdot f$		Würfel	$V = a^3$
	$u = 2 \cdot a + 2 \cdot b$			$O = 6 \cdot a^2$
Quadrat	$A = a^2$			
	$u = 4 \cdot a$			

Daten

relative Häufigkeit $= \dfrac{\text{absolute Häufigkeit}}{\text{Gesamtzahl}}$

arithmetisches Mittel $= \dfrac{\text{Summe aller Werte}}{\text{Anzahl der Werte}}$

Modalwert — häufigster Wert in einer Stichprobe
Zentralwert — mittlerer Wert in einer Stichprobe
Spannweite — größter Wert − kleinster Wert

STICHWORTVERZEICHNIS

Achsensymmetrie bei Vierecken 40
achsensymmetrisch 26, 32, 35, 36, 40
Additionsregel 70
Äquivalenzumformungen für Gleichungen 70, 88
Ausklammern 48, 64
Ausmultiplizieren 46, 64

Baumdiagramm 142, 148
Bewegungsaufgaben 80
Binomische Formeln 54, 64
Bruchgleichung 114, 121
- Definitionsmenge 114, 121
Bruchterme 111, 112, 121
- Definitionsmenge 112, 121

Definitionsmenge 112, 114, 121, 128, 130
Divisionsregel 70
Drachenviereck 36, 37, 40
- Eigenschaften 36, 40
Dreieck 8, 24
- Seiten-Winkel-Beziehung 8, 24
Dreiecksungleichung 8, 24
Dynamische Geometrie-Software 21

Ebenen 92, 93, 96, 106
eindeutige Zuordnung 125
Ereignis 139, 148
Ergebnis 139, 148
Ergebnisraum 139, 148
Extremwert 57, 58, 59, 64

Faktorisieren 48
Funktion 125, 128, 130, 135
Funktionsgleichung 128
Funktionsterm 128
Funktionswert 128

Geraden 92, 93, 106, 133
Gewinnchance 139, 148
Gleichungen 70, 71, 73, 76, 82, 88
Graph 128
Grundmenge 44, 70, 88
Grundseite 34

Häufigkeiten
- absolute Häufigkeiten 145, 148
- relative Häufigkeiten 145, 148

Innenwinkelsatz für Trapeze 34

Klammern auflösen 50, 52, 64
kongruent zueinander 11, 24
Kongruenz 11
Kongruenzsätze 13, 15, 18, 19, 24
konkaves
- Drachenviereck 37
konvexes Viereck 37
Koordinatenursprung 130
Körper 92

Lösungsmenge 76, 114, 121

Maximum 57, 58, 64
Minimum 57, 58, 64
Mischungsaufgaben 81, 82
Multiplikationsregel 70
Multiplizieren von Summen und Differenzen 52, 64

Neigungswinkel 96, 106
Nullstelle 129

orthogonale Geraden 133

Parallelogramm 29, 40
- Eigenschaften 29, 40
Prismen 97
punktsymmetrisch 26, 29, 32, 40
Pyramiden 100

Quadrat 26, 40
- Eigenschaften 26, 40
quadratische Ergänzung 59, 64
quadratische Terme 57, 64

Raute 32, 40
- Eigenschaften 32, 40
Rechteck 26, 40
- Eigenschaften 26, 40

Sachaufgaben lösen 78
Schenkel 34
Schrägbild 97, 100, 106
Seiten-Winkel-Beziehung 8, 24
senkrechte Geraden 96, 133
Steigung 133, 135
Steigungsdreieck 133, 135
Stelle 128
Subtraktionsregel 70

Tabelle 142, 148
Terme 44
- äquivalente 44
- mit dem Computer berechnen 61, 66, 67
- quadratische 57, 64
Termumformungen 44, 46, 48, 50, 52, 54, 64
Trapez 34, 40
- Eigenschaften 34, 40
- gleichschenkliges 35, 40
- Innenwinkelsatz 34

Umstellen von Formeln 83, 88
Ursprungsgerade 130

Verhältnis 116, 121
Verhältnisgleichung 117, 121
Vielecke 11, 24
Vierecke 37
Vierfeldertafel 143, 148

Wertemenge 128
Wertetabelle 128

Zufallsexperiment 139, 148
- zweistufig 142, 148
Zuordnung 125

BILDQUELLENNACHWEIS

|akg-images GmbH, Berlin: 82; Nimatallah 137. |alamy images, Abingdon/Oxfordshire: Images-USA 149. |Archiv Mack, Mönchengladbach: 90, 90. |Bundesministerium der Finanzen, Berlin: 139, 139, 142, 142, 148, 148. |CASIO Europe GmbH, Norderstedt: 61, 61, 61, 61. |Colourbox.com, Odense: 127. |ddp images GmbH, Hamburg: Graham Oliver 150. |Deutsches Spionagemuseum, Berlin: Laserparcours Deutsches Spionagemuseum Berlin 94. |dreamstime.com, Brentwood: Tachfoto 137. |Druwe & Polastri, Cremlingen/Weddel: 32, 91, 138, 138. |Ertel, Stefan, Bremen: Wendel Ertel 42. |Fabian, Michael, Hannover: 141, 143. |Ferienhof Borchers, Selsingen-Granstedt: 136. |fotolia.com, New York: Andrea Danti 90; Androni, Livii 36; arborpulchra 6; Calado 123; embeki 25; rimglow 142; shutswis 103; ThomBal 68; Yali Shi 33. |Hafner, Dr. Thomas, Gösried: 95. |Imago, Berlin: Rudel, Horst 132. |Interfoto, München: imagebroker 122. |iStockphoto.com, Calgary: Carsten Erler 33; Klubovy 22; narvikk Titel. |mauritius images GmbH, Mittenwald: 28; Peter Molz/Alamy 93; Steve Vidler 155; Walter Bibikow 126. |Microsoft Deutschland GmbH, München: 43, 66, 66, 67, 67, 67. |Minkus Images Fotodesignagentur, Isernhagen: 148. |Museum 3. Dimension, Dinkelsbühl: 104. |PantherMedia GmbH (panthermedia.net), München: Anna Reinert 91; Magali Parise 79. |Picture-Alliance GmbH, Frankfurt/M.: 130; Arco Images 16; FOLTIN Jindrich 115; Uwe Zucch 96. |Shutterstock.com, New York: Arhelger, Tobias 123; Dmitry Kalinovsky 43; lzf 94. |stock.adobe.com, Dublin: Mann, Steve 23; Pixelot 7; Vibe Images 96; von Lieres 119. |Tegen, Hans, Hambühren: 100. |Tooren-Wolff, Magdalena, Hannover: 28. |Warmuth, Torsten, Berlin: 29, 30, 30, 41, 102, 134, 140, 140, 142, 142, 145, 145, 145, 145, 145, 145, 145, 145, 145, 148, 148, 148, 148, 148, 148, 148, 148, 148, 148, 148, 148.

Wir arbeiten sehr sorgfältig daran, für alle verwendeten Abbildungen die Rechteinhaberinnen und Rechteinhaber zu ermitteln. Sollte uns dies im Einzelfall nicht vollständig gelungen sein, werden berechtigte Ansprüche selbstverständlich im Rahmen der üblichen Vereinbarungen abgegolten